JN411210

바람을 타고

책을 펴내며

바람은…

바람은 어디서 오는지, 어디로 가는지 알 수가 없습니다. 바람은 동서남북 회오리 돌풍을 일으키며 하늘과 땅을, 바다를 흔들고 있습니다. 이제는, 아니 진작에 그 바람의 날개를 타기로 합니다. 폭풍으로 들풀 진흙 속으로 끌어 내려진다 해도… (시 8, 신 31, 요 3)

반세기 동안 고국을 떠나 유랑민이 되었습니다. '디아스포라' (Dias pora) , 막 오버랩되어 떠오른 단어를 흔들어 털어버립니다. 한국에서의 고향 '율곡교육촌' 에서 미 동부 뉴저지 '웨스트우드' (Westwood)로, 단 한 번의 이동이 전부였으니까요. 사람들은 우리에게 이민 생활 10년, 20년을 뛰어넘었노라고 했습니다. 그러나 유랑하는 이방인의 부인할 수 없는 현실은 그대로였습니다. 본령인 그림 작업에, 간단한 공작물조차 손을 댈 수 없는 상황 속에서 가슴은 터질 듯 갈급했고, 목말라 갔습니다. 무언가 목마름의 분출구를 곁에서 가까이 쳐다보고 있었습니다. 바로 하얀 종이와 펜이었지요. 황금 같은 시간을 쪼개어 밤이 새도록 하얀 종이는 물들었고, 키보드의 똑딱 소리는 끊이질 않았습니다. 그랬는데, 절기와 생일 때 중학생 막내는 평범한 듯 특별한 선물을 했었어요. '잊지 마세요 엄마!' 라는 문구와 함께 그림물감, 크로키 스케치북을 품에 안겨주었습니다. 드디어 이른 은퇴 후 막내의 '잊지 마' , 그 길로 돌아설 수 있었습니다. 비록 수많은 장애물은 그 길을 방해했음에도 '잊지 마' , 그 '그림' 의 길은 자유했고, 영적 기쁨과 함께 그림의 폭은 폭폭 쌓이고 있었습니다.

어느덧 글쓰기 또한 산같이 싸였고, 글을 묶어보라는 목소리가 바람처럼 날아듭니다. 어떻게 해야 할까, 망설이고 주저하는 마음을 이끌어주는 손길에 떨리는 손을 덜컥 그냥 얹고 말았습니다. '디지털' 세대입니다. 종이책은 문밖으로 던져진 듯합니다. 그럼에도 다시 문안으로 종이책의 회전목마가 달려갈 것을 그려봅니다. 창조의 섭리는, 역사는 그래왔으니까요. '바람 같은 소리가 있어 그들이 앉은 온 사위에 가득하며…' 그 안으로 홀연한 발걸음을 내딛습니다. 걸음을…

손 큰 후원자 'David Kim, Rob Kim' 그리고 큰 손 끌어준 '신동일 & 신애니' , 고맙고, 감사합니다. 무한응원 캡틴 김택규 박사 & 김선규 박사, 그리고 '석대골 집' 인재들, 또한 고맙고, 감사합니다. 그리고 감히 입술을 열어 표현할 수 없는 하늘 아버지와 함께한 천사의 날개 위에 감사를 얹습니다.

끝으로 출판을 위해 여러 가지로 애써주신 예솔출판사 김재선 대표님과 작업을 담당해 주신 임직원분들께도 깊이 감사드립니다.

익명의 박수를 수없이 많이 받았어요, 사랑에 빚진 자입니다. 한없는 감사를 드립니다.

미국 뉴저지주 패터슨에서.

'주 앙' 김복은

e–mail : jooang422@gmail.com

blog : jooang.egloos.com

▌추천의 글

오래된 인연

김형성 (공예가, 시인)

간다, 간다, 간다, 고해를 넘어 고통이 없는 곳으로 간다.
부처님은 "삶은 고통의 바다"라고 했습니다. 그 바다 안에서 그분은 진정한 "참자유와 해방"을 구하려는 것이라는 느낌이 옵니다.

사춘기 소년들 앞에 홀연히 나타나신 스승님! 선생님은 우리들의 로망이었습니다. '나 그리고 너' 인가, '너와 나는 우리' 인가, 어느 요인이 아닌 오롯한 '삶' 을 보여주셨던 선생님은 이제 긴 여행의 여로를 그림으로, 글로 담았던 마음을 한 바구니에 담습니다. 그 한 바구니에 손을 댄 온 세상 사람들은 모두 한마음으로 평화로울 것입니다. 서로 다른 우리, 각기 다른 마음과 말로 살아가는 제각각의 세상에서 다름을 아름다움으로 안을 수 있는 말과 마음이 글로써 전해지기를 바라고 원합니다.

오래된 제자가 축하의 마음을 한 바구니에 얹습니다. NJ 불사조! 선생님, 만나 뵐 때까지 강건하시고, 기다려 주시기를 바랍니다.

NJ & NC '애인들'

이승민 (NC밀알선교단 대표)

2011년 뉴저지의 한 건물 안, 모든 것이 낯설었던 이방인에게 그녀는 미소를 지으며 인사를 건넸다. 조금 후 핸드백에서 무언가를 찾더니 조그맣고 반짝이는 것들을 한 아름 꺼내 우리에게 주었다. 이국적인 아름다움과 우아함, 친절함과 따뜻함, '주 앙' 의 첫인상은 그랬다.

그로부터 10여 년이 흘렀다. New Jersey와 North Carolina라는 물리적인 거리, 그리고 엄청난 나이 차이에도 불구하고 우리는 여전히 만남을 이어가고 있다. 그녀와 우리 사이는 어느새 '애인' 이라고 불리고 있었다. "저 뉴저지 애인 만나러 갑니다!" 교회에도, 직장에도 뉴저지로 떠날 때 인사는 그렇게 통했다. 그녀 역시 지인들에게 나를 'NC 애인' 이라고 소개했다. 매우 독특하고도 특별한 관계다.

하지만 이보다 더 놀라운 것은 바로 그녀가 아직 살아 있다는 사실이다. '팬데믹' 이 끝나면 그녀를 만나러 갈 생각이었다. 더 늦기 전에 그녀의 경이로운 삶의 세계를 나누고 싶어서였다. 그러던 중 그녀의 글들이 책으로 만들어진다는 소식을 들은 것이다. 할렐루야!

고아들과 장애우들에게 특별한 마음을 쓰셨고 행동으로 옮겼던 이야기, 미대 졸업 후 우연한 계기로 첫 개인전과 초대전까지 이어지면서 미국 유학 전액 장학금 오퍼를 받았던 이야기, 결혼 후 직장 생활을 하며 세 아이를 양육하고 시부모님을 모시면서도 민주화 운동으로 감옥에 갇힌 이들을 보살폈던 이야기, 목회자의 딸이었기에 억울한 일을 당해도 숨죽이고 혼자 삭여야만 했던 이야기, 편법과 위법이 성행했던 그 당시 시대적 상황에도 아랑곳하지 않고 오직 신앙인의 가치관으로 '주를 앙모하는 자' 로 살아온 그 길의 이야기, 미국 이민 후 또다시 시작된 또 다른 삶의 시간들의 이야기들.

그녀의 이야기는 우리의 이야기이자 하나님의 이야기이다. 그렇기에 이 책은 나를 포함하여 그녀에게 은혜를 입은 수많은 사람과 또 앞으로 이 책을 통해 그녀를 만나게 될 이들에게 깊은 감동과 멋진 길라잡이가 되어줄 것이다. 그리고 그 무엇보다 이 책은 '주 앙' 을 사랑하고 기뻐하는 하늘 아버지의 상급이라고 믿어 의심치 않는다.

그림, 글 '쟁이'

민다미 (전 Nabi Museum 부관장, 수필가)

전시장에서 크고 깊은 눈으로 뚫어지도록 작품을 바라보는 분이 있었다. 전시작품들을 그토록 따뜻하게, 예리하게 바라보던 첫인상의 그분은 아주 특별했다. 나중에야 알았다. 그분은 '주 앙 김복은' 화가였고, 만들기를 하고 칼럼을 쓰는 다재다능한 분이셨다.

'주 앙' 의 글을 읽고서야 그가 지나온 수많은 고비를 알게 되었다. 누군가는 인생에 단 한 번도 겪지 않았을 일들을 여러 번 겪어내고 살아낸 이야기를 풀어낸다. 희망으로 가득하던 인생의 둑이 여러 번 좌절과 절망으로 무너져 완전히 메말라갔을 텐데, 조금씩 그 틈을 메꾸고 희망의 싹을 틔우는 뚝심 있는 인생을 써 내려간다. 글을 읽으면 내 상상 속에서 그분은 더 이상 가느다란 여린 몸의 여인이 아니며, 누구보다도 크고 든든한 거인의 모습으로 변한다. 매 순간 진심을 다한 그분의 글에서 내가 뜨거운 위로와 응원을 받기 때문이라 생각한다.

삶의 방법과 길이 크게 차이 나는 여러 세대까지 모두 감싸는 힘은, 바로 깊은 인생의 통찰력과 배려심이라고 믿는다. 그분을 통해 흘러나오는 글은 먼저 물에 빠질 수도 있는 위험을 감수하고, 디딤돌을 두드려 봐주고, 손수 건너보고 '안전하니 이 길로 오라'는 그분의 손짓과도 같다. 이미 검증된 그 길을 따라가다가 위기를 맞더라도 다시 위안을 얻으며 힘을 얻어 걸어갈 수 있을 거라고 장담한다. '주 앙' 그분의 글을 많은 사람이 읽게 되어 너무나 기쁘고 즐거운 마음의 요즈음 시간이다.

그 '때'

유현진 (전 NY 브루클린GH CEO)

80년 8월 말경, 뉴욕 맨해튼의 명소 '리버사이드 처치' 에서 '주 앙' 을 만났다. 풋풋하고 멋진, 젊은 '주 앙' 은 그때 눈물로 옷깃을 흠뻑 다 적셨다. 한국은 당시에 광주 민주화 항쟁으로 나라 전체가 마비 상태에 있었고, 언론은 그 무엇도 보도할 수 없는 상황이었다. 뉴욕과 세계 각국 언론은 '리버사이드 교회' 에서 광주사태를 낱낱이 실제 영상으로 스크린에 올리고 전 세계에 알렸다. 그곳에 참석한 우리 한국인들이 눈물바다를 이루었던 장소였고, 그렇게 만난 '주 앙' 은 그 후 오랫동안 못 만났다. 까맣게 잊은 채 세월은 무시로 지나고 있었다.

그랬는데 어느 해, 어느 날부터, 미 동부 판 한국 신문 3곳에서 칼럼니스트 '김복은, 김주앙' , 그 이름을 다시 만나게 되었다. 반가웠고, 그때부터 독자가 되었다. '주 앙' 의 칼럼은 이민 사회에 회자가 될 정도로 특별했다. 책 출간, 늦은 듯하다. 그럼에도… 아마도 지금이 그 '때' 인 듯하다. 그 '때' 를 진심으로 축복하고 축하한다.

"I would like to congratulate…"

Abigail Brown (President of R.M.P.)

I would like to congratulate Kim for all her hard work in creating this book. I have known Kim for over thirteen years and while at first I only knew her as an artist, I found out with great delight that she is also an amazing writer. She is such a beautiful person inside and out and her kind, loving, and inspirational soul is admired by all. Knowing Kim has been an honor. She is a shining light; I wish her nothing but the best in the future.

"This book is the materialization of…"

Grace Kim (Graduate Student)

This book is the materialization of a dream that Jooang has had ever since she was a little girl. It is this bright, creative, and visionary mind that we hear glimpses of her writing. Jooang's weak health kept her housebound and so she spent all her time perusing through books, all the while holding onto the dream of someday publishing a book. Later in life, she experienced life as a first generation immigrant from South Korea to America and settled in New Jersey, where she finally had the chance to make her long time held dream come true. Through her eyes, we understand the spark of life that has driven her through all trials and tribulations and the beauty of such a world to an artist like Jooang. It is with great pleasure that I congratulate Jooang on her wonderful book and I hope that she may become an inspiration to all as she was to me.

차례

주 앙 생각

바람을 타고

아픈 이야기

석대골 집 일가(一家)

주앙 생각

감자바우(友)

"고향이 어디냐고요? 아~ 내 고향은요~ 강원도 감자바위…래요."

감자바위는 강원도의 닉네임. 옛날부터 나는 '바위' 라는 표준말 끝에 우정 '우(友)' 를 살짝 붙여 줄창 '감자바友' 라고 불렀는데, 그래도 여전한 촌뜨기에 대한 비아냥거림의 느낌은 대명사처럼 마냥 따랐던, 아주 촌스러운 그 이름 '바우' …

그럼에도 평생을 신바람처럼 신나게, 당당하게 자랑하던 '감자바우(友)' 의 한 사람인 나. 이 시간, 바로 지금 시간은, 평창 설국축제의 왕비가 된 듯 깊고 푸른 겨울밤을 하얗게, 하얗게 고향으로 비상하는, 꿈꾸는 시간이다.

강원도 강릉시 평창군 횡계면 → '강원의 이응, 강릉의 이응, 평창의 이응.'

고향 땅 이름에 들어 있는 받침 글자 이응을 보는 순간, 즉흥적으로 제작된 나만의 '평창 올림픽 오륜기' = 'OOOOO'

어디 그뿐일까. 영동, 동해, 정동진, 대관령, 정선, 영월, 횡성, 송정, 경포대… 신기하게도 고향 땅의 이름에서 동그라미 받침 오륜기 작품은 마구 쏟아진다.

조앤, 피터, 앤서니, 줄리, 데이빗, 나사렛, 리타… 내 이웃 친구들아, 한글 오륜기를 줄 테니 내 고향 대한민국 평창 올림픽 중계 영상 잊지 말고 꼭 봐, 꼭.

"WOW! 평창이 네 나라 너의 고향이라니! 와~" 정말로 자랑스럽다. 이들도 함께 기뻐 뛰며 좋아라고 "손에 손잡고 벽을 넘어서~~ 불타는 가슴 활짝 열고 세계가 함께하는 그 한 길~".

하늘엔 평화의 비둘기, 구름 띠 무지개가 오색찬란하게 물들이는 강원도 하늘아, 평창의 땅들아! "We Are The World~~" 온 세계 민족 하나 되어 어깨를 얼싸안고 감자바友 아리랑을, 평창의 아리랑, World의 아리랑을, 폭풍 함성같이 울려라, 아리랑아! 태백산, 설악산, 오대산, 대관령 줄기를 타고 금강산까지 메아리쳐라! '바우'(友)들아, 일어나 장구치고, 북치고, 춤추며, 바위들아 일어나 목청껏 아리랑 합창 폭음을 터트려 보자꾸나! 우리 '바위', '바友' 들아!

…

여기서 그만 글이 막혔다. 더 이상 한 줄도 쓸 수가 없다. 평창 올림픽에 취해서, 아니 고향 산천초목에 홀려서였다는 것은 백 번 이해하고도 남을 일이다. 왜 아닐까.

“대한민국 강원도 강릉시 포남 2동 ‘강릉중앙감리교회’” 정확한 내 고향 주소다. 강릉국민(초등)학교 3학년, 내 나이 8살 때, 나는 고향을 떠났다. 초등학교 땅꼬마 친구들 이름이 또렷하게 떠오른다, 신기하다. ‘미자’와 ‘화숙’이다. 여름엔 저들과 함께 남대천으로 달려가 발가벗고 개헤엄치고 물장구치며 까르륵 놀았다. 겨울이면 그 강가에서 얼음 썰매를 탔던가… 화숙아, 미자야, 너희들 지금 어디에 있니? 살아는 있는 거냐.

“… 나는 왜~ 어이타가~ 떠나 살게 되었는고~ 온갖 것 다 뿌리치고~ 돌아갈까 돌아가~” 까맣게 잊었던 가곡 〈가고파〉는 평창의 향수를 불러일으키는 노래가 되어 애절하고 절절하게 가슴을 파고들었다. 이제야 깨달았다. 한국에 있을 때, 왜 나는 고향 강릉엘 한 번도 못 가봤을까. 반세기가 훌쩍, 한 세기가 훌쩍 다가오는 그 회한의 세월이 가슴을 쳤다. 몸부림 같은 절규가 휩쓸었다. 적어도 신사임당과 율곡의 생가를, 조선시대의 예능인들 흔적들을, 그리고 경포대 동해를, 설악산을, 한 번쯤 돌아보고 조국을 떠났어야 했다.

NBC 채널4. 별로 좋아하지 않았던 채널이다. 그랬는데 그들은 이번 평창 올림픽 방송 독점 중계자다. 선택의 여지가 없다. 아니나 다를까, 첫날 그 웅장하고 멋진 예술적 오프닝 세레머니부터 NBC는 한국인에게 모욕감을 던졌다. 그럼에도 고향 풍경 한 장면이라도 놓칠세라 목울대를 세우고 해바라기처럼 열중했다. 그런데, 그랬는데, 14일, 그것도 ‘밸런타인데이’에 플로리다 파크랜드에서 ‘더글러스 고등학교 충격사건' 이 터지고 말았다. 충격은 분노로, 슬픔 또한 분노로 얼어붙었다. 평창도, 고향도…

글은 그렇게 멈추었고, 글 손은 무심한 허공을 가르고 있을 뿐이다. 고향 사투리, 고향 방언을 나는 모른다. 어설프지만 흉내라도 내 보고 싶었고, 한 번은 어눌하게라도 쓰고 싶었는데… 다음을 전혀 기약도 못 한 채, 돌아서야만 하다니… 그냥, 아프다.

쿠퍼(Cooper) 선교사와 어머니

예배를 마치고 친교실로 향했다. 친교실 창가는 볕이 잘 들고 아늑한 자리다. 그곳은 시니어반 '사랑선교회' 회원들의 좌석이다. 그런데 오늘은 사랑선교회 분위기가 좀 어수선한 것 같았다. 모두들 손에 꼭 잡히는 크기의 책들을 펴들고 있었다. J 권사님이 손을 흔들며 나를 부르셨다.

권사님은 요즘 눈이 아프셔서 책을 읽을 수 없으니, 나에게 먼저 읽으라며 자신의 책을 건네주셨다. 무심코 책을 받아든 나는, 순간 숨이 멎는 듯했다. "아니 이 책을 어떻게?…", "아, 우리 반 담임 목사님이 한국 방문했다가 교단에서 이 책을 많이 줘서 우리 선교회만 선물한 거예요." J 권사님의 자랑스러운 대답이셨다.

케이트 쿠퍼(Kate Cooper)의 『한국에 온 그리스도의 대사』, 권사님으로부터 건네받은 책이었다. 오랜 세월, 까맣게 잊었던 이름이다. '쿠퍼'… 한국 이름은 '거포계'. 그 이름과 함께 오버랩되어 떠오르는 이름이 있다.

나의 '어머니'…. 눈물 같은 그리움의 결정체인 바로 그 이름이다. 아주 먼 옛날, 하나님은 나의 어머니와 '쿠퍼' 목사님의 신비한 만남을 연출하셨다. 그 사건의 현장을 벅찬 가슴으로 더듬어 가 보기로 한다.

'케이트 쿠퍼', 그녀는 1886년 6월 미국 조지아주 더글러스 빌에서 태어났다. 신앙 깊은 부모의 신실한 영적 지도 안에서 성장했다. 아버지는 지방 판사였으며, 많은 농토를 지닌 부유한 집안이었다. 아무 어려움이 없이 자라난 '케이트', 그녀는 어떻게 그 옛날에 선교사의 꿈을 품게 되었을까?

케이트가 19세에 초등학교 교사로 근무할 때였다. 어느 날 부흥 집회에 참석하여 불같이 뜨거운 성령 체험과 거듭남의 순간을 겪게 된다. 그는 주님의 일꾼으로 콜링(calling)을 받고 주저함 없이 선교사로 헌신할 것을 결단하게 된다. 그 후 교사를 그만두고 신학교에 진학하여, 신학을 공부하면서 철저하게 선교사 준비 훈련을 하게 된다. 드디어 1908년 10월 22일, 케이트는 미국 남감리교 교단에서 선교사로 임명받고 오지의 땅 한국으로 선교사 파송을 받아 부산항으로 입국했다. 그리고 그녀는 해수욕장 '명사십리'로 유명한 원산 선교지로 부임하여, 원산 보혜여자관을 중심으로 여성을 위한 선교, 교육, 계몽, 사업에 헌신적인 사역을 펼쳐 나갔다. 그때 그녀는 약관의 나이 22세, 아름다운 처녀였다. 당시의 척박한 선교 현장에서, 그것도 혈혈단신으로 선교 활동을 어찌 다 감당했을까… 생각하면 모골이 다 송연해질 정도로 처연함을 느끼게 된다. 하나님의 용사가 아니고서야 어찌 그 선교 사역을 감당할 수 있었겠는가.

일제의 탄압 속에서 십자가의 고난을 고스란히 감내했으며, 6·25 한국전쟁 때는 본국으로 추방을 당하기도 했다. 그러나 본국을 마다하고 한국에 돌아오기 위해, 제일 가까운 일본으로 건너가 전쟁을 추이 살펴 다시 입국의 기회를 모색했던 '케이트 쿠퍼' 선교사. 그렇게 핏빛으로 물들었던 한국 근대사의 한가운데서 그림자처럼 50년간 주님의 지상 명령을 수행하기 위해 아낌없이 불살랐던 '쿠퍼' 선교사의 삶이었다. 그녀의 50년 사역을 어찌 다 글로 표현할 수 있을까?

1957년 쿠퍼 선교사는 은퇴하고 미국으로 돌아갔다. 그런데 그분은 오랜 세월 한복만 입어서, 양복 입는 방법을 잊어버려 얼마간을 어려웠다고 한다. 그 일화는 '쿠퍼' 목사를 압축해서 표현한다.

어머니…. 나의 엄마는 동해안 북쪽으로 관동팔경의 '총석정'이 있는 통천군 근저에서 태어났다. 유교적이고 봉건적인 가정에서 엄하게 자라면서 사춘기를 맞았다. 엄마는 훤칠한 키에 이목구비가 뚜렷한 미인형으로 게다가 명석한 두뇌를 지닌 매력 만점의 처녀였다고 한다. 어느 날 소학교에서 돌아오는 길에, 소문으로만 들었던 '양코쟁이' 처녀를 멀리서나마 직접 보게 되었다. "예이슈 믿으세요… 예이슈 믿으세요." 금발의 이국 처녀는 이상한 발음으로 '예수'를 믿으라고 외치고 다녔다. 엄마는 호기심이 불붙듯이 일어났다. 도대체 예수가 뭐기에 저 외국 여자는 겁도 없이 저러고 다니는 걸까? 멀찌감치 떨어져 몰래 숨어 가는 듯 파란 눈을 따라갔다. 한참을 지나 골목길에서 파란 눈은 사라졌다. 주춤주춤 두리번거리는데, 골목 사이로 파란 눈이 나타나서 엄마는 그만 들키고 말았다. 두 사람은 숨바꼭질을 한 셈이었다.

그렇게 엄마와 쿠퍼 선교사는 필연적으로 만나게 되었고, 두 사람의 가르치고 배우는 일이 환상적으로 이루어졌다고 했다. 엄마는 스펀지처럼 흡인력 있게 복음을 빨아들였고, 소프라노 음성이 뛰어나 찬송을 부를 때 쿠퍼 선교사는 탄성을 지르곤 했다고 한다. 쿠퍼 목사는 엄마에게 전액 장학금을 주겠다며 원산에 있는 '루씨학당'(여고)에 입학하기를 권했고 당신의 수제자로 삼고 싶어 했다.

그런데 난리가 났다. 엄마의 집안에서 이 일을 들키고 말았다. 친척들은 물론 엄마의 큰아버지는 "어디서 '야소교' 귀신 들린 여자가 남의 딸을 꼬드겨 집안을 망치려고 한다"며 엄마에게 금족령을 내렸다. 엄마의 삼단같이 긴 머리를 싹둑 잘라버리고는 집안에 가두기까지 했다. 엄마는 그 어떤 최악의 물리적 상황은 모두 극복할 수 있었으나, 제일 큰 고통은 교회에 갈 수 없고, 쿠퍼 선교사를 볼 수 없는 일이었다. 그렇게 엄마와 쿠퍼 목사님은 헤어지고 말았다.

"눈물을 흘리며 씨를 뿌리는 자는 기쁨으로 거두리로다"(시 126:5)

그러나 엄마에게 뿌려진 복음의 씨앗이 얼마 후 풍성한 열매로 이어지게 될 줄은 아무도 몰랐다. 엄마가 혼기가 차서 결혼해 간 나의 친가는 이미 할아버지 때부터 쿠퍼 선교사로부터 복음을 받아들인 기독교 집안이었다. 그럼에도 지주에 대농에 대가족의 맏며느리로 들어간 엄마는 층층시하의 시집살이가 어려웠고 힘에 부쳤다. 어느 날 부흥집회에 참석한 엄마는 철야를 하면서 주일 새벽을 맞았는데, 그때 오순절 다락방과 같은 성령의 불을 받게 된다. 각종 은사를 다 받았는데, 그중 으뜸의 은사는 치유 은사와 중보 기도의 은사였다. 평생에 단 한 번도 "내가 치유했다"는 말을 입 밖에 내어 본 일 없이, 아무도 모르게 그 은사를 주님 앞에 갈 때까지 사용하셨다. 마치 쿠퍼, '거포계' 선교사와 같은 모습 그대로 말이다. 나의 친가는 5대째 믿음의 집안이며, 순교자를 비롯해 예수의 제자들과 같은 숫자인 12명의 목회자가 탄생했다. 쿠퍼 목사와 어머니가 함께한 사도의 열매였으며, 다시 그 씨앗은 홀씨가 되어 세계로 훨훨 파종되고 있다. 그 옛날부터 지금까지, 아니 주님 오실 그날까지….

아버지, 나의 '아빠' …

"나, 한 해만 더 살면 90이 된단다. 그런데 그 전에 하나님이 그만 '오라' 하실 것 같구나. 점점 기력도 떨어지고~~ 그래도 우리 문중에서 내가 제일 장수하고 있는 셈이니 지금 가도 여한이 없다."

그랬군요, 아빠. 어느새 구순이 되시다니요. 어버이날, 안부 전화로 아빠의 연세를 새삼 알게 되었습니다. 언제나 70~80 안에 계신 줄 알았는데, 어느새 그 숫자를 성큼 넘어서고 계셨군요. 가슴이 먹먹해져 왔습니다. 하루가 다르게 푸르러지는 창밖에 오랫동안 시선을 멈추고 있었습니다.

아빠는 우리 세대 '아버지' 의 모습과는 많이 달랐던 것을 아시는지요. '남존여비' 의 잔재가 짙었고 남아선호가 사회적 배경이었던 그 시절, 아빠는 그런 유교적 가부장 풍토와는 거리가 멀었던, 그런 아버지의 모습이셨죠. 아빠의 무릎은 언제나 막내딸인 저의 의자였으며, 팔베개 역시 내 차지였어요. 나를 무릎에 앉히시고 '톰 소여의 모험', '플란다스의 개', '안데르센 동화' 등등 참 많이도 읽어주셨어요. 아빠는 낭랑한 성우 같은 목소리로 실감 나게 음성 변조까지 하시며 책

속으로 깊이 빠져들게끔 낭독하셨어요.

그렇게 읽으시다가 멈칫 숨을 고르실 때 난 알아채죠. 아빠의 눈가에 이슬이 맺히시고 있구나, 하고 말입니다. 아빠는 남다르게 감성이 풍부하셨어요. 남자는 절대 눈물을 보여서는 안 된다는 아버지들의 유교적 생각은 잘못된 것이라며, 남자도 울 때 잘 울어야 한다고 하셨습니다. 그래서 덩치 큰 오빠들도 눈물이 많았던 것을 아시는지요?

김구 선생님, 신익희 선생님, 그런 분들이 돌아가셨을 때는 '큰 별이 사라지셨구나' 하시며 음식도 제대로 못 드신 채 소리 죽여 눈물을 흘리시던 아버지, 나의 아빠.

아빠는 '자존심'에 관해 이야기를 많이 하셨지요. 민족의 자존심, 가문의 자존심, 크리스천의 자존심, 그리고 자기 자신의 자존심을 꼭 지켜야 한다고 하셨던가요. 어느 때나, 어디서나 그 자존심을 지킬 때가 가장 힘들지만, 그 정신만 살아있다면 세계 어디를 가도 당당하고 떳떳한 삶을 살아낼 거라고 하셨어요. 아울러 비굴함, 비열함, 불의함과 거짓됨에 대해 지나가듯이, 그러나 언제나 대화 속에 언급하셨어요. 아빠는 자연스럽게 늘 그러셨답니다. 아빠의 아호 '송죽'(松竹)은 꼿꼿한 아빠를 그대로 표현한 아호라는 생각이 듭니다.

병약했던 내 머리맡에 어린이 잡지 「새벗」을 잊지 않고 놓아주셨고, 여학교 땐 「학원」 잡지도 꼭 놓아주셨어요. 나는 커서 「새벗」 잡지에

삽화를 그렸었는데, 지금은 흔적도 없네요. 아빠는 그건 잘 모르셨죠?

김장할 때나 집안의 큰일이 있을 때는 다 큰 여학생인 나를 절대 못 나오게 하시고, 손수 엄마와 함께 끝까지 김장 일을 다 하셨던 아빠. 우리는 함께 가족 합창을 하고, 함께 책을 읽고, 함께 산책하고, 함께 시장 가곤 했어요. 당시에 그런 아빠는 없었어요. 그래서 친구들이 나에게 남다른 아빠가 있다는 걸 제일 부러워했던 것은, 그런 아버지가 정말 드물었기 때문이었습니다.

그 옛날 아빠의 '출애굽'(Exodus) 사건을 돌이켜보면, 이스라엘 민족을 이집트에서 탈출시킨 '모세'(Moses)와 같은 산같이 크고 큰 분이셨습니다. 예수를 믿는다는 이유 하나로 대지주의 터전을 하루아침에 몰수당하고, 강원도 금강산 근교의 본향을 '죽음 아니면 자유를~~' 외치시며 용감하게 결단하시고 대탈출을 하셨지요.

"와~ 이곳이 바로 자유의 땅, 남한이다…" 아빠는 태극기를 펼쳐 들고 목청껏 "만세~~"를 부르셨어요. 그리고는 성경을 품 안에 꼭 안으시고 동해안 바닷가 모래톱에 입을 맞추시며 '나의 갈 길 다 가도록 ~~' 그 찬송을 눈물로 부르셨지요. 우리 가족 모두 감격의 눈물바다를 이루던 그 바닷가! 난 겨우 다섯 살배기, 아무것도 모르고 '으앙으앙~' 소리쳐 울었던 기억이 지금도 생생합니다.

친구들이 지금도 잊지 않고 말합니다. 아빠의 '명설교'를 기억한다고요…. 특히 '같음'(equal)에 대한 아빠의 설교는 정말 잊지 못할 멘토 설교라고 말들 한답니다. 그래요, 아버지… 나의 '아빠', 부디 100세 아빠 날에 다시 한번 그 말씀 듣기를 원합니다. 꼭 그러셔야 합니다. 약속해요, 아버지. 너무나 보고 싶습니다. 아주 많이 그립습니다. 아버지, 나의 '아빠'.

‘여류’ 라는 명칭

한국에서 활동할 때였다. 해마다 몇 차례씩 그룹전시회에 참가하곤 했었다. 그중 전람회 규모가 크고 조직화된 전람회는 이름도 거창한 ‘한국여류화가회전’(韓國女流畵家會展)이었다. 때는 언제나 5~6월, 장소는 덕수궁 국립현대미술관. 봄의 한가운데, 움츠렸던 여류들이 저들답게 한창 기지개를 펴는 시절이었다.

어느덧 ‘여류화가회전’ 10주년을 맞았다. 10주년은 주최 측 내부적으로나, 대외적으로도 집중적인 조명을 받을 만했다. “10년이면 강산도 변한다”고 했던가… 그렇게 10주년 전람회 기간은 축제인 마냥 들썩들썩했다.

전시회 기간 중에 한국여류화가회 회장단으로부터 전화 한 통을 받았다. 유명 계간지의 특집기사를 위한 인터뷰 요청이 왔는데 나에게 평회원 대표로 참석해 달라는 것이었다. 아니, 기라성 같은 임원진들이 포진해 있는데 웬 평회원 대표? 의아했다. 그런데, 인터뷰를 요청한 잡지사 쪽에서 평회원 한 사람을 대동하라고 했다는 얘기였다. 막강한 회장단의 명령(?)을 거절할 명분이 없었다. 약속장소로 고분고분 나갈 수밖에는….

두어 명의 기자들이 나올 것이라고 예상했는데, 그게 아니었다. 편집장을 비롯해 저명한 문학가, 그리고 사진기자들…. 거의 우리 여류 임원진들과 버금가는 숫자였다. 우리는 금세 팽팽한 긴장감에 사로잡혀 차렷 자세가 되고 말았다. 우리 회장단은 유수한 실력파 교수님들로 짜여있음에도 그랬다. 80년대의 인터뷰 분위기는 그랬던 것 같다.

'10주년을 맞는 전람회의 양적 질적 변화에 대한 한 말씀' 으로부터 시작한 질문 공세는 진지하고 신랄했다. 동 · 서양화의 미술사적 흐름이라던가, 여성이란 특수 환경이 좀 더 실험적인 표현방법에 소극적인 결과를 초래하지 않느냐는 등의 질문과 응답은 너무 고답적이고 각본으로 짜인 듯해 매끄럽지 못했다. (인터뷰 내용을 연습했음에도 불구하고) 그러다가 한 젊은 여기자의 질문이 팍하고 날아들었다.

"여러분은 '여류' 라는 명칭에 대해 어떻게 생각하십니까? '여류' 라는 명칭은 있는데 '남류' 라는 단어는 왜 없을까요?"

"…………"

순간 짧게 썰렁했고, 짧게 침묵이 흘렀다. 여기자의 속사포 같은 질문 2탄이 공격적으로 날아든다.

"여류소설가, 여류시인, 여류비행사, 여류정치가, 여의사 등 특정 여성 앞에 '여류' 라는 수식어가 붙여지는데 왜 남성에겐 '남류' 라는 말을 쓰지 않을까요? 서구에선 여류라는 말이 없다는데요. 그런 측면에서 누가 말씀 좀 해 보셨으면 합니다."

그때서야 여기저기서 회장, 총무들이 한마디씩 입을 열었다.

"아, 예, 우리는 '여류' 라는 명칭을 자랑스럽게 생각하고 일본과 아시아 근동에서는 여류 인사들에게 예우해서 붙여지는 호칭이며…"

그러나 여기자는 입가에 야릇한 조소를 머금고, '그럴 줄 알았다' 는 태도였다. 좀 그랬다. 그런데 여기자의 눈빛이 수상하다. 계속 나에게 눈을 맞추고 있지 않은가. '네가 말해 봐~' 그런 몸짓이었다. 흠~ 아마도 평회원의 몫이 이거였나? 결국 이야기를 시작했다.

'여류' 라는 명칭이야말로 남성과 동등한 대열에 나란히 설 수 없다는 자조적인 호칭이 아닐까. 구조적으로 남성 주도적 사회현상에서 파생된 기형적(畸形的) 명칭이라고 할 수 있겠다. 실은 '여류' 라는 명칭은 부끄러운 역사적 산물이다. '여류' 의 어원은 일제 식민시대에 그 뿌릴 두고 있다. 이 단어를 여과 없이 사용하고 있는 우리의 사회적 배경은 친일의 잔재가 무의식 속에 스며들어 있기 때문일 것이다. 여성이 어느 분야에서 뛰어난 두각을 보일 때, 주권적인 남성들 자체에서 '여류' 라는 명칭을 붙여 남성의 우월성을 확인하고 남성 세계로부터 분리해 낮은 자리에 묻어두기 위함이라는 어느 페미니스트의 말에 일리가 있다고 본다. 분명한 것은 '여류' 라는 명칭은 여성 스스로가 붙인 이름이 아니고, 남성들이 여성들에게 붙여준 명칭이라는 것이다. 마치 여성을 예우해 주는 듯하면서, 나란히 설 수 없게 하려는 의도라고 볼 수 있다.

그런데 문제는 여성 스스로가 그런 호칭에 대해 별생각도 없이, 오히려 자랑스럽게 여기고 있다는 것이 현실의 한계였다. 여성 상위시대라고 아무리 떠들어도 뿌리 깊은 성적 편견이야말로 남녀가 모두 함께 똑같이 범하고 있는 잘못된 고정 관념이어서, 그 단단한 바위를 깨뜨릴 달걀은 존재하지 않는다는 현실의 벽에 암담했다.

인터뷰 팀은 흡족한 표정으로 좋아했는데, 우리 여류화가회 임원들은 씁쓸한 표정으로 침울했다. 나, 이제 회장단으로부터 벌 받아야 하는 건가? 눈치가 좀 보였다. 그렇지만 속은 아주 홀가분했다.

"거기 누구 없어요? C's b 친구들~"

4 · 19 세대, 아득하기만 하다. 그 까마득한 세월 저편에 우리들의 피 끓는 청춘이 있었다. '그릇됨' 을 향해 울분과 분노를 토해내던 터질 듯한 짙푸른 가슴들… '옳음' 을 위해 나도 죽으리라, 두 주먹을 불끈 마주 잡았던 순간들… 그랬었다, 우리들 젊은 날의 초상은 그렇게 핏빛으로 물든 아픈 흔적들을 기억의 깊은 골에 켜켜이 새겨두었던 시절이었다.

세계는 2차 대전을 종전했고, 우리나라도 분단의 참혹한 전후의 상처들과 순백의 혁명이라는 응어리가 분분했던 시절이었다. '아프레게르' (aprés-guerre), '아방게르' (avant-guer-re), '다다이즘' (Dadaism) '자유부인' 같은 단어들이 엘리트의식 바닥에 깔려있었다. 전후파(戰後波)적 허무주의 물결이 전 세계를 휩쓸고 있었으니, 당연하게 한국에도 전위적 문화 예술이 봇물처럼 상륙하기 시작했다.

아니, 이야기가 시작부터 옆길로 자꾸 빠지려고 한다. 어서 서둘러 제자리로 U턴해야겠다.

'음악감상실' , 그 이야기다. 지금은 낡고 잊힌 이름이지만, 그때는 세상 고뇌를 다 짊어진 듯한 우리들의 감성과 정서를 송두리째 흔들어

놓았던 창이었고, 분출구였다. 재미없는 강의실을 뛰쳐나와 음악감상실로 달려갔다. "이놈들아, 나가서 귀 청소들을 좀 하고 오라구~ 막힌 걸 뚫어야 뭐라도 나올 거 아냐!" 젊은 교수들은 우리를 아예 음악실로 쫓아내는 해프닝도 있었다.

쓴 커피 한잔을 시켜놓고 터질 듯한 스테레오 음향과 함께, 어둑한 음악실 안에 죽치고 시간을 죽이는 일이야말로 '쿨~' 한 젊은이의 상징 같았으니까. 그곳에서는 팝뮤직이, 샹송이, 포크송이, 그리고 히피풍의 트위스트가 우리들을 사로잡고 있었다.

'쎄시봉', '디쉐네', '시보네', '아카데미', '뉴월드', '카네기' …. 그리고 70년 중반에 생맥주를 곁들인 '쉘브르' 와 명동의 '돌체다방' 등, 이름도 어슴푸레한 음악감상실은 서울 장안 어디든 산재해 있었다. 뿐만 아니라 다방과 찻집, 심지어는 경양식당까지 음악감상실 분위기로 꾸미지 않으면 영업이 안 될 지경이었다.

개인 취향으로는 당연하게 '쎄시봉' 과 '디쉐네', 그리고 '르네쌍스' 가 단골 메뉴였다. '쎄시봉' 은 특별 이벤트가 많았다. 당시를 풍미했던 통기타 가수들이 '쎄시봉' 을 통해 신선한 바람을 일으키며 가요계를 휩쓸었다. 조영남과 송창식을 비롯해 지금의 '아이돌' 그룹이나 마찬가지였던 '트윈폴리오' 가 탄생한 곳도 '쎄시봉' 이었던가. 그룹송들의 멜랑콜리한 화음을 유행시킨 장소이기도 했다. 남자들은 군복을 염색해 입고 장발에 나팔 청바지를, 여자들은 '복희' 씨가 미국에서 수입한 미니스커트를 받쳐 입고 트위스트 곡에 맞춰 발꿈치를 비비며 어설프게 몸을 흔들었던 통기타와 록 음악의 산실이었다.

화신백화점 종로통에 인기 최고였던 고전음악 감상실 '르네쌍스'를 빼놓을 수가 없다. 겨울이 짙어가는 회색빛 그날이었다. 잊을 수 없는 그 첫날, 문을 열고 들어서자 폭풍같이 밀려드는 바이올린 음향에 숨이 막혔다. 움직일 수가 없었다. 찢어질 듯 절정을 향해 소용돌이치며 높은 곳으로 날았다가 불꽃을 튀기며 빠르게 추락하는 그 고혹적이고 매혹적인 바이올린 음률에 미치지 않는 게 오히려 이상한 일이었다. 그 곡은 바로 사라사테의 〈치고이네르바이젠〉(Zigeunerweisen)이었다. 그때부터 당연하게 나는 '르네쌍스'의 죽순이가 되었고, 평생을 바이올린 소리에 사로잡혀 바이올린 '마니아'가 되고 말았다. 지금도 그때, 그 추억의 장소를 떠올리면 가슴이 거침없이 쿵쿵 두근거려 온다. 그런데 한 줄기 회한이 설핏 떠오르는 건 무엇일까? 우리들의 청춘은 그토록 '사대주의'를 등에 업은 채 '서구 문명' 지향성 해바라기들이 아니었나 하는 회한 말이다.

고요하고 거룩한 밤이다. 어둠에 묻힌 짙푸른 창밖을 바라본다. 그리고는 "거기 누구 없어요? 쎄시봉~ 르네쌍스 친구들~!!" 파스텔 톤으로 가만가만 투명한 추억을 불러본다.

어디선가 사라사테의 바이올린 소리가 에코처럼 귓가를 맴돌아 오는 듯하다.

율곡교육촌 (1)

서울시 안에 있던 "'율곡교육촌'을 아시나요?" 하고 묻는다면 그 이름을 아는 사람은 얼마나 될까? 아마도 거의 없지 않을까… 문득 그런 생각이 들었다. 그런데 우리 가족에게는 한국을 떠나던 그 순간까지 살았던 고향 같은 그리운 이름이다. 지금은 전설의 고향이 되고만 "율곡교육촌"의 기억들. 서울시 강북구 현대사의 한 모퉁이, 돌멩이로 구르다가 산산이 부서지고 말았던, 그 이야기다.

1970년 초였던가, 그랬다. 그때 남편과 나는 이름하여 부부 교사였다. 그러나 선생질(?)을 아무리 열심히 한다고 해도 내 집 장만은 그 시절에도 역시 별 따기처럼 어려웠다. 그랬는데 희소식이 전해졌다. 교육계에 종사하는 선생님들을 위한 대형 주택단지가 세워진다는 것이다. K 대학 Y 교수를 중심으로 뜻을 함께하는 막강한 이사진들을 영입한 주택단지조합이 형성되었고, 꿈같은 저들의 계획은 멋진 '율곡교육촌'이란 이름과 함께 순탄하게 진행되었다. 우리는 발 빠르게 등록을 마치고 서둘러 주택공사조합으로부터 건축 융자 신청 접수를 모두 끝냈다. 제비뽑기로 택지는 결정되어 곧바로 내 집 짓기, 신축 공사에 '올인'할 수 있었다.

돌이켜보면 남편과 나는 세상 물정에 까막눈이었고, 천지 분간을 제대로 못 하는 국어 선생, 미술 선생이라는 비현실적인 못난이들이었다. 그럼에도 한평생에서 제일 잘했다 싶은 황금절정기를 뽑으라면, 당연히 율곡교육촌 입성이라 하겠다. 그 떨림 같은 황금기의 순간으로 지금 막 돌아가는 중이다, 기억의 저편으로…

선택된 내 주택 번지수를 들고 처음 율곡교육촌을 찾았을 때의 그 벅찬 감격과 황홀함은 잊을 수가 없다. '강북구 번2동 야산' 3만 7천 평 땅에 거의 8백 채의 주택지가 계단식으로 이미 조성되어 있었다. 그 넓고 광활함에 놀랐고, 진달래가 흐드러지게 핀 또 다른 야산의 전망에 놀랐고, 교육촌 개별 택지의 크기에 또 놀랐다. 제일 작은 평수가 60~70평 정도였고, 80평 혹은 100평을 웃도는 택지도 아주 많았다. 우리 집은 대지 80평 넓이에, 위치도 땅의 앉음새도 꼭 마음에 들게 환상적이었다. 내 집터에 무릎 꿇어 하얀 모래흙을 끌어안고 입을 맞추며 흐느낌 같은 눈물을 삼켜야 했던 잊지 못할 순간이었다.

그런데 번2동은 어디냐고? 그 설명이 빠졌다. 낯선 '번동', '월계동' 쪽보다는, 익숙한 미아사거리에서부터의 설명이 쉬울 터다. 지금은 사라진 대지극장에서 신일중고등학교 방향의 중간, 성북시장 맞은편, (역시 지금은 사라진) 초원제과점 앞길을 따라 넓게 포장된 새 골목 도로는 쭉 교육촌까지 연결되어 있었다. "새 길은 새 교육촌이다." 그때 만들었던 내 슬로건이었다.

늦은 봄부터 시작된 우리 집 신축은 여름 장마를 비껴가면서 초가을쯤 마치고 드디어 완공되었다. 슬라브 형식의 지붕을 가진 양옥 주택이다. 앞면은 세라믹 벽돌로 현대식 멋을 부렸고 '녹색의 장원' 같은 정원을 꿈꾸며 집 건물을 뒤편으로 바짝 붙였기에 정원은 넓었다.

율곡교육촌 새집으로 이사를 했다. 가슴은 기쁨으로 터질 듯했다. 집을 건축하는 동안 우여곡절은 또 얼마나 많았던가. 그 모든 사연은 눈 녹듯 사라졌고 말 그대로 '천국으로 화하도다' 였다. 이제 막 한 살 되던 막내, 그리고 7살의 첫째와 5살배기 둘째, 올망졸망한 내 아이들… 그들도 잠을 이루지 못한 채 기뻐 뛰고 또 뛰었다. 그랬는데, 며칠 후에는 잠시 떨어져 살던 시부모와 시동생이 소리 없이 이사를 오셨다. 다시 대가족의 시작이 되고 말았다. 어쩌겠는가, 남편은 종갓집 장손인 것을…

그런데 '율곡교육촌' 에 일이 터졌다. 8백 채가 넘게 들어설 교육촌 단지의 건축 허가가 동결되고 말았다. 이유인즉 무슨 군사분계선의 영향권이라나 뭐라나. 당시 정부가 가장 손쉽게 이용할 수 있는 정책으로 남북 간의 대치, 관련법을 내밀면, 그것은 절대적인 법이고 진리였던 때였다. 나중에, 아주 나중에야 알았다. 정부가 강남 개발에 불을 지폈기 때문이었다. 예를 들어, 잠실 땅은 농토였고 그 지역은 농촌이었다. 그 땅값이 1원이었다고 치자. 정부가 손을 쓰자 1원은 10원으로, 아니 100원으로 치솟았고 땅 주인들은 하루아침에 억만장자가 되었다. 그런 식이었다. 여기저기 강남 졸부들의 탄생이 줄을 이었다. 강북

개발을 묶어야 할 이유가 그것이었다. 율곡교육촌은 그렇게 희생 제물이 되어 무려 15년이란 세월 속에 폐허의 땅으로 침묵해야만 했다.

내 앞에 앞집은 공무원, 내 뒤에 뒷집은 기독교방송국의 K 목사님, 그리고 초등교사 두 분, 대학교수 두 분 등등, 초창기에 함께 집을 지어 입주한 교육촌의 이웃들이다. 그 넓은 교육촌 단지에 고작 30채도 안 되는 숫자였다. 그랬으니 우리들은 '자연의 나라' 같은 환경 속에서 삶을 이어갔고, 순수한 '시편 나라' 의 정서를 누리고 살았던 셈이다.

아이들은 코스모스 같았고 해바라기 같았다. 흐드러진 꽃들과 함께 빈 터의 채소밭에서 땅을 벗 삼아 청년이 되고 소녀가 되었다. '율곡교육촌', 그 땅의 축복이었고 은혜였다. 그럼에도 꿈틀거리는 분노함은 컸다. 그 시절부터 서울은 '강남' 과 '강북' 이라는, 어처구니없는 이분법적 사고방식이 사회 전반에 걸쳐 암적 세포처럼 퍼져나가기 시작했으니까.

율곡교육촌 (2)

"추억 놀이", 그 표현이 맘에 들었다. "추억 놀이"… 그래, 어디 그래보기로 하자.

중, 고교 시절 '할리우드' 영화에 꽤나 폭 빠졌었다. 또래보다 키가 크고 조숙한 편이라 묘한 변장을 하고 혼자 극장가를 들락거리기도 했다. 그런데 한 번도 걸린 적은 없다. '혼자만의 움직임' 은 소위 '모범생'(?)의 고단수 수법이었으니까…

당시의 영화 제목들이다. 〈이유 없는 반항〉, 〈로마의 휴일〉, 〈애수〉, 〈닥터 지바고〉, 〈에덴의 동쪽〉, 〈초원의 빛〉, 〈사운드 오브 뮤직〉, 〈녹색의 장원〉, 〈웨스트사이드스토리〉… 등등 내용은 가물가물한데 제목들은 신기하게 거미줄처럼 줄줄이 기억되고 있다.

그중 오드리 헵번과 앤서니 퍼킨스 주연의 〈녹색의 장원〉(Green Mansions)은 울울창창 '짙푸른 숲' 의 꿈을 내게 품게 했던 특별한 영화였다. '네~꿈을 펼쳐라~~' 그랬다. 그 꿈을 펼칠 때가 왔다. 그 꿈의 현장은 바로 '율곡교육촌' 의 우리 집, '내 집' 이었다.

자, 이제 꿈꾸던 '녹색의 장원' 의 꿈을 설계해 볼까나. 그런데, 아는 게 너무 없다. 무엇부터, 어디서부터 시작해야 하는지… 농촌 경험도 전무한지라 너무 뜬구름 같았다. 그 막막함 속으로 퐁~ 하고 날아드는 것 하나… 앗, 이거다! 바로 그것은 수유리 '장미원' 이었다. 설레며 한달음에 장미원을 향해 달려갔다. 그렇게 내 집의 첫봄은, 첫사랑 같은 '녹색 장원' 의 꿈은 시작되었던 것이다.

집짓기 마무리 때에 몇 트럭의 좋은 흙을 실어 날랐던 정원 땅은 겨울잠을 자고 났더니 한결 더 비옥해졌다. 우선은 내 엄마의 꽃밭을 기억하면서 작은 꽃나무 묘목들을 심어 나갔다. 봉숭아, 채송화, 금잔화, 제비꽃, 맨드라미 등등 그리고 키 큰 붉은 칸나, 튤립, 히아신스, 해바라기, 백일홍, 흰색 튤립, 라일락 등… 꽃들 뒤편 담장 쪽으로는 사철 푸른 상록수들을 나란히 심었고, 대문 오른편엔 오동나무를, 왼편엔 대추나무와 포도나무를, 또 사과나무를, 그리고 장독대 옆엔 복숭아나무를, 펌프 우물곁에는 살구나무를… 그렇게 유실수를 심어나갔다. 아 참, 사람 키만큼 큰 선인장 종류도 많았었지.

'흠… 이제는 녹색 장원을 뛰어놀 생명체들을 입양해야 하는데~' 하고 생각이 떠오르면 신기하게도 곧바로 찾아졌다. 오늘은 사과 상자에 담긴 병아리 한 상자를, 다른 날은 눈만 겨우 뜬 강아지 상자를… 저들은 주로 성북시장 노점상에서 사들였다. 수유리 4 · 19탑 근처에서는 색조가 예쁜 잉꼬와 갈색 메추라기, 카나리아까지… 또 다른 날은 우연히 집토끼 한 쌍을 만나 옳다구나 하고 사들였다. 빠르게 상자 속 병아리들은 '닭' 이 되었고, 강아지들은 '개' 님들이 다 되었다. 물론 새장이야 당연했고 닭장도 개집도 토끼집도 모두 있었다. 그래도 닭들과 개님들은 아예 녹색 장원에 방목하여 키웠다.

그런데 이들 먹거리 사료가 장난이 아니다. 닭들은 잡식성이라 지렁이나 개미 같은 온갖 벌레들을 찾아 먹고, 타작 덜 된 좁쌀을 한 말씩 사다 놓고 새들과 같이 모이를 주면 간단했다. 그러나 개님들은 달랐다. 지금같이 개 사료가 따로 있는 것도 아니고, 음식 찌꺼기를 먹여야 했는데 한두 마리도 아니고, 방법을 찾아야만 했다. 아예 타작 덜된 통보리를 몇 자루씩 쟁여 놓고 개님들 된장까지 따로 만들어, 지하실에는 개님들 음식 창고 코너까지 만들었다. 단골 생선 가게는 개님들을 위한 싱싱한 생선 대갈들을 무한대로 공급해 주었고…

그만 여기서 멈추자. 개님들 식사 요리법은 너무 길어서, 아니, 사람들과 애정과 사랑을 가장 많이 교감하는 우리 개님들 이야기는 몇 편을 써도 모자랄 일이기에 아예 마음 다져 먹고 그만두기로 한다. '얘들아~ 메리야, 바둑아, 토리야, 코코야, 삽살아…' 너무나 그립다. 정말로 눈물 같은 그리움이다.

몇 년이 지났을까, 꽃들은 흐드러지게 피어나고, 오동나무는 아름드리에 키는 하늘을 찔렀고, 넓은 부채 모양의 잎들은 유별하여 '교육촌' 의 명물이 되었다. 포도나무는 그때는 귀했던 거봉 포도가 주렁주렁 열렸고, 대추나무는 가지가 휘도록 대추가 열렸다. 복숭아도 살구도 탐스럽게 열렸다. 사과나무만은 시원치가 않았으나 그래도 꽃은 청초하게 아주 예뻤다.

그래, 하나 더 해보자. '꽃밭에 꿀벌 통…' 신통하게 떠오른 새로운 아이디어였다. 그런데 어디서 벌통을 구한다? 역시 장미원을 통해 보기로 했고 그 길은 통했다. 그렇게 벌통은 우리 녹색 장원에 입성했다. 꿀벌 키우기에는 여러 장비와 양봉 전문지식이 필요했지만, 나는 겁 없이 용감하게 덤벼들었다. 그 꿀벌은 '녹색 장원'의 함성 같은 환희를 안겨주었고, '율곡교육촌'의 대서사시에 절정의 시기를 찍게 해 주었다. 조국을 떠나는 그 순간까지. '추억 놀이'는 그랬었다. '율.곡.교.육.촌'은…

샘물과 같은 보혈은

'율곡교육촌 3편' 의 또 다른 제목인 셈이다. 서울시 강북구 번2동 '교육촌' 의 이야기는 계속되고 있다.

창조주가 인간에게 무상으로 선물해 준 삶의 기본 요소는 공기와 물과 불이다. 그중 어느 것 하나만 없어도 인간이 살 수가 없음은 자명하다. 건축 허가가 묶인 야산의 '교육촌' 건축 현장에서 제일 큰 문제는 생명 같은 물, 바로 상수도 시설이었다. 우물을 만들고 그 우물물을 집안의 수도와 연결해 자급자족형 상수도 시설을 설치해야만 했다. 우리 집 우물 파기는 건축 막바지의 큰 난제였고, 그 일을 끝내지 못한 채 이사를 했다. 광활한 황무지 같은 땅에 먼저 집을 지은 이웃들 역시 그 고난을 겪은 터라, 기꺼이 물을 공급해 주어 집 건축을 무사히 끝낼 수 있었다. '도라무' 통은 그래서 교육촌 집짓기의 필수품이다. 물을 공급해 준 이웃의 감사함은 너무나 크고도 크다.

자, 이제는 오늘내일 우리 집 샘물이 터져야 하는 정점의 순간이다. 교육촌 야산의 특징은 지표로부터 2미터 아래 땅 밑이 거의 돌 반석이라는 것이었다. 그래서 교육촌 우물 파기의 무기는 강력 '다이너마이트' 였다. 집 짓는 동안 수없이 바위를 터트려 내려간 반석 우물의 깊이는 메아리가 울릴 정도로 깊었다. 그런데도 어디 물기 한 점 없는 새파란 바윗돌뿐이었다. 정말로 희망이 보이지 않았다. 게다가 인부들 역시 지쳐 맥을 놓고 절망적이라고 했다.

시댁은 전통적으로 유교적 바탕의 무교 집안이다. 시아버님은 당연히 무교신데, 시모님은 달랐다. 소위 '박수무당' 을 평생 끼고 사시는 무속신앙 신봉자이셨다. 시모님은 조용한 성품에 다른 이들과의 타협을 불허하며 자신만의 길을 고수하는 특이한 분이셨다. 그런 집에 '예수쟁이 딸' 이라는 '주홍글씨' 를 이마에 달고, 그것도 종갓집 맏며느리로 시집을 갔으니… 그 시집살이는 가히 짐작하고도 남을 일이다. 그 엄혹한 삶, 결혼의 흑역사는 생략하고, 어서 우물가로 돌아가기로 하자.

시모님이 갑자기 완강해지셨다. 우물을 덮어야 한다고… 아무리 더 깊게 파 내려가도 그곳은 우물이 될 수 없단다. 물줄기를 막고 있는 요상한 '기' 때문이란다. 그것은 바로 예수쟁이 딸의 '기' 가 물줄기를 콱 틀어쥐고 있기 때문이라고 했다. '박수 무인' 을 만났다고 했다. 그분을 뒤늦게 만난 것이 후회스럽다며, 그분이 '점괘' 로 새 우물 장소까지 지정해 주었다는 것이다. 그렇게 시모님은 우물가를 강력하게 진두지휘하며 지휘봉을 휘두르는데, 아무도 막을 사람이 없었다.

나는 가슴이 덜덜 떨리고 눈물이 쏟아졌다. '천지에 도움이 어디서 올꼬…' 정말로 막막했다. 새니얼 호손 작 〈주홍글씨〉의 주인공 여인은 화형을 당했다. 나도 그렇게 화형을 당한 듯 참담했다. '교육촌' 입성의 꿈은 '녹색의 장원'이었고, 그 꿈의 설계 안에는 '펌프 우물'도 함께 있었다. 이웃들 대부분은 마당에 펌프 우물을 만들지 않았다. 관리하기도, 외관도 별로라는 이유에서다. 그러나 내게 펌프 우물은 필연적이었다. 샘물과 함께 자연과 함께 뒹구는 아이들의 놀이터를 꿈꾸었기 때이다.

"주님! 도와주세요…!" 하고는 비장한 심정으로 타협을 제안했다. 시모님과 건축 책임자와 함께 마지막으로 한방의 '다이너마이트'를 시도해 터트리는 것이었다. "그래? 어디 그래 보렴. 미련 없게 해보라구." 시모님은 자신만만한 비웃음을 던지며 당당하게 응하셨다.

다음 날은 한 방의 마지막 폭탄 '디데이' 날이었다. 아침 해가 올 때까지 잠을 이룰 수가 없었다. 모두 잠든 사이, 나는 우물가로 나왔다. 우물가 모래흙을 맨발로 밟아가며 별빛도 희미한 캄캄한 하늘을 향했다.

"샘물과 같은 보혈은 / 임마누엘 피로다 / 이 샘에 죄를 씻으면 / 정하게 되겠네~"

소리조차 낼 수 없었던 그 밤의 찬송을 가슴 속으로 부르고, 부르고 또 불렀다. 밤이 다 가고 새도록…

다음날 '디데이'. '쾅… 악… 탕…' 엄청난 폭음을 표현하기가 너무 어렵다. 우리 모두 솜으로 귀를 막았음에도 귀청이 다 날아갈 듯했다. 천지를 뒤흔들며 마지막 다이너마이트의 굉음이 터졌다. 폭파 후 유증을 가라앉게 할 시간이 필요했고, 다시 얼마를 지나 인부들이 사다리를 통해 우물 속으로 들어갔다. 부서진 돌덩이와 돌가루 파편들을 쓸어 올려 우물 안 청소를 했다. 얼추 반나절이 지났을까? "앗, 물… 물이닷! 샘물이 터졌어요!" 누군가 소리쳤다. 잘못 들었는가, 했는데… 분명코 우물 속 한 사람의 탄성 소리였다. 바윗돌을 뚫고 샘물은 터졌던 것이다.

그랬다. 드디어 우리 집 우물의 샘물이 분수같이 터져 나와 수면을 다 채우며 달고 오묘한 우물로 태어났던 것이다. '주님이 하셨다…!' 신음 같은 울림은 온몸을 휩쓸었다. 신기하게도 우리 집 샘물은 금세 '교육촌'의 유명세를 타게 될 정도였다. 가물면 우리 샘물은 더 차갑고 더 달았다. 홍수가 지면 이웃들은 수질이 나빠져 힘들어했는데, 우리는 전혀 아니었다. 가물어도, 홍수가 져도 우리 집 샘물은 정말로 달고 정말 오묘하고 신선했다. 그 샘물을 이웃들과 공유하기 위해 대문을 활짝 열어놓았다. '아무 때나, 어떤 때나 '펌프 물' 퍼 가세요~'

그런데 열려 있는 문을 꼭꼭 잠그는 손길은 은근하게 또 공존하고 있었다. 그 잠금의 손길은 바로 광야 같은 '교육촌'의 좁은 문이었다. '샘물과 같은 보혈은…' 그 십자가 보혈의 길로 달려가기엔 너무 멀고 험하고 어렵기만 하다. 생명수가 옆에 있었음에도…

샘물이 터지자 시모님은 시당숙모 댁에 다녀오마 하고 떠나셨다. 샘물은 우리 집의 기쁨이고 축제였음에도 그분은 그리하셨다. 시모님은 언제나 오시려나….

산아 산아, 금강산아 (상)

모처럼 서울에 꼭 가야 할 일이 생겼다. 어쩌면 마지막(?) 여행일 수도 있겠다 싶어, 꼼꼼하게 여행 준비를 하고 있는데 깜짝 놀랄 소식을 들었다.

바로 추석 성묘 금강산 단체 관광 소식이었다. 금상첨화, 절호의 기회다. 아니 일생일대 미문의 기회를 어찌 놓칠 수 있단 말인가. 서둘러 관광단에 합류했다. 반세기 금단의 세월을 한순간에 간단없이 쏘아버린 섬광 같은 기분이 들었다. 내가 섬광인 것 같았다. 금강산을 갈 수 있다니, 금강산을…. 내 몸의 유기체는 사라지고 빛으로 변한 나는 먹는 것과 잠자는 것도 잊은 채 꿈같은 금강산행을 몽유하며, 그렇게 꿈을 꾸듯 금강산으로 떠났던 것이다.

그러나 가슴 벅찬 설렘과 떨림의 흥분을 차분하게 가다듬어야 했다. 진작부터 쉴 새 없이 질금거리던 눈물도 거두어야 했다. 침착해져야 했다. 50년을 넘어 북으로 가는 첫걸음이다. 감정에만 사로잡혀서야 되겠는가. 막상 옷깃을 여미고 보니 슬슬 부끄러운 마음이 들기 시작했다.

북한도 분명한 조국일진대 알고 있는 것이 너무 없다. 금강산의 산맥은 어디로부터인지, 심지어는 강원도에 금강산이 있었던가… 육로로 간다기에 판문점을 훌쩍 넘어가는 줄만 알았다. 동해안을 거쳐 고성으로 떠나는 관광버스에 몸을 싣고서야 '아하~' 했을 정도니까 말이다. 반세기의 문맹을 안고 그냥 이렇게 가도 되는가 싶었다.

그럼에도 금강산 가는 날을 맞는다. 기상 시간 새벽 4시. 남측 출입경 사무실에서 도떼기시장 같은 분위기에서 입국 수속을 끝내고, 목에는 모두가 개목걸이 입국증서를 훈장같이 걸고, 북측을 왕래하는 버스에 올랐다. 이것도 저것도 안 된다며 금기 사항이 줄줄이 사탕이다. 하기야 빈 몸이면 어떠랴 싶었다.

군사 분계선을 지나 북측 출입경에서 또 한 차례 집중 조사를 끝으로 북한 땅을 달릴 수 있었다.

"여기서부터 북측 땅입니다." 안내양의 목소리가 아니더라도 알 수 있었다. "아~ 여기가 북한 땅이구나!" 하고 말이다. 어쩌면 38 위도로 잘라놓은 남과 북의 땅이 이렇게 다를 수가 있단 말인가. 출렁, 충격이었다. 산천초목이 전혀 다른 모습으로 펼쳐지는 풍광이 망막으로 점멸해 왔다. 울울창창 무섭도록 짙은 유록색의 한계령을 넘어온 감동의 여운이 가슴에 고스란히 남아있는데, 북측의 끝 간 데 없이 이어지는 산은 모두가 바위산이었던 것이다. 북한의 산 전체의 80%가 암석 혹은 화강암으로 되어 있다니 얼마나 놀라운 일인가.

'천출장 김일성 장군' 궁체로 새겨진 이런 글귀는 바위산 어디에든 흔하게 볼 수 있는 진풍경 중의 하나다. 잘 닦아놓은 관광로 양옆으로 옹기종기 마을들이 나타나기 시작했다. 왼쪽은 온정리마을, 오른쪽은 양지마을, 이런 식으로. 마을의 한가운데로 주민들이 사용하는 도로가 시멘트로 포장되어 따로 나 있었다. 농부 차림새의 사람들이 간혹 자전거를 타고 왕래하고 있었다. 가옥이나 초등학교로 보이는 건물도 너무 초라하고 열악해 보였다. 우리가 살아온 60년대 농촌 풍경보다 더하면 더하지 싶었다. 그래도 들판을 이루고 있는 논과 밭에는 노랗게 곡물들이 익어가고 있었다. 비교적 이 마을들은 잘사는 편이라고 했다.

"휴전선은 무엇으로 상징할까요?" 안내양이 물었다. "철조망이요", "38선이요" … 자신 없는 대답들이 나왔다. 실은 철조망이 끝없이 이어지는 살벌한 군사분계선을 넘어온 우리에게는 그런 대답이 당연했다. 그러나 틀린 답이었다. 200미터 간격으로 박아 놓은 1920개의 쇠말뚝 중 마지막 말뚝이 휴전선을 상징하는 것이라고 한다. 장장 반세기가 넘도록 이 말뚝들은 녹이 슬고 또 슬어 있음에도, 아직도 철통같이 흉물스럽게 버티고 있었다.

그리고 또 다른 낯선 풍경 하나, 일정 간격으로 인민군복 차림의 군인들이 부동자세로, 차렷 자세로 서 있는 모습이었다. 처음엔 반가운 마음에 손을 흔들어 주었으나 그도 이도 모두 허수아비 같아 손을 거두고 말았다.

드디어 금강산이다. 주변은 관광지답게 조경을 잘 가꾸어 놓은 듯

했다. 현대 아산의 솜씨일 것이다. 금강산 휴게소 격인 '온정각'을 중심으로 오른편에 원형 극장이 자리하고 있었다. 극장 앞에는 고구려벽화 전시장을 상설해 놓았지만, 내용물은 조악하게 덧칠을 해 관람할 흥미를 이끌지 못했다. 건너편엔 한창 새 극장을 건축 중이었고, 그 옆으로 한적한 곳에 '정몽헌 추모비'가 고즈넉하게 자리하고 있었다.

구룡연폭포, 온천욕, 삼일포, 해금강 등 각종 관광지로 셔틀버스가 종일토록, 온정각을 중심으로 관광객을 실어 날랐다. 남측의, 〈그리운 금강산〉을 부르는 성악가의 소프라노 음색이 산자락의 사위를 바람처럼 불어오고, 〈반갑습네다, 반갑습네다〉, 북측의 낯선 노랫가락마저 반갑게 들려왔다.

자, 이제 금강산에 왔으니 산의 1만 2천 봉은 다 못 본다 해도, 봉우리 하나라도 보아야 하질 않겠는가. 셔틀버스를 타고 산을 오르는 입구에 도착했다. 벌써 맑고 고운 금강산의 정기가 뭉클 가슴을 적셔왔다.

산아 산아, 금강산아 (하)

산자락의 시작은 계곡을 따라 흐르는 물줄기가 크고 작은 바위들을 지치며 하얗게 물보라를 이루는 것으로부터다. 경사가 가팔라서인가, 물줄기를 맞는 바위들은 이끼 하나 없이 깨끗하고 투명했다.

나무들은 곧게 죽죽 뻗어 하늘을 찌르고 빼곡하게 숲을 이루고 있었다. 자세히 보았더니 소나무가 아닌가? 소나무들이 남한 것과는 사뭇 달랐다. 나무 기둥은 모두 붉은 색조를 띠고, 가지들과 잎새들은 부챗살같이 사선으로 퍼져있었다.

금강산의 소나무들은 30년에서 150년 산을 넘는 희귀종 나무들이라 했다. 종류도 다양해 미인송, 홍송, 화장목, 금가송… 이런 이름을 가지고 한 그루에 수십만 원을 호가한단다. 눈을 들어 산허리를 쳐다보니 아득한 너비와 높이를 가늠할 수 없을 만큼 멀리 있었다. 싱그러운 소나무 향기와 유리알 같은 맑은 물소리가 어우러져 핑그르르 어지럼을 일으켰다. 어느새 셔틀버스 일행은 산속으로 사라지고 또 다른 무리들까지 부지런히 앞지르고 있다. 산을 얼마나 올랐을까, 콧등과 등 언저리가 땀방울로 촉촉이 젖어 있었다. 한숨을 돌리고 보니 산의 봉우리는 고사하고 내가 서 있는 방향조차 감지할 수 없는 미로에 갇힌 듯했다. 산은 깊고 깊어 내가 작은 한 마리 벌레인 것 같았다. 퍼뜩

정신을 차리고 나서, 이럴 게 아니라 산 타기를 접어야겠다는 생각이 들었다. 어차피 내 힘으로 오르지 못할 산이 아닌가. 여기는 북한이다. 한순간이라도 한 번이라도 더 이 땅에 눈을 맞추고, 이 땅의 사람들을 만나 하찮은 이야기라도 주고받으며 손이라도 한번 잡아 보아야 하지 않겠는가. 김일성 배지를 달고 여자와 남자, 그렇게 쌍을 이룬 북측 요원들은 관광지 어느 곳에든 산재해 있었다.

"안녕하세요? 아가씨는 아주 곱군요", "잘생기셨습니다" 하고 말을 건네며 저들에게 다가가기 시작했다. 그러나 저들과 대화의 물꼬를 트기는 그리 쉽지 않았다. 오히려 총알 같은 질문이 돌아와 황당하기 일쑤였다. 우리가 목에 걸고 있는 출입국 팻말은 남한 사람들과 다른 모양이어서 미국 교포임을 금방 알 수 있었다.

"아주마이는 내 나라를 두고 왜 미국 가서 사십네까?" "미국에 살기가 좋습네까?" 어떻게 대답을 해야 할까 잠시 틈새를 보이면 "이렇게 경치 좋은 금강산에 왔으니 딸라를 많이 쓰고 가시라우요" 하고는 싹 돌아서 버리고 만다.

몇 번 그렇게 무안을 당하고는, 마음을 추스르기라도 하듯 카메라에 풍경을 담기 시작했다. 이름 모를 풀꽃들, 낯선 나무들, 크고 작은 돌멩이들, 발밑으로 도망치는 땅거미들, 나뭇가지에 앉아 지저귀는 새들까지… 그렇게 북한 땅 형체를 따라 무상하게 셔터를 누르고 다녔다.

그랬는데 작은 사건이 터지고 말았다. 키가 작고 얼굴이 초췌한 인민군 한 사람이 내 앞으로 다가오고 있었다. 설마 했는데, 그가 내 앞에 딱 마주 버티고 서서 거수를 하는 게 아닌가. 그리고는 빠르고 퉁명스레 말을 걸어왔다.

"저 아주머니, 저를 따라 같이 가셔야겠습네다."

"아니 왜요?" 순간 가슴이 철렁했다. 본능적인 두려움 같은 것이 엄습해 왔다. 그러나 애써 담담하고 태연한 척 대답할 수밖에는 도리가 없었다. 이유인즉, 내가 자기네 인민군 군사 도열 장면을 사진으로 찍었다는 것이었다. 난 사진 찍은 적 없노라고 최대한 상냥하게 대답했다. 하기야 저들의 도열하는 장면을 유심히 쳐다보기는 했었다. 한 열 명이 넘을까, 발을 맞춰 직각, 사각형으로 도열하는 장면이 신기하게 보였기 때문이다. 보는 것도 그리 잘못이란 말인가.

금세 주변엔 사람들이 웅성웅성 모여들었다. 우리 일행 한 사람이 눈에 띄었다. 그에게 재빨리 귓속말로 북측 사무실 직원을 불러 달라고 부탁했다. 인민군은 절대 따라가지 말아야 한다는 생각으로 모여든 관광객들에게 자초지종 일어난 일을 천천히 설명하면서 시간 끌기 작전을 폈다.

잠시 후 사무실 직원 두 명이 달려 나왔다. 북측 직원은 키가 훤칠하고 미남형에다가 서구적인 매너를 풍기며 내 앞의 인민군에게 예의를 갖추었다. 나를 잡은 인민군은 졸병이 아니라 계급이 높은 듯했다.

그런데 남측 직원은 말 한마디 없이 저들 주변을 서성이기만 했다. 조금 심기가 불편했다. 나는 북측 직원에게 톤을 높여 항의했다. 엄연히 너희들이 개방한 금강산 관광이다. 관광객이 자유롭게 사진도 못 찍게 하는 너희들은 뭐냐, 그런 식으로 말이다. 사람들이 내 옆구리를 콕콕 찔렀다. 제발 조용히, 잘못했다, 실수했다 그러라고, 큰일 난다고, 억류될 수 있다고… 억류? 그렇구나, 순간 어디 한번 이 땅에 볼모로 잡혀 남아볼까나, 그런 치기 어린 오기마저 생겼다.

그럼에도 우여곡절 끝에 결론은 이랬다. 필름을 몽땅 저들이 몰수하는 것으로. 핸드백 안까지 다 뒤져서 이전의 필름 3통과 새 필름 2통까지 모두 저들에게 줄 수밖에 없었다. 남측 직원은 그만하기 천만다행이라며 이렇게 조치된 것도 교포이기 때문에 순하게 넘어간 것이라는 인사가 전부였다. 그렇게 북한의 흔적을 다 잃고 말았다. 대신 금강산의 포슬한 흙 한 줌을 가방 한구석에 보석같이 꼭꼭 숨겨놓았다. 그 흔적을 가슴으로 품자, 그렇게 말이다.

북한의 정체는 주체사상이나 이데올로기 문제가 아니었다. 지구 어느 곳에서도 볼 수 없는 '김일성 종교' 가 반세기를 넘도록 문을 꼭 잠그고, 광신자들처럼 외길을 달리고 있음을 절실하게 느낄 수 있었다. 저들은 과연 나의 동족일까. 만나는 사람마다 판에 박힌 듯 한결같았다. 표현키 어려운 절벽이 가슴을 짓누르며, 가슴이 미어지는 아픔이, 통증이 시간이 갈수록 두께가 더해갔다.

원형극장에서 신기에 가까운 '교예' (서커스)를 무감각하게 관람하고 극장 문을 나서니, 비가 억수같이 내리고 있었다. 빗속으로 물안개에 덮인 금강산을 바라보는데, 주르륵 눈에서 하염없이 눈물이 쏟아져 내렸다. 형언키 어려운 슬픔과 분노가 회오리쳐 온몸으로 덮쳐오는 듯했다. 나는 우리 민족의 우수성을, 홍보대사인 양 미국에서 뽐내고 자랑하며 살아왔는데, 이 순간 다른 모습의 한쪽을 들킨 듯 깊은 절망과 안타까움에 휩싸인 채 흔들리는 차창으로 몸을 뉘었다.

산아 산아, 금강산아.

내가 기억하는 문익환 목사님

비보다. 1994년 1월 18일 한국보다 하루 반 늦은 어느 날, 문익환 목사님의 서거 소식을 들었다. 싸하게 가슴 한편을 통증 한 가닥이 비수가 되어, 줄을 긋고 지나갔다. 그리 허망하게 가시다니, 그렇게 가시면 안 되는 것 아닌가, 아직 하실 일이 얼마나 많을 텐데… 그저 망연한 마음을 주체할 길 없었다.

문 목사님의 서거 소식으로, 앞만 보고 달려가던 팍팍한 이민의 일상에 급브레이크가 걸린 듯했다. 일손은 허공을 휘돌았고 잠 못 이룬 하얀 밤은 휘청거렸다. 나는 왜 이곳에 있는가? 무엇을 위해 조국을 떠나 디아스포라가 되고 말았을까? 문 목사님의 비보는 그렇게 삶의 뒤안길을 뒤흔들어 놓고 있었다. 그리고 나는 기억의 저편으로 향한 이끌림으로 따라갈 수밖에 도리가 없었다.

4 · 19 세대였던 나는 민중의 보편적 열망이나 민초들의 순전한 바람들을 온몸으로 체험하면서 주부의 자리로 옮겨 앉은 사람이다. 한 세대의 역사 안에 있는 우리 주부들이 그 역사를 외면하면 결국 자손들을 잘못 키울 수밖에 없노라고 외치고 다녔었던가. 그럴 즈음 필연인가, 문익환 목사님과의 만남은 자연스러운 일일 수밖에 없었다. 우

리는 교회에서 만났다. 교회 안에서 그분은 언제나 평범한 목사님이셨다. 늘 입가에 미소를 머금고 다정하게 서로의 가족들을 안부하시고, 일상을 이야기하시고, 조크(joke)를 날리기도 하셨다.

교회의 각 부서 헌신예배 때는 문 목사님의 주옥같은 설교를 들을 수 있었다. 그분의 음성은 기성 성우나 아나운서에 버금가는 부드러운 미성이었다. 시를 읊는 듯, 독특한 음색으로 조용조용 대화하듯 리듬을 타는 설교는 언제나 가슴에 저리도록 심금을 울렸다.

나는 김관석 목사님 댁(당시 기독교방송사장) 앞집에 살았었다. 어느 날, 문 목사님과 이우정 교수님, 그리고 이해동 목사님 등 몇 분이 김 목사님 댁을 방문했다가 우리 집까지 들르셨다. 다과와 차를 준비해 냈는데, 그때 문 목사님은 자신의 성장기를 들려주셨다. 어릴 때는 많이 병약했고 학업성적도 우수한 편이 못 됐으며, 학급에서 있는 듯 없는 듯한 존재였노라고, 함박웃음을 웃으며 남 이야기하듯 성장기를 들려주셨다. 앞서지 못하고 언제나 한 발짝 뒤에서 따라가는 존재감 없는 어린 시절을 보냈다고 했다. 그러나 학년이 올라갈수록, 마라톤에서 뒤처지던 사람이 앞사람을 따라붙듯이 점점 앞으로 나가기 시작하셨다고. 그래서 문 목사님은 "아, 난 늦둥이구나", 그렇게 생각하셨다고 했다. '늦봄'이란 목사님의 호는 우연이 아니라 늦둥이의 시적 이미지를 첨부했을 터이다.

문익환 목사님은 시인이시다. 그분에게서 윤동주 시인과의 만남을 비껴갈 수 없을 것이다. 아마도 윤동주 시인의 영향이었을까 했으나, 사실 문 목사님은 태생적으로 시인의 자질을 타고나신 분이시다. 시인은 한 세대를 날카롭게 직시하는 혜안이 있어야 하는데, 그분의 모든 오감과 영혼이 그렇게 '시' 였다. 윤동주 님과의 만남은 당연하게 말달리는 선구자적 걸음의 시작이 아니었겠는가? 그랬다. 한 시대의 선각자의 길은 그렇게 시작되었던 것이다. 여선교 헌신예배 때 특강으로 문 목사님의 모친 되시는 김신묵 여사님을 모신 적이 있었다. 그때 난 그분을 처음 뵈었다. 파파 할머니셨다. 얼굴엔 빈틈없이 검버섯이 가득 덮였고, 머리는 은빛이 아니라 하얀 눈송이 모자를 쓰신 듯하였다. 그럼에도 허리는 꼿꼿하시고, 크고 낭랑한 목소리는 주위를 압도하는 힘이 있으셨다. 교회 안에서의, 또한 한 가정의 어머니로의 부름과 여성으로서의 역할을 거침없이 쏟아놓으셨다. 철렁하는 충격이었다. 그 신선한 충격은 오랜 세월이 지났음에도 또렷하게 가슴에 새겨져 있다. 부친 되시는 문재린 목사님은 일제강점 시기를 만주에서 보내시며 독립운동에 헌신하신 분이다. 아, 그 부모님의 그 아들이란 말은 문 목사님에게 걸맞은 말이 아닐 수 없었다.

1970년대 암울했던 유신 체제, 우리들은 연속적으로 그 안에 있었다. 그 안에서 우리는 숨도 제대로 쉴 수 없었다. 그럴 때 문익환 목사님은 우리들의 숨을 쉬게 할 수 있는 통로였으며 출구였다.

그분의 민주화운동을 어찌 다 열거할 수 있을까? 작은 목요기도회를 중심으로 3·1 사건, YWCA 결혼식 사건, 동일방직 사건, 전태일

사건 등 당시의 모든 민중들의 항거에 그분이 계셨다. 그렇게 그분은 한순간도 굽힘 없이 광야에서 굳건한 외침으로 평생을 달려오신 분이다. 그리고 그 수많은 옥중의 세월들, 때로 영어의 시간을 이기지 못하고 몸을 상하실 때는 또 얼마나 많았을까? 정치 목사라고 비난과 박해는 얼마나 많았고…. 세상적 배신과 오해와 곡해까지 헤아릴 수 없음에도 굴하지 않으시고 당당하셨던 목사님은 진정한 성직자이기도 하셨다. 목회자야말로 시대적 부조리와 사회적 병리를 함께 아파하고 치료해야 하는데, 그분은 민중의 참목자이기도 하셨다. 내가 만난 성직자들 중에 문 목사님은 예수 그리스도를 가장 많이 닮으신 분으로 기억되고 있다면, 지나친 표현일까. 이제 목사님 사역의 열매를 맺을 시기를 맞은 듯싶었는데 이렇게 소리 없이 홀연히 가시다니, 안타까움을 가눌 길이 없을 뿐이다.

어릴 때, 나의 아버님은 백범이, 해공이 가셨을 때 숨죽여 눈물을 흘리셨다. 이제 나는 아비의 나이가 되어 민중의 지팡이 늦봄의 이별 앞에서 눈물지으며, 이 초라한 문익환 목사님의 기억을 목사님 영전에 바친다.

문 목사님, 우리들의 문익환 목사님! 당신은 이제 광야가 아닌 천상에서 손에 쥔 지팡이를 쩌렁쩌렁 치시며 우리들의 영혼을 다시 흔들어 깨우칠 것이라 믿어 의심치 않는다.

'그리기'의 허와 실 (1)

사람을 '만물의 영장(零長)'이라고 한다. 그런데 사람의 모양새를 좀 보자. 쥐나 고양이, 아니면 모기나 파리 같은 곤충들 앞에서까지 맨손으로는 아무것도 할 수 없는 미약하고 나약한 존재가 사람이다. 하물며 사자나 호랑이같이 크고 무서운 동물들에게는 두말할 것도 없겠다. 그렇게 미물과도 같은 사람에게 조물주는 세상 모든 생명체와 자연의 생태계와 우주를 다스리고 통치하라는 미션(Mission)을 선포했다는 것이다. 사람은 어떻게 그 엄청난 지상 명령을 억겁의 시간 안에서 세상 만물을 다스리는 권좌를 누릴 수 있었을까? 그것은 바로 영적, 혼적 세계가 오직 사람에게만 주어졌기 때문이다. 사람의 머리(뇌)에는 무려 1천억 개가 넘는 신경 세포들이 '스카와 티슈'(Scar & Tissue)들로 끊임없는 전쟁을 일으키며 밖으로 나와 활용되고 싶어 한다는 어느 전문가의 말이다. 일리가 있다. 태어나고 죽어갈 동안 그 무궁무진한 뇌 속의 비밀스러운 초능력의 힘은 각 사람에게 과연 몇 퍼센트나 사용될 수 있을까.

각설하고, 쉽게 가기로 하자. 잉태된 아기의 발아 되는 시작은 뇌의 구조부터다. 생명을 인지하고 존재성을 감지하는 뇌 속의 세포 줄기들이 하나하나 생성되면서 육체적 기능을 위한 형상들이 만들어진다. 뇌의 기능은 그 모든 탄생의 섬세하고 미세한 몸체의 모든 부분을 총괄 지휘하고 관리한다. 태아의 아기는 듣고, 느끼고, 기억하고, 슬퍼하고, 기뻐하고, 먹고, 배설할 줄 아는 하나의 인격체로 9개월 동안 태중에서 세상 밖의 삶 자체로 머물고 있다. 아기가 태어난 순간 엄마, 아빠의 목소리를 기억하고 반응한다는 것은 증명된 사실이다. 엄마, 아빠의 목소리뿐만 아니다. 새소리, 물소리, 바람 소리에까지 아기들은 다 반응한다. 개체로 분리된 아기는 최첨단의 과학으로도 정복하지 못한 불가사의한 우주의 형상과 똑같이 닮아있다는 점은 기억해야 할 만한 일이다.

"아기가 뭘 안다고~?" 이 말은 어른들의 무식함에서 나오는 말이다. 저들이 태중에서 단련된 오감(五感)을 통해 시청각의 촉수를 세우고 미로와 같은 우주 속으로 뛰어들어 우주의 신비와 마주하고 있다는 사실은 정말 신비하고 놀라운 일이다.

아기에게 연필을 쥐여 준다. 꼭 잡는 힘은 아주 강하다. 흰 종이를 들고 아기의 시야에 눈높이를 맞추어 보자. 신기하게 그 백지를 향해 아기는 연필을 마구 휘두른다. 두 발을 춤을 추듯 흔들기까지 하면서 말이다. 아기의 표정은 보통 때와 완전히 다르다. 얼굴은 말로 표현하기 어려운 생기와 기쁨으로 가득하게 변하면서, 가만히 있을 때와는 전혀 다르다. 그런 행위는 아기의 숨겨진 뇌세포를 아주 일찍부터 건드리는 작업이라고 할 수 있겠다. 아기들의 '영아기와 유아기' 에 집중

해야 한다는 말은 그래서다. 숨겨진 창조적 세포 줄기를, 4차원은 못 다 한다 해도 3차원의 능력을 개발할 방법이 바로 아기의 영아기와 유아기의 '그리기' 작업이라고 부르짖는 사람 중 하나가 나다. 영, 유아기를 유기하지 않고 키운 아기들은 유년기나 사춘기, 아니 청년기까지 자기만의 의지가 뚜렷한 인성을 갖고 성장할 수 있다고 나는 믿는다. 열 번을 강조해도 모자랄 말이다. 영, 유아기를 '그림 그리기' 로 시작하자고…

요즘은 아기들은 태어날 때부터 전자기기를 손에 쥐고 태어난다고들 말한다. 사람들은 최첨단 과학과 물질문명의 노예가 되는 듯하다. 한 세기의 주역들을 무엇으로 세상의 주인이 되게 할 것인가. 그것은 바로 영적으로 힘이 뛰어난 사람일 것이다. 초자연적 영적 능력자가 '만물의 영장' 역할을 할 수 있다는 말이다. 더 좋은 전자기계를 쫓아가고, 더 좋은 전자 매뉴얼에 목을 매며, 우리 아기들을 인간 로봇으로 변질되게 키우고 있는 것은 아닌가? 심각하게 생각해 볼 일이다.

영 · 유아기를 지나 유년기의 그리기 과정은 사물을 형체로 표현하려는 단계에 이르게 된다. 이때 엄마들은 위험해진다. '미술 공부를 시키면 머리가 좋아진다' 는, 학부모 사이에 퍼지고 있는 상식이 그것이다. 그리기를 가르친다? 무엇을 가르친다는 말인가?

"자, 구름은 이렇게 그리고, 해는 여기에 그리고, 산과 나무는 이곳에 그리고…" 그렇게 가르치고 배우기를 원하는가? 그것은 오히려 그리기에 독이 될 뿐이다. '그리기' 는 '음악' 이나 '작문' 과는 전혀 다른 장르에 속한 별개의 것이다. 이것은 전공하고는 상관없는 평범하고 자연스러운 사람의 본능적 발상이라는 생각부터 바꾸면 그만이다. 어려운 일이 아니다.

'그리기' 의 허와 실 (2)

'세 살 버릇 여든 간다' 는 말은 속담이다. 맞는 말이다. 그런데 이 말의 뜻은 부정적인 측면을 시사하고 있다. 즉 세 살 적 나쁜 습관은 평생 죽을 때까지 고치기 힘들다는 의미이다. 미운 세 살, 일곱 살, 아홉 살, 그리고 돌아버릴 사춘기…. 이것은 아이가 어른이 되기까지 성장통의 마디라고 할 수 있겠다. 그때는 이곳 엄마들도 악을 쓰며 'terrible…' 이란 단어를 입에 달고 산다.

엄마들이 아이들을 밖으로 내몰기 시작하는 시기도 이때다. 집 밖에서 그냥 놀게 하면 좀 좋을까? 그렇게는 절대 못 하는 게 엄마들이다.

그리기를 가르치는 장소는 산재해 있다. 그것도 입소문 난 곳을 찾아 아이들을 보내려고, 엄마들은 촉각을 세운다. 문제는 그리기를 '가르친다' 는 것이다. 그리기를 획일적으로 '가르친다' 는 것은 백해무익한 일이다. 그뿐만 아니라 오히려 창의력 발달에 크게 걸림돌이 된다. 아이들에게 그리기를 가르치는 것을 넘어서, 아예 스케치북 그림을 다듬어 그려주고 덧칠까지 해서 예쁜 그림으로 마무리해 준 뒤 집으로 돌려보낸다. 이것은 참 웃기는 일이다.

“A 그리기 장소에 우리 애를 보냈더니 하루가 다르게 그림 솜씨가 발전하네요. 게다가 우리 애는 소질까지 아주 풍부하다네요…” 엄마들의 자랑이다. 소질이 있다고? 아이들에게 가장 무책임하고 무서운 말은 이 말이다. ‘소질’이란 말에 현혹되어 그리기를 전공한 사람이 어디 한두 사람이겠는가. 창의력을 저해하는 그리기를 ‘가르친다’는 방식은 당연히 바뀌어야 한다. 지나친 말일까? 아니, 더 심하고 지나치게 이야기해 보려고 한다.

1980년도에 처음으로 미국 땅을 밟았다. 그것도 거창하게 미술계 시찰(?)이었다. 미 서부를 시작으로 콜로라도주를, 그리고 텍사스주 미술교육 현장과 미술관, 박물관을 거쳐 동부의 유명 미술대학 수업 참관까지 돌았다. 충격이었다. 투어 기간 중 나는 자책감과 죄책감으로 자멸에 시달려야 했다. 심지어는 내가 마치 한 마리 빈대같이 느껴졌다. 명색이 서양화가랍시고 감히 서양화의 근원지를 기웃거리다니… 자격이 부끄러웠다. 아니 분노가 치밀기까지 했다. 내가 배우고 가르친 미술이란 세계는 본고장 미국의 어느 주에서도 찾아볼 수 없었기 때문이다. 그 어느 곳에도 비너스, 아그리파, 줄리앙 같은 석고상을 보고 그리는 공부를 하는 곳은 없었다. 전무했다. 도대체 한국에서의 ‘석고 데생’은 어디서부터 시작되었으며, 학생들을 그 석고 데생에 목숨 걸게 하고 치열한 입시 경쟁의 노예로 전락시킨 미술계의 주범은 누구란 말인가! 그것은 바로 일본이다. 아니 그 주범은 바로 우리였다. 다른 분야도 그렇겠지만 특히 예능 분야는 일제 36년을 통해 일본식 교육을 앞장서서 개선하고 개혁할, 그 어떤 선각자 역할도 하지 못했던 우리들의 책임이다. 의문이 생긴다. 그럼 일본은 지금도 석고 데생을 그리기 교육으로 삼고 있는 건지? 아니면 모방의 나라답게 일찍이 석고상을 치워버렸던지… 아무튼 궁금하다. 그러나 지금의 한국은 다르지 않은가? 모든 면에서 뛰어나다고 하는데, 아직도 그리기 교육의 석고 데생이 입시과목으로, 하나의 산업화 형태로 자리매김하고 있으니 그 긴 세월 일본의 잔재를 어떻게, 누가 청산할 수 있단 말인가? 얼마 전에 미국을 방문한 한국의 미대생을 만났다. 석고상을 안 보고도 귀신같이 빠르게, 실체보다 더 정확하게 그려내고 있었다. 그는 마치 기술자 같았다. 그랬다. 영혼은 없고 공장에서 찍어내는 똑같은 제품 같은 기술자 솜씨 같았다. 아마도 세계적으로 '사진같이, 똑같이 그리기' 대회를 한다면 한국 미대생들이 전부 석권할 것이다.

귀국하자마자 나는 붓을 모두 꺾어버렸다. 석고상을 다 부수고 다시는 사기 같은 그리기를 하지 않겠노라고 절필을 선언했다. 그리고는 어떻게 이 잘못된 그리기 교육을 바꿀 수 있을까 하며, 비장한 이슈 앞에서 한동안 번민에 빠지기 시작했다. 문교부 장관에게 편지를 써 볼까? 아니면 직접 찾아가 볼까? 한동안 바위에 계란 던지기를 수없이 했다. 참, 황당하기 그지없었지만 그땐 그랬다.

처음으로 돌아가자. 그리기는 창작의 근원이요, 근본이다. 세상의 모든 만들어진 존재성은 모두 창작의 도구들이고, 그것은 그림의 세계다. 첨단 과학 분야까지 '그리기'의 범주 안에 있음은 물론이다. 그래서 그리기는 아기 때부터 평생을 다하도록 습관처럼 이루어지는 행위가 되어야 한다는 것이다. 그런 창조적 습관이야말로 다음 세대의 지도자와 주역을 키워낼 수 있기 때문이다. 그러면, 이제는 그림을 조금만 못 그리는 방향으로 돌아서면 어떨까? 잘 그리지 못하는 대신 영혼과 마음이 풍부해지는 그리기 방법으로 가야 하지 않을까. 그렇게만 한다면 그때는 분명 사람의 영혼을 흔들어 깨우는 세계적 아티스트들이 스타처럼 탄생할 수 있을 것이다…. 그런 꿈같은 이야기를 생각해 본다. 불가능한 일일까? 하지만 가능성은 항상 열려 있다. 가능성을 외면하는 것이 문제일 뿐이다.

‘예술’ (art), 그냥 하면 된다

여기서 ‘예술’ 은 그림에 한해서다. ‘그리기’ 의 기법이 바뀌었고 달라졌다. 아날로그 세대인 우리는 ‘한 우물을 파야 뭐라도 된다’ 라고 했다. 지금은 아니다. 하루가 다르게, 아니 오늘의 디지털 세상은 시간마다 무섭게 변해가고 있다. 아마도 그림의 장르는 그것에 가장 부합하고 있는 분야가 아닌가 싶다. 예로부터 지금까지 화면의 구성과 구도를, 그리고 명암법과 원근법을, 황금분할(golden section)이나 심지어는 해부학과 기하학까지, 아니 그보다 수없이 더 많은 그리기의 기법들을 답습했던 것 같다. 그런데 그런 방법들은 창작이란 명분의 작품 앞에 마주했을 때 오히려 자유롭지 못한 ‘틀’ 이 되고, 고정관념이 되어 작업의 방해 요소가 되기에 십상이다.

“그렇다면 어떻게 그림 공부를 할 수 있습니까?”

“그냥 하면 됩니다.”

대답은 간단명료하다. 좀 황당하고 무책임한 답변일 수도 있겠다. 하지만 그 대답은 정답이다. 하느냐 하지 않느냐가 문제일 뿐, 하자고 마음먹고 그냥 시작하면 된다는 이야기다.

교회 C 집사가 개인전을 한다고 광고를 했다. 의아했다. 그는 전공은 고사하고 그림 문턱에도 가지 않았던 사람이었기 때문이다. 반갑고 신통하고 기특해 선물을 들고 오프닝 파티에 기쁜 마음으로 참석했다. 아크릴과 수채물감으로 그린 그림들이었다. 그림들을 보면서 얼굴이 화끈거렸다. 스무 점이 넘는 그림들은 모두 복사판(Copy) 그림들이었다. C 집사는 아예 솔직하게 자기 그림은 맨해튼의 유명한(?) 그림 교실에서 1년간 명화들을 베껴서 그린 그림들이라고 개인전 소감을 피력했다. 정직해서 좋았다. 그의 그림들은 오프닝 파티에서 거의 다 팔렸다. 무슨 선교단체를 돕는다는 명분이기도 했지만, 그의 높은 지명도가 크게 한몫을 했던 것 같다. 집으로 돌아오는 길은 씁쓸하고 착잡했다. '무식하면 용감하다' 고 했던가. 그렇다고 어찌 카피 그림으로 개인전을 할 수 있는 것인지 양심도 없다는 생각이 들었다. 그때가 아마도 30여 년 전이었던 것 같다.

그랬는데, 지금은 어느새 생각이 달라졌다. 친구 A, B, C, D… 그리고 주변에 많은 사람들이 너도나도 카피 그림으로 개인전을 하고, 또 그룹전을 열기도 한다. 아예 그림 교실마다 수강생들이 그룹을 만들어 해마다 카피 그림으로 전람회를 여는 건 상식처럼 되어 있다. 뭐가 대수이랴. 너도나도 누구나 모두 예술을 하고 화가가 되는 길이라면 마다할 이유가 없지 않겠는가. 어렵게 가야 할 이유가 없다. 10년 안팎으로 그림 교실이 뉴욕과 뉴저지 등 이곳 동부 지역에 우후죽순 많이도 생겼다. 그림 교실에서 주로 하는 일은 그림을 보고 똑같이 복사하는 것으로, 그렇게 그리기 공부를 한다. 한 주에 한두 번 시간을 내어서 하는 일이라 별 부담은 없는 편이다. 그렇게 시작하면 삶의 질을 높여 주고 생활에 활력을 준다. 화가가 되는 길은 일상의 생활 속에 녹아들어 쉽게, 그냥 하기만 하면 된다는 이야기다.

부시(Bush) 대통령도 은퇴 후 카피 그림으로 그리기를 시작해 화가가 되었다. 영국의 처칠(Churchill) 수상은 젊어서부터 화가 활동과 문학에 조예가 깊었던 예술가였고, 정치인이었다. 한국에서도 연예인들은 물론 많은 비전공자들의 전시회 소식이 들려온다. 그렇게 지금은 예술의 전천후 시대가 되어 가고 있다. 어느 때부터인가 나는 예술을 시작하라고 사람들을 부추기고 격려하고(encouragement) 바람을 불어넣기를 주저하지 않는다. 예술의 전도자가 되어 가고 있었다.

자신의 품성이 다혈질이라고 생각하는 사람, 우울하고 외로운 사람, 깊은 상처가 있는 사람, 불안하고 초조한 사람, 자존감이 없고 망설이기만 하는 사람, 그리고 정말 죽고 싶은 사람들…. 지금부터 시작하는 거다. 종이와 연필만 있으면 그리기 준비 끝이다. 식탁 위에 커피잔이 놓여있다. 소파 옆엔 책들이 아무렇게나 놓여있고, 그 옆엔 방금 주워온 낙엽들이 사이사이 끼워져 있다. 오늘은 이렇게 보이는 것부터 그려나가는 거다. 형체조차 흉내도 낼 수 없다고 지레 포기하는 것은 금물이다. 쉬는 거다. 다른 일에 몰두했다가 다시 종이와 연필을 손에 잡는다. 다시 커피잔을, 그리고 낙엽들을 그려나간다. 아까보다 훨씬 수월해졌을 것이다. 그림책 베끼기를 시작해도 좋다. 다만 심각하게 하지 말고 놀이같이, 장난 같은 마음가짐이 그리기의 덕목임을 염두에 꼭 두어야 한다. 놀이나 장난이 재미있어야 함은 두말할 것도 없다. '재미있는 예술을 그냥 지금 하면 된다' 는 말은 몇 번이고 되풀이해야 할 이유가 여기에 있다. 그런데 말하고 싶은 한 가지, 카피를 하더라도 너무 똑같지는 않았으면 한다. 너무 똑같으면 흥미도 매력도 없어지기 때문이다. 저작권 문제도 있던가. 아무튼 다르게 하는 카피가 포인트다. Do it Now!

"노란 우산"의 사람들

"음악회를 대신 관람해 줄 수 있냐구요? 그럴게요. 선배님 부탁이라 흔쾌히 대답은 했는데, 막상 그 부탁을 실행에 옮기려니 짜증부터 나지 뭡니까? 신동일의 〈어린이를 위한 피아노 한마당〉이란 음악회 타이틀 때문이었어요. 이건 솔직한 표현인데요, 왜 하필 애들 음악? 그랬다니까요. 흥미도 호기심도 기대감도 생기지 않았으니까요. 그럼에도 약속은 약속이라 공연장으로 향했지요.

서울 사람인 내가 미로와 같은 골목길을 한참 뺑뺑일 하고 찾아든 공연장. 분위기부터가 영판 다른 거예요. 티셔츠 차림의 엄마 아빠들이 옹기종기 아들딸 손을 잡고 그리 크지 않은 객석에 다 자리하고 있었어요.

피아노 한마당의 오늘 공연은 〈노란 우산〉. 그런데 난 금세 신선한 충격에 빠져들게 되었답니다. 나도 내로라하는 음악 마니아라고 자처하는 사람인데, 이런 공연은 처음이라, 얼마나 내가 잘못된 음악을 알아 왔는가 싶어서 부끄럽기 짝이 없었어요.

그곳엔, 동화의 세계가, 꿈의 이야기가, 상상의 나래가, 추억의 기억들이 고스란히 젖어 들어 있었어요. 그렇게 잃어버린 시간들을, 그림과 피아노가 멀티미디어 화면 안에서 춤을 추고 있었어요.

화면 가득하게 나팔꽃을 피우듯 오색 우산들이 파~아 파~아 피어나고, 물방울 소리로 피아노가 화면의 우산들을 두드리는데요, 진짜 옥구슬 구르듯 춤을 추는 것 같았어요. 아~ 정말 아름다웠어요. 공기 같았고 청량한 산소와 같은 수채화 속으로 푹 빠져들었죠. 공연이 다 끝났는데도 난 그 속에서 빠져나올 수가 없었답니다. 고마워요 선배님, 〈노란 우산〉을 소개해 주셔서 말입니다. 나도 이제 음악 취향을 확 바꿔볼 작정입니다."

지인을 통해 절친 후배의 편지를 받았다. 편지 내용은 윗글보다 훨씬 길었다. 후배를 통해 〈노란 우산〉을 자세하게 소개받은 셈이 되었다.

그들의 〈노란 우산〉 공연은 서울에서만 1백 회를 넘기고, 작은 공간을 찾아다니며 연주하고 있다니 그 자체만으로도 놀랄 만하지 않은가. 그랬던 저들은 글로벌 세계를 향해 조용한 불꽃 한방을 터트렸다. 우선 〈노란 우산〉의 사람들을 만나보자.

#1. 화가 류재수. 그는 어느 여름 방학 때 자녀들과 지방 여행 중에 그곳 도서관에서 자녀들을 잠깐 기다리게 할 일이 생겨서, 무료할 아이들을 위해 그림책을 보여주려고 했는데 그림책은 한 권도 없었다고 했다. '이럴 수가…' 자녀교육이라면 일등 국가라는 나라의 도서관에 어린이 그림책 한 권이 없다니, 하고는 류 화백은 그때부터 어린이를 위한 그림으로 방향을 바꾸게 되었다고 했다.

#2. 신동일 작곡가. 그는 뉴욕에서 배출된 음악가다. 뉴욕과 동부 지역을 해마다 순회하며 창작곡 공연을 왕성하게 펼쳤다. 몇 년 전 한국에서 초청 음악회를 갖게 된 계기로 부름받아 한국으로 귀국했다. 그는 정장에 드레스 차림의 문턱 높은 콘서트 음악회를 지양하고 배제했다. 그리고 서양음악과 국악을 접목시키는 가교를 시도하는 조용한 혁신을 일으키는 작업을 했다. 그리고 음악 장르에서 소외되고 있는 어린이 음악에 포커스를 맞추고 어린이 음악을 창작하기 시작했다.

#3. 이호백 사장. 〈노란 우산〉을 찍어낸 '재미마주' 출판사의 주인이다. 그는 베스트셀러 출간에 연연하는 출판사의 생리와 거리가 먼 사람이다. 활자 없는 그림책만 찍어낸다고 했던가, 아무튼 책을 몇 년씩 공들여 만들어내는 장인과도 같은 사람이다. 이들의 만남은 필연이었을 것이다. 그는 류재수 그림에 신동일 음악 CD를 삽입해 『노란 우산』이란 어린이 책을 세상에 탄생시켰다.

그 책 『노란 우산』이 2002년도 '뉴욕 타임스' 최우수도서 10선 중에 뽑히게 되었던 것이다. 그뿐인가, 국제어린이도서협의회(IBBY)에서 세계 우수도서로 선정되기까지 했으니 저들은 큰일을 해내고 만 것이다. 지난달 17일 자 뉴욕 타임스는 일요판에 『노란 우산』이 한 장면을 크게 장식했다. "… 또 책 안에 CD야?"라고 시작한 평론은 이렇게 이어졌다. "이 『노란 우산』 책에 음악이 없어서는 안 되며, 음악이 그림이고 그림이 음악일 수밖에 없는 환상적인 조화를 이룬 쾌거"라고 아낌없는 찬사를 보냈다.

뉴욕 타임스는 역사와 전통과 공정성의 위력이 대단한 매체다. 해마다 10선에 선정된 그림책들은, 우선 미 동부 지역 전 타운 도서관에 배치되고, 나가서 전 미주 지역은 물론 세계적으로 확산되어 펴져 나가게 되어있다.

얼마 후에 책방 '반스 앤 노블' (Barnes & Noble)로 달려갔다. 세상에, 『노란 우산』이 책방 안 VIP 자리에 주인공으로 자리 잡고 있지 않은가! 난 책방 호스트에게 『노란 우산』을 마구 자랑했다. 그는 자기 일인 양, 신기해하고 좋아하면서 축하한다는 말을 잊지 않았다. 다음 날은 주일이었다. 예배를 끝내고 주일학교를 기웃거리는데 낯익은 음악 소리가 들렸다. '아니 이건 『노란 우산』인데…' 하고 방문을 열었더니, Y 선생을 동그랗게 둘러싼 아이들이 정신을 놓고 책과 음악 속에 파묻혀 있는 게 아닌가? 놀랐다. Y 선생은 지역 신문과 매스컴을 통해 『노란 우산』을 알게 됐고, 도서관에서 『노란 우산』을 빌려다 주일학교에서 교재로 쓰자고 했다는 것이다. 얼마나 신통했는지 모른다. 다음 날, 아마존닷컴에 『노란 우산』 수십 권을 주문했다. 한인교회를 통해 『노란 우산』을 홍보해 보자는 생각에서였다. 한인사회도 Y 선생같이 미국 문화에 관심을 기울일 수 있었으면 하는 바람은 너무 무리가 될까 하면서 말이다.

그냥~

2014년, 정확하게 4월의 한 가운데는 무참하고 참혹하고 잔인했다. 세월호는 그랬다.

차마 하늘을 우러를 수조차 없었다. 차마 대지를 뚫고 얼굴을 내미는 여린 새싹들조차 마주할 수가 없었다. 차마 울 수조차 없었다. 눈물도 울컥거림도, 아니 분노마저 감성의 치기 어린 행위 같아 소름이 돋았다.

그냥 밥알을 삼키고 배설하고, 그냥 일하고 사람들 만나고 교회 가고, 그냥 수면 속으로 기어들었다. 머릿속에서는 하얀 포말이 일고, 육체의 유기체들은 허공을 떠도는 듯했다. 시도 때도 없이 깊고 차가운 물 속에 잠겨 들어 호흡이 정지되는 듯한 순간들이 증상처럼 일어났다. 그런 가상의 일상은 시간과 공간을 가늠할 아무런 여력이 보이질 않았다. 그렇게 세월호의 한 달은 그냥, 흘러가고 있었다.

어제는 어머니날이라고 멀리 타주에 있는 친지가 전화를 했다. 누가 먼저라 할 것 없이 세월호 이야기가 나왔다. “세월호는 어쩔 수 없이, 그렇게 될 수밖에 없었던 사고(accident)였을 뿐… 슬픈 일이지만 어쩔 건가, 산 사람은 살아야지….” 그의 간단명료한 세월호 소견이었다. 간결한 그의 말 한마디가 신기하기만 했다. 할 말을 잃었다. 아마도 사람들의 절반은 그와 같은 생각일 것이고, 절반은 아닐 것이다. 그렇게 담담하게 안부를 주고받고는 전화를 끊었다. 그런데 그의 “사고(accident)였을 뿐”이라는 말 한마디는 세월호가 강타했던 충격의 패닉 상태에서 빠르게 벗어날 수 있는 계기가 되었다. 그랬다. 세월호는 “그냥 사고”가 아니지 않은가? 진도 앞바다의 그 시간은, 무참한 살인과 어이없고 기막힌 살인참사(massacre)의 현장이었다. 9 · 11 사태, 샌디훅 초등학교의 총격, 일본 쓰나미, 지진, 토네이도, 그리고 지금 막 AP 통신으로 날아든 터키 탄광 참사 등등, 그런 이야기가 아니지 않은가 말이다. 첨단의 문명과 과학으로도 막을 수 없는 불가항력 사태를 세월호에 접목시킨다는 건 어불성설이다. 여기서 세월호를 교통사고에 비유하는 한국의 언론이나 정부를 들먹일 필요나 가치도 없는 이유이기도 하다.

분명하고 명확한 사실은 세월호의 생명들을 전원 구조할 수 있었던 시간을 방기하고 외면하고 눈을 감았다는 사실이다. 역대의 지구촌의 대형 사고와 세월호가 완연하게 다른 점은 바로 이것이다.

‘나는 살인자다. 우리 모두는 살인자였다’ 라고, 우리는 세월호 앞에 분연한 참회의 고백으로부터 시작해야 한다. 누구라도 저만 살겠다고 도망친 선장 일행들에게 돌을 던질 수 있단 말인가? 저들의 비겁하고 비열하고 치사하고 음습하고 탐욕스러운 살인의 모습은 바로 내 모습이고 우리들의 자화상이다.

이제 "그냥~"은 안 된다. 더 이상 '그냥저냥' 은 안 된다. 앉은 자리에서 일어나고, 일어난 자리에서 한 발 내딛어야만 한다. 돌이키는 거다. 일어나고 돌이키는 행위가 바로 혁명이고 개혁이다. 피켓을 들고 거리로 나가 구호를 외치는 것만이 혁명이 아니다. 내가 있는 이 자리에서 안주하고 있었던 의식을 깨트리는 것이 혁명이다. 지금 순간, 이 시간을, 세월을 돌이키고 바꾸는 것이 개혁이다. 나 혼자 변한다고 될 일이 아니라고 지레 포기하고 말 것인가? 아니다. 내가 변하면 너도 변하고 저들이 변하게 되어있다. 나비 효과가 일어나게 되어있다. 그런데 변한다는 것은 세상의 잣대로 보면 바보와 같다. 바보가 되어야 한다. 바보가 되려면 바보 같은 거짓 없는 모습을 드러내야 한다. 가려진 내 추하고 부끄러운 모습을 세상에 드러내야 한다. 그래서 바꾸는 일에는 부단한 용기가 필요하다. 세월호 효과는 내 나라의 숨겨진 이중적 모습을 가감 없이 노출하고 말았다. 이제 세월호의 미션에 순종하려면 우리 모두 바보의 길로 가야 한다.

내 나라에는 IT 왕국이라는 자화자찬인지 모를 이름이 붙어 있다. 그러나 자살 왕국, 성형 왕국, 저출산, 성범죄, 게임 중독, 높은 이혼율, 그리고 예의 없고 무례한 왕국이라는 오명이 가십처럼 세상은 들먹이고 있다. 그것을 무엇으로 감추고 포장할 수 있단 말인가? IT 왕국으로 코팅한다고 될 일이 아니다. 그렇다. 우리들의 부끄러운 모습을 인정하고 받아들이는 자세야말로 개혁으로 가는 지름길이라고 서슴없이 말할 수 있어야 한다.

이제는 머릿속 깊게 세뇌당한 "잘살아 보세~"의 주문을 씻어내야 한다. "우리도 한번 잘살아" 본 결과는, 나라의 위상을 바닷속 깊이 침몰시키고 말았다. 교회도 더 이상 십일조 축복으로 황금알 쫓는 행위에서 돌아서야 한다. 교회는 본연의 모습 그대로 가난으로 돌아가야 한다. 비겁하고 기회주의자로 변질된 지식층은 더 이상 침묵하지 말아야 한다. 무한경쟁 시대니, 신자유주의 시대니 하는, 유식한 말장난으로 더 이상 졸렬한 식자 흉내는 하지 말자. '너 때문이야…' 지식층이나 지도층에 뿌리내린 '너 때문' 이라는 생각의 유전인자를 제거해야만 한다. 책임 전가의 일색인 사회적 적체를 바꾸기엔 너무 멀리 와 있는 듯하다. 그럼에도 지금, 바로 이 시간은 늦지 않았다는 생각이 중요하지 않겠는가. 사람 사는 도리를, 정직함을, 예의와 무례하지 않음을, 조곤조곤 아이들에게, 그리고 태어나는 새 생명들에게 본을 보이고 가르치는 것부터 시작하자. 내 나라 사람들의 본래의 어질고 착한 인성 회복의 길은 열려 있다. 그 어질고 선한 우리들 근본 저변을 바라보는 거다. 그 뿌리에 싹을 틔우고 가꾸어 울창한 숲을 이루게 되는 꿈을 꾸자. 그 초라한 꿈은 분명코 닫혔던 빗장을 활짝 열어젖힐 것이다. 이제는 세월호의 천사들과 새끼손가락으로 약속하고 도장을 찍을 때다. 꾹~ 손도장 꼬옥~. 약속은 영원하게 유효하다는 걸 제발 잊지 말아다오. 우리의 세월호 천사들아!! 애들아!! 이제는 남은 자들이 어떻게 바꾸고 돌이키고 변화시키는지 똑똑하게 지켜봐다오. 부디…

4월은…

4월은 가장 잔인한 달/ 죽은 땅에서 라일락을 키워내고/ 추억과 욕정을 뒤섞으며/ 봄비로 잠든 뿌리를 뒤흔든다/ 차라리 겨울은 우리를 따뜻하게 했다/ 망각의 하얀 눈으로 대지를 덮고/ 마른 뿌리로 가냘픈 생명을 키웠으니…

토마스 엘리엇(T. S. Eliot)의 대표 시 〈황무지〉(The Waste Land)의 서문이다. 아득했던 소녀 시절 처음 〈황무지〉를 접하고 오랫동안 쿵쿵 울리는 듯한 가슴앓이를 했었다. 그렇게 황무지의 4월은 내게 '혁명' (revolution)이란 낱말에 눈을 뜨게 했고, 확실치는 않았지만 '혁명' 과 '부활' , 그 두 단어는 같은 의미를 함축하고 있다는 영적 눈이 열린 것도 그때가 아니었나 싶다. 초록빛 시절, 설레고 떨리는 낱말들이었다.

그리고 다시 청년기의 아! 그 잔인한 4월, 그곳엔 바로 우리들의 '4 · 19 혁명' 이 있었다. 죽은 땅을 가르고 여린 라일락꽃망울을 터트리며 가녀린 봄비로 대지를 흔들어 깨웠던 그 4월이, 그 부활이… 그 한가운데 있었다. 무슨 고릿적 옛이야기를 하려는 거냐고? 해야 한다. 수십 년 전의 '잔인한 4월' 은 전혀 사라질 기미 없이 지금도 진행형이고, 2천 년 전의 '부활' 사건도 마찬가지로 영원성이다. 그래서 4 · 19 혁명 이야기도 끝없이 반복해 말해야 하는 이유가 거기에 있다. 그랬다. 60년대 사회적 현상은 한마디로 엉망진창이었다. 이승만 정권은 자유당이라는 집권당을 비호세력으로 등에 업고 장기 집권을 위한 온갖 술수와 부정부패를 깡패 집단같이 휘둘렀다. 아래로는 동사무소 말단 직원부터 시작해 위로는 고급 공무원은 물론 정치의 핵심인 정부는 부패의 중심지였다. 심지어는 상아탑인 학원가도 그랬고 사회 구석구석 썩은 물이 흐르지 않은 곳이 없었다. 부패의 절정인 3 · 15 부정 선거가 핵심이었다. 투표함에서 유권자보다 더 많은 숫자의 투표지가 쏟아져 나오는 것은 예사였고, 투표인에게 막걸리와 고무신을 안기고 대리투표 하는 일도 비일비재했다. 장기집권을 위한 총체적인 부정 선거였다.

'못 살겠다 갈아보자', 밟히고 힘없는 백성들의 신음 소리가 바람처럼 불어 들었다. 누구라 할 것 없이 데모의 바람은 서울을 위시해 전국 도시마다 간헐적으로 불기 시작했다. 질 나쁜 최루탄은 호흡 곤란을 일으킬 정도로 시도 때도 없이 쏘아댔다. 그랬는데 도화선은 마산이었다. 데모에 합류했던 마산상고 학생 '김주열' 군이 감쪽같이 실종되고 말았다. 그리고 4월 11일 아침, 실종 27일 만에 마산 앞바다에 김 군의 시체가 떠올랐다. 그것도 한쪽 눈에 커다란 최루탄이 박힌 처참한 모습으로… 하지만 언론 탄압의 틈새를 뚫고 한 지방 언론이 김 군의 시체와 상황을 용감하게 폭로했다. 우리는, 아니 전 국민은 분노했다. 분노하지 않으면 사람일 수 없노라고. 우리는 그때 그랬다. 그 어떤 조직적인 구성원 같은 것 필요치 않았다. 남녀노소 모두가 거룩한 분노의 함성을 울부짖으며 거리로 쏟아져 나왔다. 4월 19일 우리는 책가방을 둘러메고 스크럼을 짜고 무슨 행진곡 메들리를 목이 터지라 부르며 광화문으로, 광화문으로 달려갔다. 광화문은 이미 불바다로 변해가고 있었다. 파출소가 불에 타고 있었고, 데모 버스들이 불붙었고 최루탄으로 한 치 앞을 분간키 어려웠다. 전쟁 때나 볼 수 있는 탱크들이 중앙청과 경무대 쪽으로 즐비해 있었고 탕탕 총소리까지 고막을 뚫을 듯하니, 이건 전쟁터가 따로 없었다. 무섭다. 너무 무서웠다. 총소리는 공포인 줄 알았는데 그게 아니었다. 수많은 우리들을 향해 진짜 실탄을 쏘고 있질 않은가? 사람들이 학생들이 피를 흘리며 퍽퍽 쓰러지고 있었다. 의대생들이 총 맞은 사람들에게 응급조처를 하는데, 저들의 하얀 가운은 금세 핏빛으로 물들어 갔다. 나는 부르르 온몸을 떨며 주먹을 불끈 쥐었다. 그래 나도 죽자, 저들과 함께 죽으리라… 어느새 무서움도 공포도 모두 사라진 채 죽음의 자리로 마구 뛰어들었다. 자유당 장기집권은 그렇게 여리고 힘없는 들풀들로 가차 없이 무너지고 말았다.

4월… 우리들의 4월. 순백의 '동학혁명' 이, '해방혁명' 이, 그리고 열거할 수 없는 수많은 4월의 혁명들이 우리의 역사를 수놓고 있음은, 4월의 '잔인한 부활 생명' 의 힘일진대. 당신의 4월 앞에 옷깃을 조용하게 여미어 본다. 아! 그리고 감히 말하기조차 억장이 무너지는 우리 아가들의 '4 · 16 세월호' 가 그 안에 또 있다. 나는 믿는다. 4 · 19가

민초들의 들풀 혁명으로 오늘의 민주국가 한국을 탄생시키듯, '4 · 16 세월호' 역시 다시는 통곡의 바다에 머물지 않고, 가만한 늪에 침잠해 있지 않은 들꽃들의 부활 생명의 초석이 될 것을.

4월… 당신의 4월을 믿어 보기로 한다. 진정으로.

'걱정, 근심, 염려' 그리고 '두려움'… 그 병

여선교회 기도 모임에 객원(?)으로 불려줘 참석했다. 낯선 엄마들 몇 명이 눈에 들어왔다. 그중 50대쯤의 한 엄마에게 자꾸 신경이 쓰였다. 그녀는 세상 근심 걱정을 다 짊어진 듯한 얼굴을 하고, 목소리도 움직임도 금방 쓰러질 것 같은 모습이었다. B 집사라고… 그런데 아무도 그녀에 대해 신경 쓰지 않았고 무관심했다. '그래, 아픈 사람은 내 소관이었지' 하고는 B 집사에게 다가가 가만히 손을 잡았다.

"어디 아프세요? 많이 안 좋아 보여요."
"아~ 저는 자궁이 아파요, 보세요, 내 자궁이 부어 있잖아요."

그녀는 반색을 하며 숨이 넘어갈 듯한 작은 소리로 대답했다. 처음 보는 내게 서슴없이 민망한 단어를 쓰며, 아예 내 손을 자신의 배꼽 아래로 갖다 대기까지 했다. 내가 다 움찔 놀랐다.

"자궁이 아프고 부었다고 의사가 말했나요?"
"아뇨, 암만해도 자궁 '암' 일 것 같아 무서워서 병원에 못 가고 있어요."

“그러면 어떻게?”
“네, 인터넷으로 내 아픈 증세를 찾아서 알았어요.”

아무튼, 인터넷이 문제다. B 집사와 주고받은 대화로 얻은 내 진단(?)은 이랬다. B 집사는 다이어트를 결심하고 한 달 전부터 과일과 야채를 집중적으로 먹기 시작했다. 그것이 위산 과다 증세를 일으켰고 결국 위장병을 얻은 것이다. 실은 그녀의 체중은 튼실하고 부했다. 과일, 야채의 지독한 산성이 치우쳐 먹을 때 얼마나 무서운 독을 일으키는지를 그녀에게 설명해주었고, 그녀의 자궁이 전혀 부어있지도 않았고, ‘암’도 아니라고 장담해 주었다. B 집사는 어느새 얼굴이 환해지고 멀쩡해졌다.

또 다른 교회의 어느 주일이었다. 예배 후 사람들과 인사하느라 좀 늦게 친교실에 갔다. 오늘의 친교 메뉴는 구수한 국밥이렷다. 서둘러 빈자리를 찾아 앉았다. 국물을 몇 숟갈 뜨고 있는데 뒤에서 흐느끼는 울음소리가 들렸다. 뒤를 돌아봤더니 P 권사였다.

“아니 P 권사, 왜 그래요? 무슨 일 있어요?”
“흐…흑, 나 아무래도 죽을병에 걸렸나 봐요.”

50대 후반의 P 권사는 명랑하고 씩씩한 건강 여사였다. 그런데 며칠 전부터 오른쪽 귀밑, 어깨, 겨드랑이, 등뼈, 앞가슴까지 쏘는 듯한 통증과 고통으로 밤잠을 설치며, 오른팔은 거의 못 쓴다고 했다. 교회 친구들 만나니 서러움에 북받쳐 울고 있단다. 그녀와 나란하게 의자를 돌려 앉았다. 그리고 내 돌팔이 진단(?)을 부드럽게 조용조용 펼쳤다. 그녀의 병명은 딱 '오십견' 이다. 워낙 건강한 P 권사의 오십견은 늦게 찾아온 셈이다. 건강한 사람은 아픔을 참아내기가 더 어렵다. 아픔이 만성인 사람들과 다르게 건강 체질이 느끼는 아픔의 강도는 상상을 불허할 정도다. '죽겠다, 죽겠다' 입술에 달고 다닐 정도로 말이다. 죽을병 아니다. 아픈 팔을 쓰지 않으면 팔 병신이 되기 쉽다. 수시로 스트레칭 운동해 주고, 무거운 것 들지 말고 팔을 평상시처럼 사용하고 '암' 이 아닌지 쓸데없는 걱정 근심 말고, 기도 묵상하며 평안한 마음 갖기… 이런 것들이 우선이다.

그녀의 어깨와 등을 '테라피' 흉내로 만져 주며 이야기를 끝냈다.

"어머, 나 하나도 안 아파요 이럴 수가? 당신 손은 약손인가 봐. 어, 국밥 다 식었네. 자 어서 먹자고요~"

P 권사는 어느새 명랑하고 씩씩한 본연의 모습으로 돌아와 있었다.

딸의 전화다.

“엄마, 내 친구 H 아시죠? H 엄마가 얼마 전에 위내시경을 하셨는데 결과는 심하지 않은 ‘위궤양’이었대요. 투약하면 깨끗이 낳을 수 있다고 했고요. 근데 그 엄마는 교회 가서 자신은 ‘위암’ 판정을 받았다며 마구 광고를 했다네요. 교회가 온통 술렁술렁한다며… H는 엄마 때문에 미치겠다고 이를 어쩌면 좋으냐고 그래요~”

“이그, 친구 엄마가 요즘 유행어처럼 ‘관심병자’ 아닌가 싶구나. 어쩌겠느냐, 이미 벌어진 일을… 그냥 교회 안에서 무관심해질 때까지 기다렸다가 병원의 오진이었노라고, 아니면 같은 이름의 환자가 뒤바뀌는 실수였다며 위암 정정을 해야지. 그 일은 딸 H가 하는 것이 무난할 것 같은데… “

그렇다. 두려움의 근원은 무엇일까, 저 근저에 깔린 ‘죽음’이 그 원인이 아닐는지… 그렇다면 의심하고 걱정 근심으로 그 죽음의 두려움에서 벗어날 수 있을까, 당연한 우문이다. 의심은 꼬리를 잇고, 걱정 근심도 꼬리를 잇고, 두려움도 꼬리를 이어 기하급수로 증가하는 것이 그 실체의 현상이다. 그 병은 치료약도 없다. 그리고 무서운 병이다. 그 병으로 죽음에 이르기까지 한다. ‘죽음으로부터 자유를…’ 그 영혼을 품게 된다면 그 병도, 아니 만병까지 이길 수 있을 터인데… 참 멀고 어렵다.

"나는 몸이 약해요…" 그 최면술

'상상 속에 병을 만들고' 있는 사람들을 떠올려 보았다. 저들에게는 몇 가지의 공통점이 있다.

첫째, 그들은 지극히 '나르시시즘'(narcissism)적이라는 것이다. 다시 말하면 자기애(愛)가 지나치게 강하고 극도로 이기적인 사람들이다. 희랍 신화의 미소년 '나르키소스'(Narcissus)는 호수에 비친 자기 모습에 홀딱 반해 물속에 빠져 죽는다. 그 '나르시스'의 어원은 '상상 속 병자'들을 설명하기에 어찌 그리 딱 안성맞춤인지. 어쩌면 그들은 아마도 일종의 인격 장애 환자일 수도 있으리라.

둘째, 그들은 주변 사람들이나 심지어는 가족들에게까지, 아니 세상의 모든 존재가 자기를 중심으로 움직여야 하는 사람들이다. 즉, 철저한 자기중심적 사고의 소유자들이다. 배려하기, 베풀기, 손해 보기, 그런 것은 고사하고, 물론 당연히 '희생정신'도 전무후무하다. 심지어는 자신이 믿는 하나님까지 자기 방식으로 편리하게 접목할 정도다.

셋째, "나는 몸이 약해요~ 태어날 때부터 몸이 약해서요, 힘든 일은 절대 못 한답니다" 이렇게 자신에게 환상적이고 편리한 '최면술'을 걸어 버린다. 간단하다. 그 최면에 걸리면 한평생 '행복 시작, 고생 끝' 이다. 그런데 그들은 신기하게 일 년 내내 감기도 안 걸리는 무병하고 건강한 체질이 대부분이다. 몸에 좋다는 음식에 유난하게 집착하고 가족들 몰래 자신에게만 좋은 음식을 투여한다는 이상한 사람들이다.

내 절친 3인방의 실화로 이야기를 마무리하기로 한다. 내가 존경하는 교우 J. 그분은 젊어서 남편과 크게 싸우고 나면 무조건 병원 특실에 한 달을 입원했단다. 병이라곤 찾아보려야 눈곱만큼도 찾을 수 없는 건강한 J. 그녀는 남편과 여섯 자녀에게 자신의 입원을 합리화하기 위해 병명을 만들어내야만 했다. 담당 의사와 짜고 그럴듯한 '심장병' 환자가 되기로 했다. 그때부터 심장병은 그녀의 '상상 안에서의 병' 으로 스스로 세뇌해 최면을 걸었다. 그 후 그녀는 평생을 '심장이 약한 사람' 이 되었다. 평생 심장이 약하다는 노래를 부르며 왕비처럼 우아하고 연약하게, 90세를 바라보며 무병장수 현존하고 계시다.

선배 G는 아예 어릴 때부터 애련 가련한 여주인공 캐릭터를 좋아했고, 자신의 외모까지도 사람들로부터 보호 본능을 일으키도록 연약한 차림새를 즐겼다. 그런데 아뿔싸, 종갓집 맏며느리로 시집을 가게 되었네. 그녀는 아예 결혼 초부터 "나는 몸이 약해서요~"라는 그 한마디 무기를 들고 시집을 갔다. 그러나 그 수법은 녹록치 않았고, 종갓집이라 잘 먹히지 않았다. 첫아기를 낳고 얼마 후 부인과 정기 검진을 했는데 마침 유방에 작은 물혹이 발견되었다. G는 '옳다 이거다' 하고는 의사와 짜고 유방암이라고 시집과 가족들에게 선포했다. 입원하고 간단한 수술까지 받고는 '암'에서 죽다 살아난 며느리가, 아내가, 엄마가 되어 돌아왔다. 당연히 나는 '몸이 약해서 아무것도 못 해요~'라는 그녀의 새로운 무기는 효과 만점이 되었고, 선배는 평생 왕비 마마로 등극했다. 그녀의 가족들은 몸종(?) 되기를 솔선했다는 이야기다. G는 보기 드문 무한 건강 체질이었음에도…

C는 사랑하는 후배다. 그녀는 소위 '금수저' 출신이다. 손에 물 한 방울 안 묻히고 누구(?)처럼 양질의 음식만 먹고 자란 사람이다. 그녀는 일찌감치 '병' 속으로 잠수하는 방법을 택했다. 그래야만 며느리로, 그리고 아내와 엄마의 그 험한 일에서 벗어날 수 있겠다 싶었다는 것이다. 그런데 그 가상의 '아픔'은 자신에게 점점 깊숙하게 각인되어 뿌리를 내렸는지, 자기는 이미 '상상 속의 환자'가 되었고 조금만 아파도 병원, 병원 노래를 부르며 불안과 걱정, 근심, 두려움 속에 빠져들어 죽을 지경이라고… C도 역시 무병한 사람이다.

나도 질문 하나 던지고 싶다. '당신은 어떤 유형의 사람입니까?'라는 물음을… 우리 모두 한 번 살고 가는 인생이다. 왜 좀 떳떳하고 당당하게 살 수는 없을까? 아플 땐 열심히 아프고 아닐 땐 열정적으로 살아가기… 그러기가 그리 힘든 걸까? 참 혼란스럽다. 그런데 질문의 답은 한층 더 오리무중이 되고만 듯하다. 어쩌나, 무안하다. 또 한 가지는, '상상 속의 병' 을 만드는 상황은 남녀가 같은 맥락일 것인데, 내가 여자라서 여자들에 국한된 이야기만 한 셈이라 조금은 유감스럽다.

고요한 밤 거룩한 밤…

예수님!

고요하고 고요한 밤입니다. 어둠에 묻힌 밤… 너무나 고요해서 숨을 쉴 수조차 없습니다. 칠흑 같은 어둠만이 고요한 밤 갈피갈피에 깊이 스며들고 있습니다. 어디에도 "거룩한 밤"은 보이지도 않고 느낄 수도 없습니다.

아, 있어요. 거룩한 밤이 있었어요. 성탄 전날 우리는 옹기종기 교회에 모여 있었죠. 성탄 주일에 전 교인 앞에서 성극을 선보일 리허설을 하느라 우린 사뭇 거룩해야 했습니다. 각자 맡은 역할에 몰입한다는 건 거룩한 마음이어야 한다고 우리 연출가 집사님이 그랬으니까요.

"저 들 밖에 한밤중에~ 양 틈에 자던 목자들~~" 손에 손에 막대와 지팡이, 무슨 이상한 소품들을 들고 이 찬송을 부르며 무대로 등장하던 우리의 유년기는 정말 거룩했습니다. 연습을 마치고 새벽 송에 참가할 친구들과 밤을 지새우며 난롯불 곁에서 조속조속 졸며 새벽을 기다렸지요. 그 기다림은 또 얼마나 순수한 거룩이었을까요. "기쁘다

구주 오셨네~ 만백성 맞으라~" 호롱불로 캄캄한 새벽 밤을 밝히며 어른들 틈에 끼여 집집마다 대문 앞으로 발소리 죽여 가며 다가가 "기쁘다 구주 오셨네" 새벽 송을 목청껏 불렀지요. 그 순간 약속이나 한 듯 집집마다 거룩한 등불을 밝히고 우리들을 따뜻하게 맞아주었어요. 가슴 벅찬 환희의 순간이었고 행복한 순간이었습니다.

예수님! 그때 예수님도 행복하셨지요? 기쁘셨지요?

예수님!

징글벨~ 징글벨~ 크리스마스 캐럴이 전자제품 가게마다, 누가 더 큰 소리를 내나 내기라도 하듯, 확성기들이 악을 쓰며 뿜어댔어요. 크리스마스이브 오후의 명동 거리입니다. 우리는 명동으로, 명동으로 떼를 지어 몰려갔어요. 나팔바지에 긴 머리를 흩날리며 뿔피리를 입에 물고 흥겨운 트위스트 가락에 몸을 흔들며 명동 거리를 불야성으로 만들었지요. 거리의 즉석 볼거리나 이벤트도 많았지만, 번쩍이는 네온사인과 성탄 장식과 캐럴과 샹송 가락들로 밤을 지새우고도 모자랐어요. 그 흥분된 성탄 전야는 우리들 젊음의 상징이기도 했습니다. 그럼에도 우리는 예수님 탄생을 잊지 않았습니다. 밤이 다 가고 나면 어느 한 장소에 그룹 지어 모여들어 예수님 탄생을 찬양하고 "기쁜 성탄"의 마음을 예수님께 전하며 경건한 축배를 드리곤 했습니다. 그때만 해도, 그래도 거룩한 순간은 있었습니다.

예수님!

어느 때부터였을까요… 아마도 성탄 축하 인사가 "Merry Christmas"에서 "Happy Holidays"로 바뀌면서부터가 아닌가 합니다만… 이미 크리스마스에서 예수님 탄생의 의미도 이름도 사라진 지 오래되었습니다. 마치 요식 행위와 같은 일반 공휴일에 불과합니다. 심지어는 교회에서조차 요식적인 절기 예배로 전락하고 말았습니다. 예수님, 보고 계십니까, 언제까지 침묵하고 계실 겁니까?

위선과 독선과 불의와 죄악으로 가득한 세상을 향해 당신은 오셨습니다. 높은 산을 낮추고 낮은 웅덩이를 높여서 평행선을 만드는 일은 '혁명' 이었습니다. 오셔서 낮고 천한 자들과 가난한 과부들과 고아들과 병들고 죽은 자들을 살리시고 치유하셨습니다. 그리고 "길이요 생명"이신 당신의 진리로 인간의 영을 살리셨습니다. 아, 그런데 지금은 사람들의 영혼이 죽어가고 있습니다. 오염되고 변질된 하늘과 땅이 되어가고, 사람들 역시 병들고 변질되어 가고 있습니다.

올해의 성탄은 유난히 크리스마스 문구를 쓰면 안 된답니다. 무서운 세력들이 당신의 이름을 향해 무기를 겨누고 있어서 그런 것이랍니다.

"이 독사의 자식들아~" 성전을 어지럽힌 자들에게 분노하심같이 우리는 당신의 분노하심을 기다립니다. 그럼에도 갈릴리호숫가에서 당신은 우리를 향해 애타게 부르시고 계심을 압니다.

“갈리리 호숫가에서 주님은 ○○에게 물으셨네~
사랑하는 ○○아~ 넌 날 사랑하느냐~
오, 주님~ 주님~ 당신만이 아십니다….”

예수님, 당신만이 아십니다. 깊고 고요한 이 밤에 거룩한 갈릴리호숫가로 달려갑니다. 당신 품에 안겨서 감사기도 드릴 때 눈물로 오신 예수님! “왕이 나셨도다!” 찬양합니다. 고요한 밤 거룩한 밤… 예수님!

“MERRY CHRISTMAS~”

잔인한 겨울밤의 꿈

'겨울왕국' 한가운데 서 있다. 새해 카운트다운 벨은 울리고, 그 새해는 숨 가쁘게 달려오고 있다. 그런데 '새해' 가 없었으면, 아니, '내일' 이 없으면… 그 간절함이 가슴을 파고든다. 그 내일을 겨울 안에 꽁꽁 얼어붙게 하고 싶다는… 지금의 꿈은 그것이다. '한여름 밤의 꿈' 이 아니고 한겨울 밤의 꿈으로.

"자녀들은 예언할 것이요 젊은이들은 환상을 보고 너희 늙은이들은 꿈을 꾸리라."(행 17)

약자들을 향한 긍휼함으로, 사회적 높낮이 층을 평평하게 고르는 평등을, 삼라만상 모든 생명체를 소중히 사랑하는 박애를, 이웃과 형제와 친지 간의 다툼이나 시기, 질투와는 거리가 먼 평화주의를, 불의한 것에 이득이 만연한 유혹에도 과감히 뿌리치는 정의의 사자였노라고, 주님 닮아가기는 바로 그랬었노라고, 주를 앙모하는 길은 그랬노라고, 그것이 젊음의 예언이고 환상인 줄 알아 감히, 감히 그랬었다. 이제는 깊고 푸른 겨울밤의 꿈을 꾸리라. '내일' 은 '새해' 는 없다는 '늙은이들의 꿈' , 나만의 꿈을…

“헛되고 헛되며 헛되고 헛되니 모든 것이 헛되도다. 해 아래서 수고하는 모든 수고가 사람에게 무엇이 유익한가.” (전 1)

솔로몬은 그의 영광 끝에서 늙음과 함께 “헛되고 헛되다…”라는 그의 꿈을 선포했다. 멋지지 않은가. 이스라엘을 강대국으로 세운 업적과 지혜가 뛰어난 왕중왕이지만 솔로몬을 별로 좋아하진 않았다. 그러나 그의 아버지 다윗왕의 문학적 유전자를 닮은 솔로몬의 지혜서인 잠언, 전도서를 좋아하는 편이다. 특히 이번 겨울밤을 송두리째 ‘헛되고 헛된’ 꿈으로 푹 빠져들게 함은 최고의 선물이다. 그럼에도 다시 ‘젊은이들은 예언할 것이요, 환상을 보는’ 그 현장으로 뒤돌아간다. 그래, 가보기로 하자…

30년 전인가 처음으로 인종혐오 장면을 목격했었다. 처음이라 좀 충격적이었다. 뉴저지(NJ) 북쪽, 부촌으로 알려진 C 몰(mall)에서였다. 캐딜락 고급 차 하나가 온통 투척된 계란으로 도배되었고, 여름철이라 금세 날파리들이 새카맣게 모여들었다. “XX GO HOME!” 뭐 그런 비슷한 낙서가 차창을 덮어 그 고급 차는 너덜너덜 더럽기 그지없었다. 차 주인은 당연히 한국 사람이었고, 그때의 경험이 처음이고 마지막인 줄 알았다. 그만큼 미국은 인종차별에 관한 것만은 학교 교육은 물론 가정교육에 이르기까지, 그리고 법과 질서와 예의는 정치 · 사회적 측면까지 체계적으로, 수평적으로 잘 이어져 있다.

지금은 아니다. 대통령이 바뀌고 정권이 바뀐 것뿐인데 급격하게 사회적 분위기가 달라지고 있다. 미국에서의 금기 사항 같은 인종 차별 문제가 속속 드러나고 이슈가 되고 있다. 최근에 일어난 뉴저지(NJ) '버겐 아카데미 고교' A 교사의 인종 차별 행위는 묵과할 일이 아니다. 수업 시간마다 한국 학생들을 일으켜 세우고는 'I hate Korean' 이라고 했다니… 학교에서, 그것도 선생이란 자가 어찌 그럴 수 있단 말인가. 그는 그 학교에서 중진이라고 호평받는 교사였음에도 그랬다. 연이어 뉴욕주의 한인 및 아시안 증오 낙서 소식도 줄줄이 이어지고 있다. 한인 단체들이, 뉴욕 주지사가, 인권 담당자가 합세하여 문제의 플랫폼 벽면들에 공동 벽화 작업을 시도한다는데, 안 하는 것보다는 낫겠지만 그것으로 해결될 수 있을지 회의적이다.

왜일까? 왜 우리 한인들은 그들에게 증오의 대상이 되었을까? 옛말에 (개인적으로 아주 싫어하는) '개같이 벌어 정승같이 산다' 라는 속담이 있다. 옛날에 초창기 이민자들은 빈손이거나 고작 몇백 달러를 들고 이민을 왔다. 저들은 '개같이 벌어 정승이 된' 소위 '아메리칸 드림' 을 이룬 이민의 '드리머' 들이다. 초창기는 그랬다… 이해하자. 그런데 중 · 후반기 이민자들 역시 크게 다르지 않았다. 죽어라 고생해서 돈을 벌었다 하면 일단 좋은 차, 좋은 집에 과시용 화려한 치장이 제일 먼저다. 자신의 꿈을 이루게 해 준 이 땅, 미국 사회에 대해서는 아랑곳없다. 다는 아니겠지만 우리 이민 1세들은 너 나 할 것 없이 반성할 일이 아주 많다는 점이다. LA 폭동 때 그곳 현장에 있었던 지인의 말이다. 우리 한인들 잘못이 아주 컸었노라고… 그의 말은 언론에 언급된 것과는 꽤 달랐다는 것이다.

'젊은이들은 환상을 보고 예언할 것' 은 그렇게 이민자 현실의 민낯이고 실체였다. '늙은이들의 꿈' , 그 깊고 푸른 꿈의 밤으로 이제는 들어가기로 한다. "안녕히 잘 가요, 정유년… 그동안 감사했습니다. 새해는, 내일은 없어요. 한겨울 밤의 헛되고 헛된 꿈이면 그냥, 그만…이랍니다."

'우리는 이미 죽음에서 생명으로 옮겨져…'

바람, 구름 그리고 뒹구는 돌멩이들이… 그리고 흐드러지게 피어나는 들꽃, 들풀의 아우성은 폭풍처럼 귓밥을 부스며 달려들고 있습니다. 그런데 거기에 J 선배까지 합세해 그 은근한 무형의 언어로 또 마구 흔들고 있으니 이를 어찌합니까. 그냥… 그냥 부스스 부서진 채로 일어나 보려고요. 선배님의 '글 한 편' 이란 그 회초리 같은 단어 앞에서 말입니다. J 선배님! 그래서 당신 앞에서 다물었던 입술을 열어 횡설수설 마구 떠들어 볼 겁니다. 선배님, 책임지셔야 해요. 꼭이요.

지금 막 떠오른 소설 한 편으로 책상 앞에 다가가 앉는다. 젊었을 때 꽤 좋아했던 프랑스 작가 베르베르(Bernard Werber)의 단편이었다. 내용은 이랬다. 파리 정부는 은퇴자들의 노령의 삶을 더 풍요롭게 한다는 'CDPD' 정책을 내놓았다. CDPD란, "휴식, 평화, 안락 센터"라는 지상낙원의 뜻이다. 의학은 생명선을 100세 이상으로 연장시켜 놓았다. 죽지 못하는, 아니 죽어지지 않는 잉여 인간들의 복지에 나라 경제가 무너지게 생겼다는 것이다. CDPD 정책 뒷면에는 그 잉여 인간들 소멸 작전이 있었다. 주인공 '프레드' 노인은 아내와 함께 정부 혜택 노인 아파트에서 은퇴 노후를 편안하게 살고 있었다. 그러나 요즘은 왠지 불안하다. 눈만 뜨면 매스컴에서 쏟아지는 CDPD 홍보가 그랬고 주기적으로 방문하던 효자 아들의 발걸음도 뜸해진 것이 그랬다. 실은 새 정책에 조인하려면 자녀들의 사인이 필요하다고 했으니까. 앗, 프레드는 창밖을 봤다. 드디어 불안했던 일이 터지고 말았다. 아파트 단지 주차장 앞에 대형 CDPD 버스가 대기 중이었고, 요원들은 그물망을 숨겨 들고 가가호호 노인들을 헌팅 중이었다. 프레드는 죽음을 불사하고 아내의 손을 잡고 창으로 뛰어내려 CDPD 버스에 올라타 요원들로부터 탈출한다. 노인들을 가득 태운 버스는 깊고 깊은 오지의 산속으로 인적을 피해 달려가 원시시대의 공동체로 이어지는데…. 그 흥미진진한 산속 공동체 이야기는 생략하고, 결론은 입소문으로 퍼진 산속 공동체는 CDPD를 피해 몰려든 노장들로 정부와 대등한 힘의 공동체가 된다. 정부는 결국 비행기에 살인 독성을 산속에 살포해 저들을 모두 살상한다. “너도 언젠가는 늙은이가 될 게다.” ‘프레드’ 노인은 마지막 숨을 거두며 한 젊은 요원에게 이 말을 남겼노라고…

사춘기에 그리고 딱 30에… 인위적인 죽음을 선택했던 치기 어린 기억이 내게 있다. 물론 실패했다. 그리고 그 후부터는 정기적으로 의학적인 사형선고를 여러 번 받았었다. 실제로 다 죽었다가 실제로 다 살아났다. 무슨 조화일까. 나 좀 데려가 달라고… 가짜는 0%도 없이 진짜, 진짜로 그토록 애원하고 매달렸는데 안 데려가는 건 무슨 조화란 말인가. 베르베르의 소설은, 소설적 허구가 아닌 바로 지금 현실의 실상이다. 그 잉여의 현장에서 뼈저리게 느끼고 절감하고 있음이 그저 혼란스럽고 부끄럽고 숨어들고만 싶다. 정말 CDPD 버스에 그냥 그대로 올라타고 싶다. 내 앞에 그 버스가 온다면…

J 선배님… 즐겨 보는 뉴스를 요즘은 보기가 힘듭니다. 세계는 100세를 향한 잉여 정책으로 모두 달려가는 추세예요. 그럼에도 매일 아침 쏟아지는 소식은 아기로부터 청소년까지, 말 그대로 남녀노소 할 것 없이 '죽음'의 뉴스로 뒤덮여 있어요. 죽음이 도처에서 너무 쉽고 간단히 행해지는 이 세태를 이해하기에는 너무 가슴 아파 그냥 눈을 돌리고 맙니다. 아무래도 수상한 'CD…'의 검은 손이 수상한 독 기운을 살포하는 것은 아닌가 하는 의구심마저 들어요. 그 정서에 밀려 월드컵 중계까지 포기하고 말았어요. 그 와중에 멀리서 귀한 보석 같은 책들이 구름을 타고 날아들었어요. 그 낯선 글자들을 품으로 안고, 바람을 구름을 들이키며 구르는 돌멩이를 삼키고 있습니다. 그랬는데 저들은 끊어질 듯 말 듯 한 합창을 하네요.

'우리는 이미 죽음에서 생명으로 옮겨졌나니…' (요 5:16)

합창 소리예요. 너무 고운 바람결 같은 합창 소리… 그래요, 죽음과 생명은 하나였음을. 그 불변의 하나 됨이 화살로 날아와 가슴 깊은 곳에 가만가만 심겼습니다. 그분의 선물이었어요. 들꽃들이, 들풀들이 좋아라고 함박웃음을 뿜어내는데… 두 뺨은 강물처럼 울음으로 덮여 옵니다. 바람이어도, 구름이어도, 들꽃이어도, 들풀이어도… 우리는 모두 생명이었던 것처럼요.

어제는 비가 내리고/ 오늘은 다시 멈췄다/ 다시 또 태양이 빛나고/ 들꽃 한 송이/ 세월이 그렇게 했나/ 나도 모르는 새/ 아무도 몰래 흘린/ 나의 눈물 위로/ 비 내리고 바람 불고/ 다시 햇살 비추고/ 목말랐던 대지 위로/ 다시 꽃 피고…/ (전인권 〈운명〉)

오랜만의 그 노랫소리도 오늘따라 유난합니다. J 선배님, 자주 맴매해 주세요. 더 세게요…

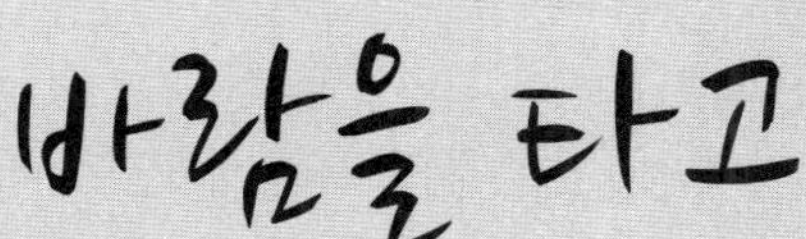
바람을 타고

‘복(福)’ 자 유감

“나이 좀 있으신 것 같은데 어떻게 일천번제 금식기도를…? 참, 대단한 믿음이세요.”

“어~ 나 아닌데…?”

“전도폭발 종강식에 꽃다발 가지고 갈게요.”

“아니, 나 아니에요, 아니라구요.”

이런 식의 혼선이 교회 안에서 얼마간 지속되었다. 도대체 누구일까? 내 이름과 비슷하여 혼란을 일으키는, 대단한 믿음의 소유자들은…? 알고 보니, ‘복’으로 시작한 모음 받침의 이름들이 교회 안에 수두룩했다. 그들은 또 한결같이 열성파 광신도(?)들이 아닌가! ‘이참에 ‘복 복(福)’ 자 클럽을 만들어봐?’ 싶었을 정도였으니까.

어릴 땐 내 이름이 세상에서 제일 근사하고 멋진 줄로만 알았다. 왜냐면, “너는 착하고 예쁘고 순하고 복이 많은 아이라 네 이름과 너는 똑같다”라는 부모님의 말씀에 세뇌되었기 때문이다.

그러나 사춘기에 접어들면서 나는 ‘복 복(福)’ 자가 든 내 이름에 슬슬 두드러기를 일으키기 시작했다. “하필 ‘복 복(福)’ 자가 뭐람, 촌스럽기 그지없잖아” 하고 불만을 품게 되니, 여기에도 ‘복(福)’, 저기에도 '복(福)', '복(福)' 자가 지천으로 깔려있는 게 눈에 들어왔다. 중국집 간판에 '복' 자는 다반사고, 밥상에도 '복', 수저에도 '복', 이불깃에도 베갯잇에도, 한복의 옷깃마다도 '복' 자가 수 놓여야 격이 있어 보인다고 할 정도였다. 장롱에도 자개장에도 당연하게 '복' 자요, 복주머니에, 생일에도 명절에도 성탄절까지 '복' 인사 아니면 대신할 그 무엇도 없었다.

나는 이제 '복 복(福)' 자에 진저리치는 지경까지 이르게 되었다. 그래서 나는 결심을 하고, 아버지께 이름을 바꿔주십사 부탁했다. 아니, '복(福)' 한 글자만 바꾸면 그곳엔 다른 어떤 글자를 넣어도 좋다고. 나는 도저히 평생을 촌스러운 '복' 자를 달고 살 수 없노라고 조르기 시작했다. 아버지의 말씀, "네 이름이 얼마나 '성경적'이고, 하나님의 '복'이 너의 이미지와 상응되는 것이며, 무엇보다 넌 하나님의 복덩이인데 그걸 왜 몰라?" 그랬다, 나는 모르는 게 당연했다. 사춘기의 요동치는 호르몬은 눈앞에 보이는 부적과도 같은 '복 복(福)' 자에 반항하고 있었으니 말이다. 나는 날마다 끈질기게 아버지께 졸라댔다. 아마도 징징 울면서까지 졸랐던 것 같다. 결국엔 막내딸의 첫 반항을 아버지는 이기지 못하시고 말았다. "그래, 어디 보자꾸나" 하시면서 아버지는 곧장 면사무소로, 구청으로 서류를 들고 나의 이름 바꾸기에 얼마간의 시간을 허비하시는 것 같았다. 그리고 얼마 후 아버지는 나를 부르셨다.

"막내야, 글자 하나 바꾸기가 이렇게 힘든 것인 줄 나도 몰랐다. 재판까지 가야 한다는구나, 그런데 문제는 재판을 한다 해도 특별한 사유 없이는 통과된다는 보장도 없다는데, 어떻게 하면 좋겠니?"

어찌할 것인가? 포기할 수밖에는. 이 일로 아버지를 더 이상 괴롭혀 드릴 수는 없었다. 살짝 뒷거래만 했어도 그런 일은 무사통과할 그런 시절이었다. 아버지는 그걸 타협하지 않으셨다. 나중에야 그 사실을 알았다.

이곳, 미국 이주자인 우리에게는 단 한 번, 이름을 정식으로 바꿀 기회가 있지 않은가? 내가 그 절호의 기회를 놓칠까 보냐! 이번엔 아주 멋있고 '쿨'한 미국 이름으로 바꿔보리라. 그날부터 나는 나의 새 이름 찾기에 골몰했다. 성경 안의 이름부터 시작해서 웹 사이트에서도, 몇백 명의 인기 있는 여자 이름 책까지 동원했다. 그런데 그게 그렇게 쉽지만은 않았다.

어느 날, 몇십 년 만에 학창 시절 존경했던 은사인 K 화백과 해후하는 자리가 있었다. 오랜만에 만난 기념으로 나의 이름을 지어주셨으면 하고 조심스레 여쭤보았다.

"당신 이름 '복은' 이잖아, 그대로 '그레이스(Grace)' 로 하지. '그레이스 Kim', 딱 좋네. 라스트 네임하고 어감상 잘 맞고." 은사님은 껄껄 웃으시며 이름은 그저 부르기 좋고 평범한 것이 제일이라며 작명 소감까지 덧붙이셨다. 나는 일단 그 이름을 접수하기로 했다.

지금 나는 이름을 바꿀 수 있는 신청서를 써 내려가는 중이다. 그러나 나는 새 이름을 써넣을 자리에서 그만 얼어붙고 말았다. 내가 지금 무엇을 하려는가? 왜 내가 미국 이름이 필요한가? 그때 아버지의 모습이 떠올랐다. 믿지 않는 가정으로 결혼해서 갈 때, "너는 사도가 되어 시집으로 가는 것이다. 사도란 복 있는 사람이란 뜻이다." 이민의 자리에 오를 때에도 "그래, 떠나거라. 아브라함과 같이 본토의 집을 떠나는 것이다. 축복의 땅으로 가서 복 있는 자가 되어라."

내 손을 꼭 잡으시고 물기 어린 눈빛으로 안타깝게 바라보시며 하나님의 복된 자를 말씀하시던 그 모습, 나는 신청서를 밀어 놓고 아버지의 마음을, 그리고 하나님의 마음을 떠올리며 오래오래 눈물을 흘렸다. 당연하게 신청서에는 인을 치듯 '복 복(福)' 자가 쓰였다. 내친김에 라스트 네임까지 되찾자 하고 'Kim' 을 써넣었다, 당당하게.

가만히 생각해보니 나의 '복 복(福)' 자는 오래전부터 나와 이미 화해했다는 생각이 들었다. 그때가 언제였던가, 하나님과 막힌 담을 헐고 그분과 깊은 사랑으로 화해의 자리에 옮겨 앉던 그 '때' 가 아니었던가? 그랬다. 내가 하나님의 복을 알진대 세상의 '복 복(福)' 자와 더 이상 무슨 상관이 있겠는가? 성경은 처음부터 끝까지 '복 있는 사람' 들의 대장정일진대, 나도 복 있는 자의 이름값은 제대로 하고 하나님 앞에 서야 하지 않겠는가.

'NJ, Paterson' 을 아세요?

"어디 사세요?"

"아~ 네, '패터슨' 에 살아요."

"……??"

물어 온 사람은 놀란 눈을 하고 나를 이상하게 쳐다본다.

"왜요? 패터슨을 아세요?"

"아니… 그곳은 위험 지역이고… 흑인 동네라고 하던데…"

"하하 그렇대요? 그냥 사람들이 사는 곳이랍니다."

나는 아무렇지 않게 능청스레 대답하고 말아 버린다. 한국 사람들은 패터슨을 사람 살 곳이 못 되는 지역으로 알고 있다. 친구들조차 한국 사람 하나 없는 그런 구석에서 무엇 때문에 살고 있냐면서 어서 이사 나오라고 야단들이다.

그랬다. 한국 사람은 고사하고 아시아인조차 하나 없는 그런 구석에서 나는 아주 당당하고 멀쩡하게, 그것도 행복하게 살고 있는 패터슨 주민의 한 사람이다.

조지 워싱턴 브릿지(GWB)를 기점으로 하는 80번 하이웨이 서쪽 방향(West)을 타고 20~30분을 달리면 '패세익 카운티' (Passaic County)에 진입하면서 곧 '패터슨' 을 만난다. 80번 선상을 달리면서 페터슨 시티의 웅장한 크기를 엿볼 수 있을 정도로 패터슨은 뉴저지주에서 가장 큰 도시로 알려져 있고, 인구 밀도가 높은 지역으로 손꼽힌다. 한인들이 고정관념으로 알고 있는 '흑인 동네' 또는 '위험한 곳' . 그 말은 맞을 수도 있다. 하지만 흑인 때문에 위험하기보다는, 인구 밀도가 높은 도시에서는 여러 가지 사건이 빈번할 수밖에 없기 때문일 것이다.

19세기경, 영국으로부터 들어온 실크 생산은 패터슨 도시를 산업도시로 형성하는 데 핵심적인 역할을 했다. '실크 도시' 라는 이름까지 얻게 되었고, 미국에서 인접한 히스패닉 이민자들이 모여들기 시작했다. 그 후 섬유 산업을 비롯해 총기, 철로와 기관차 제조업, 각종 기계 제조 산업이 번창하면서 패터슨은 이민자들의 선호 지역으로 발전해 나갔다.

패터슨의 인구 분포를 한마디로 요약하자면, '다민족' 타운이다. 세계 52개국 사람들이 모여 살아 다민족들의 집합소라고 해도 과언이 아니다. 히스패닉 계통 민족이 60% 이상, 그리고 방글라데시, 인도를 위시해 팔레스타인, 알바니아, 터키, 시리아 등 아랍 국가, 이슬람 계통의 인구가 20%를 넘는다고 한다. 이 이야기들은 패터슨이 고향이라는 두 명의 백인 이웃인 '헬렌' 과 '제임스' 가 오며 가며 들려준 패터슨의 상식이다. 그런데 저들이 들려준 자랑거리는 따로 있다. 바로 패터슨의 유명한 볼거리, '명소' 이다.

그중 하나가 '그레이트 폴' (Great Falls)이다. 놀랍고 흥분되는 장소다. 처음 이곳을 아이들과 방문하고는 '와~!! 나이아가라 폭포다' 하고 소리쳤다. 그랬다. 나이아가라 폭포에 버금가는 '패터슨의 폭포' 가 장관을 이루고 있었다. 쏟아지는 폭포의 포말은 얼마나 아름다운지 설명을 불허한다. 그냥 와 보라는 말 외에는 표현을 대체할 수가 없다는 이야기다.

'그레이트' 폭포는 몇 년 전부터 주 정부에서 국립공원으로 조성한다는 발표와 더불어 아마도 작년 여름까지 모두 완성된 것으로 알고 있다. 얼마나 아름다운 공원으로 바뀌었는지 이번 여름 아이들과 함께 가 볼 요량이다.

볼거리 그 두 번째는 바로 '램버트 성' (Lambert Castle)이다. 이것 역시 충격적으로 훌륭하다. 더구나 내 집에서 아주 가까운 곳에 있어서 얼마나 신기하고 반가웠는지 모른다. 이 램버트 성 역시 '와 보라!' 이다. 역사박물관, 도서관, 미술관 등 층층이 다른 모습을 한 '성' 형태의 특유한 건축양식도 특별하고, 전시물 역시 고대와 현대를 아우르는 역사적 고찰을 한눈에 볼 수 있다.

그 외 다른 것들로 1백 년을 넘는 로만 가톨릭교회의 특별한 역사적 건축양식과 유서 깊은 여러 교단의 최초 교회 건물 역시 볼 만한 것들이다.

다운타운은 다른 어떤 곳보다 풍성하고 복잡하고 언제나 다민족 축제가 열리는 듯한, 특이한 긴장감이 왕성한 점 역시 패터슨의 개성을 형성하는 데 한몫으로 쳐야 한다.

또 한 가지는 패터슨 시티의 수도(Capital) 역할이다. 현대식 고층 건물로 즐비한 카운티 주 정부 청사의 집중 지역이다. 특별했다.

우리 집의 미국 고향은 북부 뉴저지 버겐 카운티의 웨스트우드(Westwood)였다. 그곳은 전형적인 미국 중산층 도시였다. 그 타운 역시 당시엔 한국인이 한 명도 없는 곳이었다. 은퇴 후를 위한 단 한 번의 이사로, 상상도 생각도 못 한, 그것도 한인들이 제일 터부시하는 '패터슨'의 주민이 되었다. 패터슨은 너무나 생소하고 낯설어, 미국 속의 또 다른 나라 같았다. 그럼에도 그 낯섦은 오히려 삶의 원동력을 불러일으키는 요인이 되기도 했다. 나는 왜 이곳에 살고 있을까? 그런 생각에 깊이 잠기곤 한다. 때로 나는 시리아 사람이 되기도 하고, 스패니시나 흑인이 되기도 한다. 가끔 홈리스가 되기도 하고…

어느새 내 주위엔 아픈 이웃들이 다가오고 있었다. 저들의 눈물을, 고통을, 그리고 무서운 고독을 안아 주고 손을 잡고 함께하는 것… 그것은 아마도 나의 패터슨에서의 마지막 미션이 되고 있는 것은 아닐까. (착각일 수도)

지금의 기독교 선교 현장은 '다민족 선교' 전략이라고 했던가, "멀리 다른 나라 찾아갈 것 없어요, 뉴저지 패터슨으로 오세요~"이다.

PATERSON' S Paterson

요즈음 나는 열일을 하고 다닌다. "영화 〈패터슨〉을 아세요? 그 영화를 보셨나요?" 하면서 자칭 영화 〈패터슨(Paterson)〉의 홍보 대사 임명을 받았노라며 그러고 다닌다. 실은 영화 〈패터슨〉을 몰랐던 사람 중의 하나였다. 아니 정확하게는 〈패터슨〉 영화가 'NJ Paterson 스토리' 였음을 몰랐다고 해야 맞겠다.

2016~17년에 선보였던 영화 〈패터슨〉을 당시에 TV 뉴스에서 본 기억은 선명하다. '패터슨' 이 내 타운이었으니까. 미국인들에게는 '패터슨' 이란 이름과 성(last name)은 꽤 많은 편이다. 그래서 영화가 아마도 유명 인물의 위인전일 것이란 생각을 했고, 그렇게 무관심했다. 그랬는데 한 달 전 7월 초쯤이었다. 익명의 한 분을 통해 영화 〈패터슨〉에 대한 고정관념을 깨트리게 되었다. 영화 〈패터슨〉은 바로 'NJ Paterson', 내가 살고 있는 타운의 스토리였다. 이럴 수가… 영화 한 편으로 가슴이 콩콩 뛰기 시작하다니, 이게 얼마 만인가. 놀라운 반전이다. 서둘러 영화 〈패터슨〉을 찾았다.

감독 '짐 자무쉬' (Jim Jamusch), 그는 어떻게 이런 영화를 만들 생각을 했을까. 자극적이고 비윤리적이고 폭력이 난무하는 작금의 영화 세태를 향한 해독제 한 방을 쏘아 올린 듯했다. 마치 한 편의 성화(聖畵) 앞에서 거룩함을 보는 듯했다면 좀 지나친 감상인가. 그러나 정말로 그랬다.

다는 아니라도 영화 이야기를 조금은 짚고 가야겠다. 영화 〈Paterson〉의 주인공 이름 역시 'Paterson' 이다. 그는 'NJ Paterson' 태생인 평범한 '패터슨' 의 소시민이다. 그의 직업 역시 평범한 버스 운전기사다. 기발하고 사랑스러운 아내 '로라' 와 능청스런 불독, 개 '마빈' … 그렇게 3각 구도를 이루어 오늘과 내일의 일상을 그림처럼 이어가고 있다. 이른 아침 6시, '패터슨' 은 어김없이 눈을 뜬다. 자신의 품에 잠든 아내를 행여 깨울까, 가만히, 살며시 키스하고 애무해주며 침실을 벗어난다. 아침 식사로 우유에 시리얼을 부어 먹고는 아내가 준비해 놓은 샌드위치 런치 백을 들고 개 '마빈' 의 창문 인사를 받으며 유유자적 여유롭게 걸어서 버스 회사로 출근한다. 'Paterson' 노선 전체를 가로지르는 23번 버스 운전석은 '패터슨' 에게 설렘의 독보적인 그의 일터다. 낯선 사람들이, 때로 낯익은 사람들이 그의 일터를 무지갯빛으로, 혹은 안개처럼 색을 입히며 오르고 내린다. 퇴근 후에는 개 '마빈' 과 함께 산책하고 단골 바(Bar)에 들려 맥주 한 잔과 바의 사람들을 조우한다. 바 안에는 또 다른 빨, 주, 노, 초… 사람들의 이야기가 채색되고 있다. 그리고 '패터슨' 만의 휴식처인 Water Falls(폭포), 그리고 그 가장자리에 그만의 벤치 또한 그의 영역이다. 월, 화, 수, 목, 금, 토… 습관처럼 반복되는 일상을 별천지처럼 영화는 연출하고 있다.

자, 여기까지는 애써 비껴간, 아니 드러내지 못한 보석이 있다는 것은 짐작이 갔을 것이다.

그랬다. 보석 같은 시, Poem, 바로 시편의 세계가 처음부터 끝까지 일렁이고 출렁거리는 영화였다. 주인공 '패터슨'은 시인이 아니다. 그러나 그는 그만의 반짝이는 영적 눈과 남다른 감성의 보석을 타고난 사람이다. 그는 글을 쓴다. 작은 노트에 틈만 나면 끄적거린다. 아무 때나 어디서나, 아이들의 웃음을, 파란 하늘을, 성냥갑의 기억을, 그리고 Water Fall의 부서지는 포말을… 그냥 쓴다, 일상처럼 쓴다. 그에게는 애지중지하는 시집이 있다. NJ Paterson 출신의 시인 '윌리암스 카를로스 윌리암스'의, 제목도 『패터슨』이라는 시집 5권을 분신처럼 곁에 두고 있다. 시인이 아닌 '패터슨'이 시집 『패터슨』을 가슴에 품고 그 길에 조금씩 다가가는 그 걸음은 그래서 보석이다.

디지털 시대다. 전자기기는 세상을, 사람들을 점령하기가 무섭게 폭주하고 있다. 영화 〈Paterson〉은 향수를 불러일으키는 아날로그 형식으로 그 디지털 세계에 분연히 대응한다. 주인공 '패터슨'은 잠을 깨우는 알람은 물론이고 핸드폰, 아이패드, 심지어는 컴퓨터조차 소유하지 않은 사람이다. 한번은 운전 중에 문제가 생겨 회사에 보고를 해야 했다. 승객 중 남자아이가 셀 폰을 들고 있었고, 그 폰을 빌려 업무 보고를 한다. 그 장면은 정말 인상적이었다. '패터슨'의 아내 매력덩이 '로라'와 애완견 '마빈'의 3각 구도에 대한 언급을 꾹 참는다. 다 말하면 안 되니까. 그래서 '와서 보라!' 다.

시편에 대한 남다른 꿈과 로망이 있었다. 영화 〈Paterson〉의 에필로그 마지막 장면은 그 로망의 선물을 받은 셈이다. 폭포 앞 '패터슨'의 벤치에 오사카의 일본 시인의 출현, 그는 시인 '윌리엄스 카를로스' 의 고향 'Paterson' 을 방문한 사람이다. 두 사람은 무심한 대화를 담담하게 나눈다. 헤어지면서 그는 가방을 열어 '패터슨' 에게 노트 하나를 건넨다. 쓰라고, 적으라고… 그리고 일어나 표표히 걸어간다. 그리고 잠깐 멈칫, 뒤를 돌아보는 일본인은… "패터슨~ 아하~" 그 한마디를 남긴다. 그 무의미한 한마디의 의미는 영화 〈Paterson〉의 전부였고 전체였다. "자, 이제 어서들 와서, 보세요!"

Coffee 이야기

"아~ 큰일 났네 큰일 났어~ 우리 이러다 다 죽어~ 나는 그냥 죽게 생겼어~ 정신 바짝 차려야 할 텐데…"

누구의 흉내가 딱 맞는 말을 진심을 담아 떠들고 있다. 큰일이 나 버렸다. 정신을 바짝 차려야 할 텐데, 그게 안 되고 있었다.

'소녀처럼 들뜬다, 두 눈이 두 뺨이 반짝거린다, 기분이 붕 떠 허공을 나른다, 뼈마디의 아픔이 사라진다, 숨쉬기조차 편하다, 계속 노래를 흥얼거린다, 공연히 가슴이 설렌다, 이웃들이 날 보고 달라져 보인다고 한다, 어제와 똑같은 구름, 똑같은 하늘, 똑같은 나무들, 똑같은 거리 풍경이 새삼 눈부시게 아름답게 보인다.'

이거 진짜 큰일이 난 것 맞는 거지? 막내와의 전화에 흥분 모드로 한참을 떠들었던 그 이상한 증세는 바로, 새로 만난 특별한 'Coffee' 후유증이 원인이었다.

'다이너(DINER)', 가장 좋아하는 레스토랑이다. 딸들과의 만남은 언제나 '다이너'에서 브런치(brunch)로 즐기는 편이다. 얼마 전에 큰딸이 인기 많은 새로운 다이너를 찾았노라고 했다. 다이너야 거기서 거기겠지, 뭐가 다를까, 그렇게 무심했다. 그러던 어느 한 날 우리는 의

기투합해 큰딸이 찾았다는 다이너에서 약속을 잡았다. 내 집에선 먼 거리임에도 새로운 장소는 언제나 흥미진진, 망설일 이유가 없었다. Y 타운 W 방향으로 23Rd 선상의 'P Diner' 다. 특이하게 다른 점은 없다. 그러나 좀 낯선 풍경은, 평일임에도 빈 의자 하나 없이 사람들로 꽉 차 있었고, 그곳은 사시사철 만원사례라는 것이다. 그 인기의 비결은 무엇일까?

금세 알 듯했다. 커피 맛이 요상하게 달랐다. 향기가 달랐고, 목울대로 넘겨지는 커피의 농도가 달랐고, 마신 후 업(Up) 되는 기분은 무어라 표현키 어려웠다. "어째서 너희 커피는 특별하냐?" 식당에 물어도 저들은 한결같이 '유기농 커피(organic coffee)' 라 그렇다는 대답뿐이다. 우리는 몇 번을 더 방문했고 그때마다 커피까지 투고(To Go) 해와 여한을 풀곤 했다. 점점 그 커피의 정체를 알아내고 싶어졌다. 그런데… 앗, 생각이 났다. 투고(To Go) 한 커피잔을 꼼꼼히 살피다가 번개처럼 생각이 떠올랐다. 커피잔의 로고가 힌트가 될 줄이야. 'Arabica Coffee Roasters.' 이것이다. 의외로 쉽게 풀릴 듯했다.

내게는 절친 이웃 백인 J와 시리안 S가 있다. 그들의 일과는 커피로부터 시작된다. 비가 오나 눈이 오나 일 년 내내 한결같이 모닝커피를 시작으로 온종일 커피 3잔 이상을 투고(To Go) 해 마시는 사람들이다. 저들의 커피 마켓부터 말해야 순서겠다. 내 집에서 한 블록 사이에 'VALERO' 라는 브랜드 주유소가, 그리고 자동차 정비소가 있다.

그 곁으로 연결된 곳에 'VALERO Mart' 가 있고, 마트의 간판 위로는 'The Best Coffee in Town' 이라는 문구가 새겨져 있다. 바로 그 마트 커피를 내 절친 이웃들은 10년을 하루같이 애용하고 있었다. 얼핏 J에게서 스치듯 지나가는 듯 흘려들은 '아라빅 커피' 라는 말이 기억이 났고, 그 말은 내 숙제의 힌트가 되었다. 그 힌트를 들고 그래, 오늘 가기로 했다. 이웃의 커피집으로!

무슨 비장한 각오를 하듯 아침 일찍 집을 나섰다. 걸음도 유유하게 걸어서 VALERO Mart로 향했는데 첫걸음이라 조금은 낯설었다. 가게 안은 비어 있어 "아무도 없어요?" 했더니 아이보리색 히잡을 둘러쓴, 동구리 같은 여인이 '통' 하고 튀어나와 아침 인사를 하며 맞아 주었다. "내 친구가 여기 커피 맛이 최고라고 자랑해 커피를 사러 왔는데, 오늘은 첫날이니 당신이 알아서 해 주세요" 그랬더니, 그녀는 내 말을 듣는 둥 마는 둥 나를 마냥 빤히 쳐다만 보고 있었다. "왜?"라고 묻자, "혹시 당신 한국인 아니냐"라고 물어 왔다. "그래, 맞아." 내 대답이 끝나기도 전에 그녀는 소리치며 반갑다고 내 손을 잡았다가 껴안았다가 마구 호들갑에 야단이 나고 있었다. 한국 사람 한 명도 없는 이 지역에서 나를 처음 만난 것이 너무 신기하다며, 더듬더듬 한국말을 늘어놓기 시작했다. "안녕하세요, 엄마, 아빠, 친구, 아주마, 아저시, 함머니" 등등…

와, 이건 내가 신기해 놀랄 지경이다. 그녀는 그렇게 입으로는 블라

블라 계속 떠들면서, 손으로는 익숙하게 커피 머신에 새 커피까지 내리고 있었다. 그녀의 말인즉 이랬다.

그녀는, 아니 그녀의 가족, 친지 모두는 한국 영화와 드라마 등 한국 미디어의 광팬들이라는 것이다. ‘조선, 조선…’ 몇 번을 그러기에 “북한을 말하는 거냐” 했더니, 자신의 아이패드를 꺼내 들고 저장해 놓은 한국 드라마 중에서 사극을 펼쳐 보이는 것이 아닌가! 이게 조선 드라마라고… 사극뿐만 아니다. 나도 모를 현대판 드라마들이 가득가득 저장되어 있었다. 세상에 한류 원조를 여기서 만나다니, 나도 그녀만큼 신기했다. 한국 드라마에 너무 무지한 나 자신이 오히려 머쓱했다. 무안하게도…

‘Ahlam(할람).’ 그녀의 이름이고 중동의 ‘요르단’ 사람이다. 우리는 유쾌한 통성명을 했고, 기분 좋게 친구가 되기로 했다. 그리고 나를 큰일 나게 만들었던 커피의 미스터리도 바로 풀렸다. 그 숙제의 커피 ‘아라빅 커피’에 이미 나는 이웃 친구들처럼 빠져들고 있었다. 이거 진짜 큰일이 아닌가. 그럼에도 나는 마신다. 그것도 즐겁고 신나게 마실 거다. 오늘도 내일도 ‘할람’을 만나러 간다. 새 친구는 자주 봐야 정이 든다는 핑곗거리까지 만들어가면서…

'보여주는 빵'

"그들이 아침, 저녁마다 주를 위해 태우는 희생물과 향기로운 향을 태우고 또한 깨끗한 상에 '보여주는 빵(showbread)'을 정돈해서 놓으며 또 금 등잔대가 있어 저녁마다 불을 붙이나니…" (대하 13-11)

빵(Pan) 이야기다. 그것도 중동의 빵, 아니 '창세기의 빵'으로부터다. 빵 하면 막연하게 유럽 쪽의 주식이고, 쌀은 동양권이라는 상식 안에 그냥 있었다. 그랬는데 언제부터인가 그 무심했던 상식이 서서히 뒤집히고 있는 셈이다. 나는 10년 안팎으로 완전하게 중동 아랍권 타운으로 바뀌고 만 'S. Paterson'의 주민이라고 했던가, 그랬다. 아직 다는 모른다. 그럼에도 저들 '창세기적 빵' 먹거리는 점점 흥미롭고 신기하기만 하다.

거리 풍경이다. 메인 스트릿(Main St.)을 중심으로 한 집 건너 그로서리 마켓이 있다. 당연하게 중동 아랍 계통 식품점이다. 그곳에서 누룩 없는 납작빵 종류와 양고기, 염소 고기, 각종 올리브 등 창세기적 식품들을 만날 수 있다. 그 숫자만큼 중동 'Bakery' 빵집 역시 줄줄이다. 우선 빵집 투어를 시작하기로 했다.

처음 방문한 빵집은 '팔레스타인 Bakery' 였다. 내 집에서 반 블록 거리. 걸어가기에 안성맞춤이다. '베이커리' 라는 간판이 무색할 정도로 빵 가게는 작고, 테이블도 두세 개, 커피 팟(Pot)은 식어 있고. 그런데 빵을 사려는 사람들은 길 밖에까지 길게 이어지고 있었다. 나는 중동 빵에 무지한지라 차례를 양보하고 분위기 파악을 해야만 했다. 빵들은 주로 'Brick Oven', 벽돌 오븐에서 구워낸 빵들이라고 했다. 뭔가 색다르게 느껴졌다. 우선은 빈대떡만 한 크기의 따끈한 빵과 꽈배기 모양의 빵을 샀다. 저들은 그들의 모든 빵을 'big plain whole-wheat bread' 라고 불렀다. 뜨거운 아랍 커피와 함께 빵을 시식했다. 흠… 별로 특별한 맛은 없었으나, 식감은 달랐다. 나는 보통 일반 빵을 먹을 때는, 맛은 있더라도 먹고 나면 위가 윽~ 하고 무겁고 불편하다. 그런데 이 벽돌 오븐 빵은 별맛은 없어도 은은한 맛에 먹은 후엔 속이 편하고 소화가 잘된다. 그래서 좋다. 그렇게 작정하고 빵집을 더 세밀하게 찾기 시작했다. 그리스 빵집, 이란 빵집, 아르메니아 빵집을, 또 스페인 혹은 이집트 빵집을… 그런 식으로 말이다. 다 조금씩 특색은 달라도 확실하게 일반 빵과는 아주 달랐다. 나는 점점 중동 빵에 빠져들고 있었다.

드라이브로 2~3분 거리에는 20년을 훨씬 넘은 역사 깊은 '터키 빵집' 이 있다. 그곳은 크다. 그 앞을 오랫동안 지나치기만 했지 들어갈 엄두를 못 낸 것은 'Bakery & Café' 라는 간판과 매장 크기의 위압 때문이었으리라. 어느 하루 날을 잡아 친구와 함께 방문했다. "와! 여기는 '패터슨'의 명소다!" 그렇게 감탄사를 절로 쏟아냈다. 정말 크고 넓고 실내 인테리어도 고전적이고 멋졌다. 카페 분위기의 좌석들, 그리고 터키산 커피와 유리잔의 '블랙 티' 맛도 최고 수준이었다. 사람들은 예의 바르고 친절했고, 무엇보다 다양한 터키 빵 종류는 입맛을 금방 사로잡고 말았다. 잘생긴 청년 직원 '에넷'과 예쁘고 상냥한 '멜리사'와 친구가 되기로 했다. 그들은 매장에서 '코리안'은 처음이라며 특별히 친절을 다해주었다. 친지들 방문 때는 집 근처 던킨 도넛 대접이 전부였는데, 이제는 격을 높여야겠다. 그렇게 터키 빵집은 정서적, 문화적, 그리고 성경적 배경의 일상에 윤활유 역할을 더해 주었다.

한 가지 짚고 갈 것이 있다. 메인 스트릿 상가를 중심으로 중동 아랍권 남자들이 삼삼오오 거리에 많이 쏟아져 나오는 편이다. 그런데 그들은 늙고 젊고를 막론하고 한결같이 몸매가 쭉 고르고 날씬한 편이다. 백인들 특유의 비만한 체구를 본 적이 없다. 왜일까? 그들의 빵 식사는 무엇이 다를까? 이웃 시리안 친구들에게 여러 번 타진했으나 명확한 답변을 얻지 못했다. 저들의 버터와 치즈가 다르고 곁들여 먹는 올리브 소가 다른가?

아 참, 또 있다. 저들의 철저한 절기 금식 기도와 '보여주는 빵', 이름하여 '누룩 없는 빵' 그 안에 비밀이 있을 것이라는 추측일 뿐이다. 그런데 아랍 여인들 중에는 뚱보가 가끔 있다. 그랬다. 금식 기도 역시 남자들 몫이라서 그런가 보다. 조금은 추측이 확실해진 듯하다.

20대부터 평생을 하루 한 끼는 빵 식사를 하고 살아온 식생활이었다. 이제는 점점 더 간편한 빵 식사를 선호하게 됐다. 그런데 친한 의사의 말이다. 지난주에 의학 콘퍼런스에 다녀왔는데, 건강을 해치는 주범은 '밀가루 빵' 이라는 것이 의학적 결론이란다. '그럼 빵을 대체할 구체적 방안은 무엇인가요?' 하고 물었다. 그는 묵묵부답이었다. 내일은 '누룩 없는 납작한 빵' 을 사러 나가야겠다. 보여주는 그 빵으로….

'바하마', 그리고 '엄마의 기적'

익명의 섬에 10년을 넘게 유배되어 갇혀 살았다. 의학적으로 비행기 금족령이 내려졌기 때문이었다. 그랬는데 올여름, 그것도 휴가철 절정기에 금기령이 해제되었다. 해방이다. 아, 자유함이라니! 가슴이 벅찼다. 마치 영화 〈올드 보이〉의 주인공이 10년 넘게 감금되었던 장소에서 풀려난 것 같았고, 시인 '이상'의 자유를 향한 처절한 노래의 공유자가 된 듯했다. "날개야 다시 돋아라, 날자, 날자… 한 번만 더 날자꾸나… 한 번만 더 날아 보자꾸나…" '이상'의 〈날개〉는 지금의 바로 '나'였다. 그러자, 나도 날아보자. 어디든 날아갈 것이다. 비록 장거리 비행은 안 되고 짧은 비행부터 시작하라는 주의사항을 받았지만, 아무렴 어떠하랴, 비행기를 탈 수 있다는 것, 그것이면 족하다. 무얼 더 바랄까. 가슴이 폭폭 부풀고 있는데 놀라운 전화 한 통이 날아왔다.

"엄마, 우리 가족 모두 엄마랑 함께 가려고 '바하마' 비행기 예약했어요~ 엄마의 금족령 해제 기념으로요!"

맏딸의 상기된 전화 목소리에 순간 난 아무 대답도 할 수 없었다. 세상에나, 이런 꿈같은 이벤트로 이 어미를 놀라게 하다니…. 아무튼 그날부터 나는 잠도 제대로 잘 수 없었고, 음식을 제대로 삼킬 수도 없었다. 터질 듯한 흥분을 가슴 가득 부둥켜안고, 꿈꾸는 아이가 된 채 시간과 공간을 붕~ 떠돌았다.

와!! 바다…다!! '바하마'(Bahamas)의 바다다. 우리 가족 아홉 명은, 가족 단위의 숫자로는 단연 거대한(?) 일행이었다. 보안 안보 대장을 세워야 했다. 아이 중에서는 당연히 첫째가 대장이었고 어른 중에서는 키가 큰 키다리를 리더로 세웠다. 우리는 누가 먼저랄 것 없이, 짐을 풀자마자 환호성을 지르며 바다로 뛰어들었다. 그런데 어… 내가 이상했다. 모래사장으로 발을 옮겨 놓자마자 천지가 아득해지며 핑그르르 시야가 흔들리기 시작했다. 모래알들이 춤을 추듯 하늘로 치솟아 오르고 바닷물이 파도를 일으켜 빙글빙글 내게로 철썩거리며 달려들었다. 나는 그만 털썩 모래밭에 거꾸러지고 말았다. 우리의 보안병 키다리가 달려와 나를 부축해 일으켰으나, 꼼짝할 수가 없었다. 그렇게 어지럼은 나를 반나절 동안 패닉 상태로 몰아갔다. 그랬구나… 10여 년을 넘어 온 바닷가의 환영사가 이 정도는 돼야 했었나 보다. '내 귀는 바닷가의 소라 껍데기…' 가만히 '소라'의 귀가 되어 파도 소리에 취해 있는데 소리 없이 눈물이 주르륵 두 뺨을 적시고 있었다. 감격의 눈물이었다. 아, 바다야~ 바다야~

천혜의 섬 '바하마'의 첫날, 유난한 바다와의 해후를 시작으로 난 바하마의 매혹에 푹 빠져들고 말았다. 바다는 투명했고 바닷속은 고기들의 유희가 다 보였다. 파도는 살랑이는 바람처럼 잔잔하게 일렁거렸다. 우선 나는 바닷물에 들어가면 나올 줄을 몰랐다. 배고픔도, 시간도, 식사 때도, 바다는 모두 잊어버리게 했다. 억만년을 기다렸던 바다는 나의 모든 것을 품었고 나는 연인의 품에 스며들 듯 그대로 안겼다. 그리고 우리는 쉴 새 없이 입을 맞추며 태곳적 첫사랑의 밀어를 끝없이 속삭였다. 끝없이… 끝도 없이…

그리고 무엇보다 재미있는 볼거리는 사람이었다. 짙은 선글라스에 눈빛을 가리고, 발가벗겨진 적나라한 사람들의 모습을 구경하는 것이야말로 구경 중에 일품이었다. 잘나고 못남이 없고, 높고 낮음이 없다. 빈부의 차이도 인종적 편견도 민족 간의 싸움도 없다. 오직 창세기적 인간 군상들이 무한한 우주의 자궁 안의 포말 같은 양수 속에서 자연산 미소를 머금은 채 부유하고 있었다. 그냥 신기하고 흥미로운 유기체 동물 같았다.

그리고 아, 또 있다. '제트 스키' (jet ski) 타기! 수상 오토바이라고나 할까… 물보라를 뿜으며 속도를 한껏 즐길 수 있는데, 그걸 타는 사람들은 스릴 만점일 것이다. 그리고 '패러세일링' (Parasailing), 이건 배에 줄을 연결해 커다란 풍선을 타고 하늘 높이 떠오르는데 속도가 느껴지지 않는 듯하나, 잠깐 한눈을 팔고 나면 멀고 먼 하늘 끝에 가 있다. 저들은 또 다른 눈요깃감으로 좋았다. 우리 집 남자들은 저것들을 타느라 정신을 쏙 빼고 있다. 그러나 바다는 그 무엇과도 비견할 수 없이 최상이자 최고였다. 어찌 물 밖으로 나가고 싶을까? 그래서 마냥 물속에만 머물고 싶은 것이다.

바하마 끝의 하루 전날은 모두들 아이들과 함께 세계적으로 으뜸이라는 워터파크(Water Park)로 떠났고, 나는 예약된 '컬처 투어'(Culture Tour)를 막내와 함께 떠났다. 바하마의 토속적 민속품들이 현란한 색상으로 진열된 장소를 시작으로 공작품 만들기, 마칭(marching) 북과 각종 북소리 내기, 초콜릿 공장 등 여러 곳을 돌았다. 끝으로 미술관과 박물관 관람으로 투어를 마쳤다. 특별한 것은 없었으나 장소를 옮길 때마다 도로와 건축물과 시내와 마을들과 주민들을 볼 수 있는 것이 인상적이었다. 집들과 건물들은 모두 무지개 색상으로 채색된, 평화롭고 순박한 분위기가 푸근하게 다가왔다. 그러나 곳곳엔 벽면들이 곰팡이가 피어 곧 부서질 것 같은 가난한 마을도 눈에 띄어, 화려하게 즐비한 해변의 매머드 호텔들과 대조적인 괴리감도 느껴졌다. 영국 연방인 바하마는 영어를 구사하고, 사람들은 예의 바르고 순진한 느낌을 주었다. 그래서 다시 오고 싶은 휴양지로 유명해지고 있나 보다.

집으로 돌아가는 날이다. 검은 구름이 낮게 드리우고 바람이 조금 거세졌다. 그리 청청하던 날씨는 그렇게 변하고 있었다. 공항버스에 오르자 후드득 빗줄기가 떨어졌다. 길가에 즐비한 야자수 나무들이, 그리고 눈에 계속 밟혀 오던 주홍빛 꽃나무 '포인씨애나'(Poinciana Tree)가 작별 인사를 하듯 바람에 몸을 흔들어댔다. 그럼에도 집으로 가는 비행기는 하늘을 뜨고 거침없이 날았다. 검은 구름 사이로 햇살이 바다를, 빗살무늬를 이루며 간간이 비추는데 카리브 해안의 수평선은 끝 간 데 없이 이어지고 있었다. 그 가없는 너비의 아름다움 앞에 창조자의 손길은 소름을 돋우며 비행기 안으로 날아들었다.

문득 주위가 수선스러워졌다. "왜??" 하고 물었더니, 아이들은 합창을 하듯, "엄마의 기적이라고요!!" 그랬다. 그렇구나, 기적이 맞다. 나는 육신이 다시 새롭게 태어난 듯했으니까.

어떤 추수감사절

달린다. 뉴저지 80번 도로 서쪽으로 두 시간 가까이 단숨에 달렸다.

P 휴양지… 한여름 성수기를 휩쓸고 간 흔적들은 낙엽과 함께 포도 위를 스산하게 뒹굴고 있었다. 인적은 간데없이 고즈넉한 적요와 황량한 기운만이 온 사위를 물들이고 있었다. 휴양지를 둘러싼 키 큰 나무들이 나를 반기는가, 헹가래 치듯 몸을 흔들며 춤을 추고 있었다.

오늘따라 늦가을 바람이 유난하게 거세다. 바람은 나무들을 흔들어 하늘을 뽀얗게 덮으며 낙엽들을 폭풍같이 거칠게 흩뿌리고 있었다. 파킹 랏(주차장)에 자라목을 하고 엎드린 차들조차 을씨년스럽기만 하다. 주섬주섬 짐을 챙겨 예약된 빌딩 앞으로 낙엽에 휘감긴 채 걸음을 옮긴다.

떠날 것이다. 탈출하는 거다. 요식 행위와 같은 터키 굽기와 '오픈하우스' 로부터 떠나고 말 것이다. 목, 금, 토, 달력에 표시해 놓고는 올해는 기필코 황금 같은 감사절 연휴를 자신만을 위해 쓰겠다고 진작부터 벼르고 별렀던 것이다. 미국에 정착한 그다음 해부터였다. '로마에 가면 로마식으로~' 그렇게 시작한 추수감사절 터키(칠면조) 굽기와

'오픈 하우스'는 어느덧 연례행사가 되고 말았다. 오픈 하우스란 '집을 매매함'이 아니라, 민족 대이동이 펼쳐지는 이곳 큰 명절 추수감사절 연휴에 오갈 데 없는 나그네들을 위한 '오픈 하우스'란 이야기다.

대학 기숙사가 문을 닫는다, 유학 온 조카 몇 명의 연줄로 시작한 감사절 파티는 어느새 스무 명도 넘는 나그네 대가족이 되고, 벌써 강산이 몇 번을 변하는 세월이 흘러가고 있었다. 쿠폰 모으기를 시작으로, 중간 크기의 알맞은 터키 서너 마리에 너덧 마리의 닭들을 자연산으로 미리미리 시장 보는 일은, 일 중의 일이다. 젊은이들의 식욕은 왕성한데 익숙지 않은 터키 먹기는 서툴기 짝이 없다. 그래서 언제나 터키는 남아돌고 닭은 동이 나는 편이다. 그러니 닭요리에 마음을 쓸 수밖엔 도리가 없다. 터키와 닭들을 하루 전부터 레몬과 시나몬을 섞은 소금물에 담가 특유의 향을 중화시키는 일부터 출발이다. 그뿐이랴, 스터핑에 코울슬로에 미트볼에 매쉬포테이토와 얌 매쉬까지. 그리고 샐러드에 터키 그레이브와 닭 속에 넣을 한국식 스터핑 만들기까지…. 그리고 밤새 오븐 앞에서 온도를 조절하며 벌을 서야 하니 장난이 아니다. 그게 어디 그리 쉬운 일인가, 한국 주부보다 열 배로 일한다는 이곳 여인네 입장에서 말이다. 이제 이런 모든 것, 동작 그만이다. 따돌리기 작전이다. 터키를 따돌리고, 도어 오픈하기를 따돌리고 그렇게 문을 닫아버리고 말았다.

"와, 자유함이라니~~", 소리치며 휴양지 3번 방문을 활짝 열고 들어섰다. 짐들을 아무렇게나 내동댕이치고는 창문을 활짝 열어젖혔다. 싸늘한 바람 한 자락이 후줄근한 방 공기를 한 번에 씻어냈다. 크게 심호흡을 들이키고 돌아서니 그때서야, 오직 나만의 공간과 시간이 나를 똑바로 마주하고 있지 않은가! 그러나 무너지듯 피로감이 몰려와 소파에 기대어 앉았다. 머리를 비우고, 생각일랑 털어버리고, 우선 밀린 잠부터 실컷 자는 거다, 하고는 스르르 침대로 기어들었다.

'원망하고 살았는가' , 먼 곳으로부터 내 빈 생각 속으로 한 줄기 음성이 파고들었다. 나는 가시에라도 찔린 듯 벌떡 일어났다. 맞은편엔 어울리지 않게 코린트식 무늬로 테를 두른 큰 거울 하나가 온방 안을 비추고 있었다. 거울 안엔 중년의 여인 하나가 눈을 똑바로 뜨고 불같이 지친 내 모습을 직시하고 있었다. 그녀는 너무 낯설었다. 아니 섬뜩하기까지 했다. 당신은 누구인가? 너는 누구란 말인가? 너는 무엇을 위해 홀리데이 시즌을 요식 행위와 같다고 허겁지겁 도망쳐 여기에 왔는가? 일상의 노예 같음을, 가족들을, 형제들을, 친지들과 이웃들을, 미움과 사랑이라는 미명 아래 그 깊은 곳에 '원망' 이란 단어가 잠재하고 있었는가? 깊은 상념의 늪으로 빠르게 빠져들기 시작했다. 상념의 소용돌이는, 이민의 삶을, 자연의 섭리를, 불가사의한 우주의 비밀을 건드리며 죽음의 테두리를 돌아 조물주의 미세한 음성 앞에서 겨우 숨을 고르고 머무르는 듯했다. 그랬다. 앉았다가 일어서고, 그리고 발을 옮겨 그 자리를 떠날 수 있는 '자유함' 이 나를 진정한 자유인으로 만들어가고 있음을 어렴풋이 깨달았다. 그게 어딘가? 그만하면 됐다. 밤은 하얗게 물러가고 창 틈새로 햇살이 무늬 져 비쳐들고 있었다. 방문을 열고 밖으로 나섰다. 바람은 잦아들고 간밤에 서리 같은 잔설이 은가루를 뿌려놓은 듯, 천지가 하얗게 변해 있었다. 고요하고 조용하다. 아름답다. 살아있는 모든 것들이, 아니, 죽음의 그림자까지 아름답지 않은가! 떨리듯 아름답기만 하다.

이것은 작년의 추수감사절 치기 어린 일탈 행위의 전모이자 전부였다.

그래, 굽자. 은퇴 나이까지 터키 굽기는 현재 진행형으로 하자. 은퇴 후엔 터키 굽기를, 흠~ 누구에게? 그래, 막내한테 물려주기로 하고… 올해는 다시 진작부터 터키 몇 파운드에 중닭 몇 마리에 캐비지 몇 통에 ~~ 전화벨 소리 바쁘고 감사할 주위를 체크하고 문을 활짝, 나그네들 터키 파티 '오픈 하우스', 준비는 이상 무~~~

여름 친구 '알렉산드리아'

여름이 간다. 그리고 친구 '알렉스'(Alex)도 떠나간다.

내가 알렉스와 친구가 된 게 벌써 몇 해째인가, 가물가물하다. 그럼에도 그녀와 평행선을 긋고 있는 관계성은 오직 여름, 그것도 주말에만 만날 수 있기 때문이다. 만나면 반갑고 헤어지면 섭섭하고, 그리고 다음 해를 기약하고…. 그렇게 계절과 해를 넘나드는, 담백하고 산소 같은 친구다. 그뿐이랴, 알렉스는 나에게 '여름 요정'과도 같다. 해마다 이른 여름을 내게 안겨다 주고, 또한 내게서 여름을 거두어 가는 역할을 그림같이 해내고 있다. 그런 의미에서 우린 서로의 전화번호나 이메일 주소조차 나누지 않는 것을 묵계처럼 지키고 있는 사이다.

집에서 몇 블록 사이에 동대문 시장과 흡사한 어마어마한 규모의 야채 시장이 있다. 처음 그곳을 찾았을 때의 흥분을 잊을 수가 없다. 마치 한국의 장터를 연상케 하는 낯익은 풍경 때문이었다. 뉴저지주의 여름철 주말 팜 마켓(Farm Market)은 타운마다 공공장소에 조촐하게 소규모로 열리고 있지만, 이곳 '클리프턴'의 팜 마켓은 현지의 야채 시장 안에 섞여 있어 잘 분간하기가 어렵다.

처음, 조금은 거칠고 산만한 시장 분위기 안에서 난 들꽃 같은 한 소녀와 눈이 마주쳤다. 소녀는 예쁘고 풋풋하고 청순한, 자연 그대로의 모습이었다. 그녀가 말을 걸어왔다. "혹시 팜 마켓을 찾는 거냐?" 하고… 그렇다고 했다. "바로 여기, 잘 찾았어요, 트럭이 죽 서 있는 방향이 팜 마켓"이라고 소녀는 친절하게 설명까지 곁들였다. 그렇게 주고받은 몇 마디로 우리는 금세 친구가 되고 말았다. 소녀는 'Ricky's' 농장 집의 셋째 딸로, 9월이면 하이스쿨 11학년으로 올라간다는 '알렉산드리아' 였다. 싱그러운 야채를 가지런하게 진열해 놓고, 미소를 띤 채 서 있기만 해도 알렉스의 코너는 환하게 빛이 나는 듯했다. 그녀의 부모님도 교양미와 학자 분위기를 풍기는 푸근하고 훈훈한 분들이셨다.

알렉스가 고등학교를 졸업하고 어느새 대학을 작년에 졸업했다. 더 이상 소녀가 아닌, 청년으로 성숙한 그녀는 한 해도 거르지 않고 부모와 함께 여름 마켓에 등장하고 있다. 그녀의 엄마가 살짝 귀띔해 준 말이다. 아들딸 다섯 중 오직 알렉스만 어려서부터 농장 일에 관심을 가졌던 특별한 딸이라고… 대학 졸업 후 파트타임으로 자기 일을 가졌음에도 여전히 여름 마켓 일을 즐긴다고… 여름철엔 자기가 서운한 감정에 시달린다나? 무슨 소리인가 했더니, "딸이 이 엄마보다 널 더 좋아하니까 말이야" 하면서, 엄마는 애교스런 조크에 한쪽 눈으로 찡긋 윙크를 보낸다. 우린 한참을 웃었다.

엄마의 설명이 아니더라도 알렉스는 정말로 특별했다. 일 년의 간극으로 우리의 토막 같은 짧은 대화가 성장해 가는 재미도 있으니, 여름 친구로 제격이 아니겠는가. 한국과 미국 역사를, 전쟁을, 풍습을, 먹거리들, 요리 등, 알렉스는 나를 통해 한국을 엿보는 재미를 쏠쏠하게 느끼며 관심을 갖는 편이다. 때로 문학을, 연예계를 들먹일 때도 있다.

올여름 알렉스네 야채 종목 중 히트 상품은 단연 '배추' 였다. 그녀의 말이 걸작이다. 나를 생각하고 '차이니스 나파' (Chinese Napa)를 재배했노라고…. 설마 그럴까마는, 나는 마냥 신이 나서 맞장구를 쳐 주었다. 하기야, 팜 마켓 안에는 배추가 알렉스네 말고는 어디에도 없었으니, 그녀의 말은 정말일까? 기분 좋은 착각이 삐죽거린다. 푸른 잎이 무성하고 푸석한 배추다. 정답고 신기하지 않은가. 한인마켓에 가면 얼마든지 널린 게 배추지만, 알렉스네 배추는 신선한 서정으로 다가왔다. 'Bae-choo' 나는 얼른 쪽지에 '배추' 라는 이름부터 적어 알렉스 주머니에 꽂아주고는 '나파' 가 아닌 배추라는 이름과 '김치' 를 소개했다. 그리고 다음 주엔 '김치' 를 선물하겠다고 약속까지 했다. 그녀는 '배추, 배추… 김치, 김치…' 라고 몇 번씩 옹알거리면서 아기처럼 웃으며 좋아했다.

언제까지 그녀는 나에게 여름 친구가 되어줄 수 있을까? 올여름은 유난하게 거뭇거뭇한 총각들이 알렉스 주변을 맴돌고 있었다. 그녀를 탐내는 녀석들이 어디 한둘일까마는. 그녀가 결혼한다 해도 그녀의 여름 행진은 계속될 것만 같다.

여름 친구의 '배추' 를 끝으로 그녀는 이른 '가을' 을 떨구고 '아듀~', 손을 흔들며 떠나갔다. 그녀와 작별하고 돌아오는 길에 문득, 한국의 젊은이들이 떠오르는 것이 아닌가. 무한경쟁으로만 내몰리는 듯한 우리의 젊은이들도 알렉스와 같은 평화를 누리며 살 수는 없을까 하고 말이다. 성큼 가을 감성이 밀려오는가, 가슴 한편이 싸~하게 시려온다.

‘뿌리’ 먹기

먹거리의 녹색혁명 시대다. 어제오늘 이야기가 아니다. ‘야채주스’, ‘과일주스’, ‘해독주스’ 등 야채 먹기와 마시기는 황금기를 맞고 있다. 그뿐인가? 야채 먹기는 만병통치요, 건강의 지킴이라고 외치고 부르짖는다. 과연 야채 먹기는 건강의 지름길일까? 한때 ‘알로에 주스’ 먹기가 유행일 때가 있었다. 그런데 알로에 먹기에 열심이던 한 중년이 갑자기 사망했다. 너무 갑작스러운 죽음이라 부검을 했다. 원인은 ‘알로에’ 였다. 몸에 좋다고 치우쳐 먹은 것이 치명적인 독이 되었다. 이것은 우리 이웃의 실화였다.

푸드마켓이 성공하려면 첫째도 둘째도 싱싱한 야채 진열이 으뜸이라고 한다. 그런데 잠깐, 생각을 해 보자. 캘리포니아에서, 플로리다에서, 아니 그보다 더 멀고 가까운 지역으로부터 야채들이 생산되고, 그 야채들은 조금도 시들지 않은 채 우리 식탁 위에 탐스럽고 먹음직하게 올라온다. 그 싱그러운 아름다움이 어떤 유통 과정을 거쳐 내 손에 놓이게 되는 걸까? 상상을 불허하는 일이다. 그렇다, ‘상상’ 을 한 번쯤 해 보자는 이야기다. 더 이상의 설명은 없다.

눈을 낮추어 땅속을 바라보자. 그곳엔 암갈색(Burnt umber) 매력덩이, '뿌리채소' 가 숨겨져 있다.

'뿌리채소' 의 이름들이다. '바따타' (Batata), '유카' (Yucca), 'Lila yautia', 'yellow mame', 'yautia blanca', 'Fresh name' … 휴~ 너무 많아 다 쓸 수가 없다. 저들은 하나같이 크고, 험하고, 못생기고, 거칠고, 울퉁불퉁하다. '아니, 저런 걸 사람이 어떻게 먹어?' 그렇게 생겼다. 그런데 저들의 속살은 한결같이 신기하게도 곱고 예쁘다. 나는 낯선 뿌리들을 오랫동안 차례대로 모두 시식해 보았다. 그중 우리가 즐겨 먹는 감자와 고구마 사이에 합류시킨 몇 가지를 소개하고 싶다. 바로 '바따타' 와 '유카,' 그리고 '야티아' 이다.

'유카' 의 경우는 껍질이 기름을 발라놓은 듯 번들거리고 딱딱해서 그냥 토막을 쳐 삶았다. 아니 그런데, 냄비 전체가 기름으로 엉겨 붙어 버렸다, 놀랐다. 껍질 전체가 기름덩이였다. 어떻게 뿌리채소에 기름 성분이 가득한지 놀라운 일이다. 그다음부턴 아예 껍질을 다 벗기고 삶는다. 속살은 눈처럼 희고 단단하다. 그걸 삶아 고추장이나 볶은 된장, 아니면 아일랜드 소스에 찍어 먹는다. 흠~ 먹을 만하다.

당뇨 환자인 내가 '바따타' 를 찾은 건 금광을 캔 것과도 같았다. 장기간 당뇨증에 노출되고 있는 환자에게 위험한 건, 저혈당 쇼크다. 언제나 응급 식량을 준비하고 다녀야 한다. 고구마는 너무 달고, 감자는 전분이 충만해 당뇨에 별로다. 감자와 고구마 그 중간 맛의 '바따타' 는 오래전부터 비상식량으로 내 사랑을 받고 있는 뿌리채소 중 하나다. 그냥 삶든가, 오븐에 구우면 그만이다. 어떤 소스를 사용한다면 더 맛은 있겠지만, 그냥 먹어도 아무 손색이 없다. 아니, 맛이 있다.

새해가 되었고 겨울은 깊어 가고 있다. 자칫 먹거리의 균형이 깨어지고 온갖 바이러스는 창궐한다. 그 바이러스를 이겨낼 면역성을 키워야 하는데, 건강식 소문만 쫓아 섭취하다가는 오히려 건강을 해칠 수도 있다는 이야기다. 이곳 이민의 현장은 다양한 인종만큼 이민자의 먹거리도 너무나 색다른 것으로 넘쳐나고 풍부하다. 김치, 밥, 된장이 아니면 안 된다는 고정관념에서 자유로워지자는 말이다. 뿌리들로 김치를 담글 수도 있고 한식에 접목시킬 레시피를 만들 수도 있다.

야채, 운동, 물은 건강의 보약이다. 의학은 물론이고 건강 붐을 일으키는 모든 이들의 한결같은 외침이다. 그런데 난 "야채는, 물은, 운동은 '독' 이다", 이렇게 부르짖은 게 아마 수십 년째인 것 같다. 아무도 귀 기울이지 않는다. 무슨 궤변이냐며 이상하게 본다. 궤변? 맞을 수도 있다. 그러나 한 가지만 더 첨부하자면 이렇다. "너한테는 아주 좋은데, 나한테는 아주 나쁘다", "나한테는 아주 좋은데, 너한테는 아주 나쁘다" 이건 아무리 떠들어도 반론을 불식하는 말이다. 골고루 먹고 치우쳐 먹지 않는 것, 이것은 먹거리의 진리이다. 새해, 그리고 깊어 가는 겨울 하늘을 향해 덕담 하나 날려 보낸다.

"그동안 땅 위의 것만 치우쳐서 잡수셨나요? 새해는 땅속에 숨겨진 갈색 뿌리들 곁으로 다가가 몸의 기운을 충전하시고 건강, 또 건강하십시오."

'Stories', 그 이야기

그 이야기는 좀 특별했다. 실은 특별할 것도 이상할 것도 없었는데, 전혀 예상치 못하게 특별했다는 것이다. '손녀와 할미 전시회', 그 타이틀이 그랬다는 것이다. 그 이야기다.

나 스스로 자칭 '익명의 섬에 칩거한 은둔자'라 했던가… 은퇴 후의 삶을 이런 모양새로 살 것이라고는 전혀 상상도 못 했다. 그렇게 계획도, 짐작도 못 했던 '은둔자'의 방에 뜬금없이 초대(?)되었고, 그 익명의 방에 칩거한 지 벌써 10여 년이 되어 가고 있었다. 그럼에도 그 '방'이 좋았고 맘에 들었다. 아니 그 익명을 나름대로 즐기기까지 했으니까.

그랬는데 2~3년 전부터 소위 초대전, 혹은 개인전 주문이 밖으로부터 솔솔 날아와 침묵의 내 방을 흔들기 시작했다. 그때마다 "전시회는 무슨…"이라며 단숨에 일축하곤 했다.

하지만 이상하다. 그 흔드는 말에 어떤 힘이 있는가! 결국 그 말에 흔들림을 당하고 말았다는 사실이다. 그것도 밖이 아니고 안으로부터였으니 할 말이 없다. 말수가 적고 조용한 막내가 일을 터뜨렸다. 막내는 화랑 관장과 몇 차례 밀담을 했노라 했다. '그런가?' 그렇게 무심하게 지나쳤다. 그리고 얼마 후 어느 날, 막내로부터 날아온 전화다.

"엄마 전람회 날짜 잡혔어요. 6월 3일부터 18일까지요."

"…헉??"

순간 숨이 멎는 듯했다. 이건 아니지 않는가? 전람회 준비는 적어도 1~2년을 두고 해도 모자란다고 하는데, 6월은 불과 2개월 남짓한 시간이었다. 불가능한 일이다. 그럼에도 '죽기밖에 더 하랴…' 하며 '막가파' 식으로 그 폭풍 같은 소용돌이에 풍덩 뛰어들었다.

우리 가족은 날벼락을 맞은 듯 비상사태가 되었고, 'D–데이' 카운트다운을 하며 하루하루가 지나갔다. 막내는 전시회 디자인과 총괄적 진행 과정을 담당하여 '매니저' 역할을, 그리고 Grace의 Mom은 재무위원으로… 뭐 그런 식으로 온 가족이 역할을 분담하고 순발력 있게 움직였다.

그러나 문제는 나였다. 이 일을 감당하기엔 나는 너무 늙었고 장애물은 한두 가지가 아니었다. 그림 작업 중에서도 유화(oil paint) 작업은 극심한 노동이다. 특히 나 같은 호흡기 문제아에겐 치명적이다. 나름대로 작업 연도와 주제를 고르기는 우선이었고, 열악한 작업 환경 속에서 매일 8시간 이상 작업에 매달려야 했다. 그랬다. '죽기밖에 더 하랴' 했음에도 죽음 같은 날들을 견뎌내기란 너무 힘들었다. 두렵고 무서웠다. "오, 주여~ 저를 좀 도와주세요!!" 단말마 같은 울부짖음이 작업 공간을 구석구석 메워가고 있었다. 그렇게 죽을힘으로 매달려 있는 사람에게 채찍질이 가해졌다. 전시회 홍보를 위한 작가 소개를 해야 한다는 것이다. 경력, 학력 등 세세하게 길면 길수록 좋단다. 인터뷰까지 준비하란다. '이건 또 뭐야, 화가 아무개 하면 됐지, 뭐가 더 필요한데?' 나는 처음부터 지금까지 화가였노라고… 그러나 내 생각은 한낱 우스개에 불과했다. 화랑 측과 언론이 합세해 아예 몽둥이찜질이다. 어서 그 유명한(?) 경력, 학력 등등을 과해도 좋으니 내놓으란다. 없는 것도 쓸 판에 있는 것 왜 안 쓰냐고 우격다짐이다. 난감했고 화가 났다. 실은 은퇴하면서(62세) 내 살아온 60 평생의 찬란한(?) 경력과 학력을 하나님과 자신 앞에 가차 없이 "쓰레기처럼 폐기 처분합니다" 하고 선포했으며, 그것은 일종의 약속이고 언약인 셈이었다. 그 약속을 파기하라는 것이다. 개인적으로는 불가침의 일이다. 그런데 그 개인적인 것은 통하지 않았다. 우리의 매니저 막내까지 두 손 들고 "엄마 간단히 조금만 양보하세요~ 작가를 홍보해야 한다니까" "그래, 오케이! 개인전 2회, 여류화가회전 10회, 그룹전 20회, 10년 넘어 카운티 아트 쇼에 참가 등" 그랬더니 더 왕왕 덤벼든다. 더, 더, 더 하고 말이다. 아, 또 다른 죽을 맛이다. 할 수 없이 나도 그만큼의 양보 이외는 완강하게 버텼다. 시간은 그렇게 가차 없이 흐르고 전람회는 오픈되었고, 16일간의 전시도 무사히 막을 내렸다.

참, 서두에 '특별한 전시회' 라고 언급했었다. 설명을 더하자면 이렇다. '손녀와 할미의 전시회.' 그 특이한 컨셉과 〈STORIES〉라는 타이틀이 훌륭했다. ‘엄마와 딸’, ‘아빠와 아들’, ‘아내와 남편 부부전’… 평소에 생각 못 했던 아이디어가 특별했다는 것이다. 너도나도 따라 하겠노라고 벌써 술렁거린다. “모두 모두 따라 하세요~”

뉴저지주의 해켄색(Hackensack) 타운은 젊은 날 나의 활동무대였다. 리버사이드 몰(Riverside Mall)의 ‘블루밍데일스’ 백화점과 같은 선상 맞은편 대형 오피스 빌딩 ‘Continental Plaza’가 나의 마지막 일터였고, 은퇴 장소였다. 모처럼 나의 생생한 젊은 날의 활동무대로 다시 돌아가는 듯한 흥분된 시간이었다. 16일간의 전람회는 내게 그 이상도 그 이하도 아닌 ‘Back to the Future’의 의미가 전부였다면 이해가 되겠는지. 내게는 정말 그랬다.

인터넷을 보고, 신문을 보고 달려왔다는 낯선 관람객들…
‘나는 이 그림이, 나는 저 그림이’ 너무나 좋다며 그림을 사랑하는 저들에게, 갈보리의 ’험한 십자가’를 선물하고 싶다. 진심으로… 자 이제는, 휴~ 숨을 고르고 ‘험한 십자가’(Rugged Cross) 작업! 시작이다. “누구나 원하시면 쓩~ 날려 보내려고요!”

그해 여름은…

1998년, 그해 여름은 어느 여름과 같이 뜨거웠고, 짙푸르렀다. 그 여름 한가운데로 혜성과 같은 별똥 한 점이 하늘과 땅을 가르고 날아들었다. 하늘로부터 떨어져 나오는 그 몇만 년의 광년은 아마도 사망이었으리라. 그러나 땅으로 날아든 그 한 '점' 은 생명으로 탄생되었으니 창조주의 오묘한 창작의 비밀을 어찌 사람의 두뇌로 감히 가늠할 수 있을까! 그렇게 신비롭고 놀라운 한 아기가 여름 햇살을 담뿍 머금고 우리 곁으로 날아와 안겼다. 우리 가족에게는 30년 만의 첫아기였고, 나는 '엄마' 에서 '할머니' 라는 호칭으로 승격(?)되는 감격의 순간이었다. "에그, 저 할미 좀 보소. 손주 하나 태어난 걸 갖고 뭘 그리 거창하게까지야~" 하고 놀려도 좋다. 더 크게 부풀려도 모자랄 일이다. '뉴욕 총각' 과 '뉴저지 처녀' 가 만나 사랑을 하고 열매로 받은 첫 선물이었다. 가족들에겐 또 얼마나 크고 큰 축복이었는지… 과하면 좀 어떠하랴. 내게는 그렇다. 원래 손주들 자랑질은 할머니들의 특권이렷다. 각설하고 어서 서둘러 첫 손녀 자랑, 할미의 특권(?)부터 쏟아놓기로 하자.

한글 이름 "김수민", 영어 이름 "Grace Kim". 내가 선물한 이름이다. 가족들이 외할머니의 조심스러운 선물을 거부 반응 없이 환영해 주어 기뻤다. 수민은 태어나면서 남달랐다. 골격이 크고 뚜렷하고 팔다리는 길고 튼실했으며, 양 볼은 포동포동 뽀얗고 진갈색 머리는 이마를 다 덮을 정도로 숱이 다보록했다. 신생아의 특징을 전혀 찾을 수 없는 다 큰 아이 같았다. 남아였다면 아마 장군감이라 했을 터. 여장부 같은 아기의 느낌은 남달랐고, 나는 그 느낌이 좋았다. 아기는 쑥쑥 크게 자랐다.

3살이 되었던 가을 어느 날 기억의 토막이다. "하ㄹ머니~ leaf이 마니 떠러저~ leaf~이 아파…" 가을바람에 우수수 떨어지는 창밖 풍경을 미동도 없이 한참을 바라보던 수민이 안타깝게 울먹이며 뱉어낸 말이다. 3살배기 아이의 말이라니… 이럴 수가, 너무 놀라서 어안이 벙벙했다. 'leaf' 이란 단어를 쓰며 떨어지는 낙엽을 불쌍해하다니… 수민은 그렇게 조용하고 집중력이 강하고 어릴 때부터 자기만의 세계를 만들어가는 아이였다.

그랬다. 수민의 유치원 시절부터의 학교생활은 공부의 뛰어남이었다. 초등 4학년 때 뉴저지주에서 치르는 Window Class(영재반) 시험이 있었다. 수민은 전 학년에서 유일하게 뽑혔고, 고교 졸업 때까지 한 과목도 '윈도우' 에서 벗어난 적이 없다. 실은 수민에게 공부자랑은 자랑도 아니다. 만능 재주꾼, 타고난 예능적 재능은 아주 많이, 무궁무진하다.

그리기, 만들기는 아기 때부터 태생적인 재능이었고, 읽고 글쓰기 역시 어린 시절부터 특별했다. 아, 놀라운 것 한 가지는 바느질이다. 아마도 7~8살부터 바느질, 미싱 돌리기, 게다가 뜨개질까지 시작했으니 기가 찰 일이다. 중학교 때는 수채화, 유화는 물론, 지점토 조각, 합성수지나 전선을 이용한 장식품과 수공예품 만들기는 습관 같은 일상이 되고 있었다. 사이사이로 판타지 소설을 30편이 넘게 써서 탈고하기도 했다.

학년이 올라갈수록 좀 더 구체적인 AP 스튜디오 아트와 3D 디자인 클래스를 학교 안에서 수강하며 패션 계통에 지대한 관심을 갖고 빠져들게 된다. 작년엔 5벌 이상의 옷을 직접 디자인하고 미싱, 바느질까지 완성해 학교 패션쇼에 참가, 최고 작품으로 뽑힌 웨딩 가운은 마지막 무대의 절정을 장식하기도 했다.

그뿐인가, 라틴어는 어원의 뿌리를 찾아서, 히브리어는 성경을 제대로 읽기 위해서, 일어는 일어를 못 하는 일본인 친구를 위해… 언어의 연금술사까지 한몫을 한다. 대학 가면 한국어는 물론, 더 많은 아시아 언어 구사력을 키워나가겠단다. 수민은 해낼 것이라고 나는 믿는다.

창조주가 창작한 세상 모든 존재성을 '토탈 아트' 로 표현하고 싶다는 그녀의 성숙된 꿈을 이루는, 말 그대로 야망 찬, 진정한 아티스트가 될 것 또한 믿는다.

그리고 18년 후 지금, 그해의 여름을 등에 업고, 2016년 이해의 뜨거운 여름에는 '수민 Grace' 의 찬란한 여름 축제가 줄을 잇고 있었다. 6월 초부터 16일간은 할머니와의 2인전, 첫 전시회를 외부 정식 화랑에서 성황리에 마쳤다. 그 사이사이로 프롬 파티며 각종 프로젝트에 참가하느라 신들린 사람같이 신나게 뛰어다니고…

그리고 6월 23일은 수민의 'Wayne Hills High School' 졸업식이었다. 졸업생 300명 중 상이란 상은 전부 휩쓸어버린 수민의 업적(?) 앞에 우리 모두는 박수도 잊은 채 그저 먹먹히 눈시울을 적실 뿐이었다. "저는 수민으로부터 공부라는 단어로 누릴 걸 전부 다 누렸어요." 졸업식장을 나서며 했던 수민 엄마의 말이었다.

그리고 뜨거운 7월은, 자신의 둥지를 떠나야 할 뜻깊은 생일 파티와 졸업 파티가 분리의 미학을 노래하듯 하면서 우리들을 또 한 번, 아니 자주 뭉클거리게 했다.

이제 8월, 김수민은 간다. 그녀의 꿈의 세계로 떠날 것이다. 그녀의 꿈만일까? 우리들 모두에게 더 깊고 넓은 꿈을 위하는 것이기도 하다.

'성공' 이란 단어와 '유명' 이란 단어를 이 할미는 제일 싫어했단다. 그냥, 네가 좋아하는 길로, 옆길로 기웃거림 없이 그 길을 올곧게 가기만 하면 어느새 그 길의 끝은 아름답게 채색되어 있지 않을까! 그렇게 그냥 가자꾸나. 수민아! 그 길을…' (이 말은 내 아들이 떠날 때 했던 말이기도 하다.)

'갈가지' 가 좋다

"마이클 스트라헨"(Michael Strahan), 나는 그를 좋아한다. 아니 흔한 말로 열혈 팬이 되었다. 그의 팬이 된 이유인즉, 이랬다.

그는 '앞니 빠진 갈가지' 다. '앞니 빠진 갈가지' 이기 때문에 팬이 되었다면 좀 이상한 걸까? 하지만 이건 진심이다. 마이클이 뉴욕 자이언츠 풋볼 선수였던 시절엔 그냥 두각을 나타내는 우수한 선수려니 했었다. 그런데 그가 선수 생활을 접고 그다음 행보에 내가 흥미진진한 관심을 갖게 되었다는 이야기다.

'리지스 & 켈리' (Regis & Kelly)의 '리지스' 는 TV 토크쇼의 일인자다. '리지스' 가 평생 자기 이름을 걸고 해온 토크쇼에서 은퇴할 때, 그의 자리를 대신할 기라성 같은 방송인들이 대거 물망에 올랐었다. 그 안에 풋볼 선수 마이클이 있었는데, 대중적인 쇼답게 재미를 더하면서, 몇 차례 후보들이 차례차례 좁혀지며 최종적으로 선정된 '리지스' 자리의 합격자가 바로 '마이클' 이었다.

그렇게 '켈리 & 마이클' 토크쇼가 ABC 아침 방송을 후끈하게 달구며 시작됐다. 마이클이 운동선수였던 때와 달리, 토크쇼의 주인공이 됐을 때 난 그의 텅 빈 '앞니' 가 눈에 거슬렸다. "아니 앞니를 교정하고 나오지 저게 뭐야, 돈도 많은 사람이…" 그랬었다. 그런데 그게 아니다. 마이클은 거침없이 그 텅 빈 치아를 활짝 드러내며 파안대소하고, 천진난만한 소년의 모습으로 쇼를 이끌어가는 것이었다. 그의 표정, 몸짓, 동작, 모두가 아주 자연스럽다. 인위적인 구석이 전혀 없다. 게다가 유머러스하고, 위트가 넘치고, 당당하다. 어느새 그의 텅 빈 앞니의 흉함은 스르르 보이지 않게 되어가고 있었다. 아니, '앞니 빠진 갈가지' 가 오히려 그의 매력 포인트가 되고 있었다.

196cm 키에 거구인 마이클과 켈리가 아침마다 언밸런스 모양새로 리듬에 맞춰 '단다다단~~' 몸을 흔들며 토크쇼 장소로 입장할 때, 방청객 청중들은 들썩들썩 마이클을 향해 환호하고, 나 같은 시청자 팬들도 그의 '갈가지' 에 푹 빠져들게 된다. 작년 어느 때부터인가 그는 ABC 앵커 자리까지 넘나들며 지경을 넓혀 가고 있다. 앵커들이 누구인가? 저들은 또 다른 연예인들이다. 한결같이 성형의 흔적으로 세련되고 우아함의 극치를 코디하는 사람들이다. 그 화려한 앵커의 무대에 마이클은 순수함과 있는 그대로의 모습으로, 신선한 바람을 일으키며 종횡무진 활약하고 있다. 자기의 가장 단점인 치부' 를 '트레이드마크' 로, 그리고 장점으로 쓸 줄 아는 마이클의 생각이야말로 '창조적'이지 않는가! 그의 ' 갈가지' 매력은 아마도 거침없이 롱런할 것이다. 마이클, 만만세다!!

한국의 영상 화면이 저절로 떠오른다. '한류' ? 긍정적이다. 아니 좋은 현상이다. 그런데 다른 나라들이 무엇 때문에 한류 그룹에 열광하는 것일까, 그것도 한번 생각해 볼 일이다. 아무도 하지 않는 '바비

인형' 놀음 때문이 아닐까. 모두를 저렇게 양심 없이 똑같이 만들어 낼 수는 없다. 눈, 코, 입, 턱, 심지어는 다리 길이까지… 새파란 청년들을 바비 인형으로, 인조인간으로 만들어 수출 품목으로 내놓았다고 한다면 너무 심한 말일까? 한류라는 것은 '똑같음'의 희귀성 때문에 세계 사람들이 열광하는 것이 아닐까 하는 지극히 개인적 생각이다. 세계 어느 나라도 사람을 그렇게 똑같게 만들지는 않으니까 말이다.

이런 말은 좀 그런데 학창 시절 해부학을 기웃거린 덕분에, 나는 남녀노소 누구든 딱 만나면 인체의 비대칭이 한눈에 다 들어온다. 게다가 남들은 눈치채지 못하는 성형 부위까지 내 눈으로 다 읽힌다. 별로 좋은 일은 아닌데 어쩔 도리가 없다. 그래서인가, 나는 한국의 '같음' 문화에 더 민감한 것 같다. 난 '아이돌' 아이들이 참 불쌍하고 안쓰럽고 측은하다. 저들이 나만큼의 나이가 들면, 만들어진 저 몸들은 어찌 될 것인가? 상상하기조차 두렵다.

양악 수술에 대해 한마디만 더 짚고 넘어가자. 실은 서구인들은 광대뼈가 약간 솟고, 턱뼈가 발달하고, 눈은 너무 깊고 깊숙하지 않은 것을 좋아하며 콧대가 높은 걸 싫어한다. 그런데 한국은 완전히 그 반대로 만들기가 초점이고 중점이다. 성형외과 의사들이 세계적인 미적 요소들을 더 많이 배워서 '같음'이 아니고 '다름'의 매력으로 개선하는 데 앞장을 서 줄 수는 없을까? 한류 붐을 일으킨다는 한국 성형에 그런 바람을 갖는다면 무리한 일일까… 울퉁불퉁하게 개성 있게 살아간다면 더 신나고 살맛나는 세상일 텐데 말이다.

'수아'의 피아노 레슨

음악 애호가였다. 나는 오랫동안 숨은 듯이 음악인들을 위한 후원자 역할을 했었다. 음악인들 대부분 겉으로 보기엔 화려한 듯, 특별하게 보인다. 그러나 저들의 중에는 경제적으로 힘들고 정신적으로 갈등하고 정체성 문제로 고통받는 이들이 맨해튼을 중심으로 동부 지역 어디든 산재해 있었다. 사랑하는 마음은 소리 없이 파장의 기운을 일으킨다고 했던가, 내 주위로 아프고 힘든 저들이 살금살금 모여들었다. 그러나 그 안에 아름다운 사연만 있었을까…. 씁쓸하고 외면하고 싶은 기억들도 있었다. 바로 그 이야기다.

지인의 부탁으로 '수아' 학생을 호스트해 주기로 한 날이다. 수아는 12학년, J 음대 예비학교 학생이다. J 음대 피아노과를 목표로 피아노 레슨에 총력을 기울이고 있는 입시생이다. 지인의 말에 의하면 수아는 세계적인 유명 피아니스트인 J 음대 S 교수로부터 오랫동안 레슨을 받아온 수제자라고 했다. 덕분에 유명한 피아니스트를 만나는 날이 된 셈이었다.

뉴욕 브롱크스(Bronx)의 부유층 타운, 럭셔리한 고급 아파트에 도착했다. 도어맨 룸도, 도어맨 옷차림도, 너무 화려해 주눅이 다 들었다.

그의 안내를 받고 금빛 도금으로 번쩍이는 엘리베이터를 타고 12층에서 내렸다. 이름하여 펜트하우스… B-18호, 차르르 벨소리도 음악이다. 자동으로 아파트 문이 스르르 열렸다. 현관으로 들어섰다. 재스민 향기가 코끝으로 훅 스며들었다. 눈이 휘둥그레질 정도로 넓디넓은 리빙룸이 한눈에 위압적으로 다가왔다. 고가로 보이는 두 대의 그랜드 피아노와 현란한 꽃무늬의 12인용 응접세트까지 더블로 놓여있었음에도 리빙룸 공간은 광활하다고 할 정도로 넓었다. 잠시 후 그 유명한 S 교수가 현란한 몸짓으로 나타나 내 손을 꼭 잡으며 반겼다. 선 채로 통성명을 마치고 그녀가 이끄는 자리에 앉았다. 그랬는데 조명이 환하게 변하며 실내의 전경이 비쳐 들어오기 시작했다. 그때서야 조명까지 자동으로 차례차례 밝아지는 시스템이라는 걸 감지할 수 있었다. 촌사람이 따로 없었다. S 교수는 차를 내오고 레슨이 끝날 때까지 기다리는 동안 보라며 화집 몇 권을 놓고는 수아를 데리고 피아노 앞으로 갔다. 나는 차를 들고 찬찬히 실내를 다시 둘러보았다.

아니, 이게 다 뭐야? 한 아름보다 더 큰 청동화로가, 사람 키만 한 진품 같은 고려청자(?)가, 크고 작은 신라 토기들이, 그리고 이름 모를 이조 도자기들이 유리 상자 속에 즐비하게 장식되어 거실 공간을 빙 둘러 진열되고 있었다. 그뿐인가, 옻칠이 잘된 고가구들, 자개장 문갑들, 심지어는 수십 개의 작은 서랍이 달린 한약재 장까지 있었다. 벽에는 산수화를 비롯해 모란이 가득한 채색 한국화와 60호가 넘을 만한 크기의 고전 풍속도가 걸려 있는가 하면, 수묵화로 멋들어지게 난을 쳐서 만든 열두 폭 병풍과 파스텔 채색으로 현대적 기교를 살린 기법의 자수로 수 놓은 매란국죽 병풍이 도자기들을 감싸고 벽에 단정하게 쳐져 있었다. 완전히 박물관이 따로 없는 풍경이다. 그런데 오늘의 하이라이트는 따로 있었다. 아늑한 코너 반닫이형 고가구 위에, 은은한 분위기의 네모난 유리 상자가 눈에 들어왔다. 가만가만 조심스레 앞으로 다가섰다. 그랬는데 조명이 활짝 밝아지며 상자를 감싸고 있는 넝쿨 이파리들이 소리치듯 화들짝 한 번에 잎을 벌리는 게 아닌가. 투명한 조명을 받고 자태를 드러낸 유리 상자 안에는 너무나 우아하고 단아한 분청사기(?) 도자기 한 점이 다소곳하게 모습을 드러내고 있었다. 그 신비로운 도자기 앞에서 나는 넋이 나간 듯 한참을 서 있었다. 어느새 S 교수가 내 뒤에 와 있었다. 그리고 속삭이듯 말했다.

"당신은 저 도자기를 아는 듯 싶군요."라며 내 눈을 지그시 응시하는 게 아닌가! 다른 의미가 있듯이…. 그녀가 다시 속삭인다. 저 도자기는 한국의 국보 XX호라고, 그래서 보물이라고…. '그 말을 믿어도 되는 건가?' 순간 그랬다. 그녀는 내 팔을 이끌고 소파에 마주하고 앉았다. 수아에게 연습 시간을 주고, 아마도 그녀는 나와 수다를 떨고 싶었던가 보다. 마주한 그녀는 짙은 화장에 넘실거리는 긴 머리와 화려한 드레스로 한껏 멋을 냈지만, 환갑은 훨씬 넘어 보이는 할머니 모습이었다. 내가 물었다. "당신은 혹시 골동품 수집하는 게 취미인가" 하고. 그녀가 입을 크게 벌려 웃으며 어깨를 들썩거리며 대답했다. 여기 있는 모든 도자기와 그림들은 거의 진품들이고 다락방엔 한국 고전 민예품들이 수두룩하단다. 여기 진열품은 모두는 한국인들의 선물이라고… 명화 감상을 즐긴다고 하면 이렇게 산같이 명화집이 쌓이게 되고, 액세서리를 좋아한다고 하면 값비싼 패물들이 철 따라 들어오고, "무엇이 필요한데…" 말을 흘리기만 해도 카드 속에 백화점 선물권이 절로 들어오고, 한국 음식은 신물이 날 정도라 이젠 사절이란다. 한국 사람들은 정이 많고 친절해 자신이 제일 좋아하는 사람들이라나. 완전히 비웃는 듯한 뉘앙스다.

그녀는 세계적인 연주가로 명성을 떨치던 피아니스트였다. 그런데 지금은 한낱 음대 입시생 개인교수로 주저앉아 철저한 '꾼'으로 변모하고 말았다.

할 말을 잃었다. 그러나 어찌 감히 그녀에게로 돌을 던질 수 있을까. 나는 부끄러움 때문에 얼굴이 붉어지고 가슴이 뛰었다.

레슨을 마친 수아를 데리고 서둘러 나오는데, 수아는 주춤하더니 봉투 하나를 얌전하게 피아노 위에 놓고 나온다. 밖으로 나오니 겨우 숨통이 트이는 듯했다. 차 안에서 수아에게 무심하게 말을 걸었다.

"수아야, 아까 봉투를 놓고 나오던데 올 때마다 레슨비를 드리는 거니?"

"아녜요, 레슨비는 엄마가 한국에서 직접 선생님께 온라인으로 지불해요."

"그럼 아까 봉투는?"

"아, 엄마가 선생님께 따로 드리라고 해서요, 자주 그렇게 드리는 거예요."

"왜…?"

그만두자. 조지 워싱턴 브릿지(George Washington Bridge)를 건너는데, 짙푸른 허드슨강은 오늘따라 유난히 깊고 무섭게 거친 물결이 일렁이고 있었다. 예술이란 무엇인가, 인생은 짧고 예술은 길다고 했던가… 누가~~?

'안녕하세요' 그 한마디

뉴저지 P타운 브로드웨이는 뉴저지 한인촌이다. 20년 전 업스테이트 뉴욕의 친지 한 분이 P타운을 방문하고는, "야~ 여긴 진짜 미국 같은데!" 그렇게 감탄했던, 전형적인 미국형 소도시였다.

그랬던 P타운이 한인촌으로 형성된 것은 놀랍고 경이로운 한인들의 업적이라 할 수 있겠다. 거리엔 어디든 한국 사람들의 활기찬 발걸음이 있고 한국 간판이 즐비하게 상가를 이루고 있다. 한국 식당은 물론 떡집, 빵집, 책방, 옷가게, 화장품 가게, 닥터 오피스 등 없는 게 없다.

한국 사람은 고사하고 아시아인조차 별로 없는 뉴저지주 서남쪽 지역에 살고 있는 나는, P타운으로 외출하는 날이면 가슴이 다 설레곤 한다. 볼일을 끝낸 후 한인타운을 어슬렁어슬렁 배회하는 즐거움은 오랜만에 느낄 수 있는 고향 같은 편안함, 그리고 향수마저 만끽할 수 있으니 그 아니 좋으랴. 그러나 집으로 돌아가는 시간은 매번 씁쓸한 불쾌감에 휩싸이는 일이 되풀이되는 것은, 참… 그렇다. 오늘도 예외는 아니었다.

갈 때마다 꼭 들르는 작은 한국 마켓도 그곳에 있다. 걸어 다닐 수 있는 한인 주민들 상대로 하는 동네 가게라고 할 수 있겠다. 정다운 장소가 아니겠는가. 필요한 시장을 보기엔 안성맞춤이다.

안녕하세요? 손님인 나는 어김없이 인사하며 가게 문을 열고 들어간다. 그러나 주인은 손님을 쳐다보는 법도 없고, 눈길조차 보내오지 않는다. 무슨 상관이랴, 난 갈 때마다 꼬박꼬박 '안녕하세요' 하고 인사를 한다. 그 가게 주인은 젊은 부부와 어느 쪽 엄마인지 모르지만, 중년을 넘은 아주머니, 그렇게 가족 단위로 운영하는 가게다. 세 명의 주인들은 손님을 대하는 태도가 마치 '웬수'를 만난 듯한 험한 표정에 불친절하기까지 하다. 그렇게 언제나 한결같기도 어렵겠다 싶을 정도다. 워낙 대형 마켓에 밀려 장사가 안돼서 그러려니 하면서, 뭐 하나라도 더 팔아주고 싶은 마음으로 그곳을 찾게 되는지도 모르겠다. 두부, 콩나물, 고구마… 그런 것들을 장바구니에 담고 있는데 프런트에서 팽하니 큰소리가 났다. "아침부터 퇴짜나 놓는 사람에겐 배추 안 팔아요!" 가게 주인이 손님에게 하는 말이다. "아니 배추 두 포기에 18불이라니 좀 비싸다고 말한 것뿐인데…." 손님은 오히려 주눅이 들어 겨우 기어드는 목소리를 내고 있었다. 초로의 할머니였다. 그럼에도 손님은 "그냥 주세요…" 하고는 주머니에서 돈을 꺼내 든다. "글쎄 안 판다니까요" 저럴 수는 없다. 나는 화가 치밀었다. 그 장면에 끼어들어야만 했다. 그럼에도 아서라, 말아라, 그러고는 주먹을 꼭 쥔 채 장바구니를 동댕이치고 나는 가게 문을 나섰다. 문을 나서니 소나기가 요란하게 쏟아지고 있었다. 한인타운을 즐길 마음은 애저녁에 몽땅 날아가고 말았다.

서둘러 집으로 차를 몰았다. 뽀얀 물보라가 흩뿌려지는 하이웨이를 달리는데 마음이 그리 처연할 수가 없었다. 왜일까, 왜 그럴까, '안녕하세요' 그 한마디가 뭐가 그리 어렵단 말인가. 비록 조금 전의 마켓에서 목격한 풍경뿐만 아니다. 한인타운의 거리에도, 상점에서도, 한국 사람을 만나면 쓰윽 외면하는 게 예의처럼 되어있다. '안녕하세요' 그 한마디는 어디에서든 부재중이다. 심지어는 교회 안에서도 마찬가지다. 친한 사람들과는 죽고 못 살듯 살갑지만, 그렇지 않은 사이는 가벼운 목례에조차 인색하다. 교회 안에도 '안녕하세요' 그 정다운 인사말을 듣기 어렵기는 마찬가지다. "난 쑥스러워 '안녕하세요' 하고 인사하는 건 죽어도 못 하겠다니깐…" 의외로 우리 주변에 그런 사람들이 너무 많이 있다. 어디서부터 잘못된 것인지 생각 좀 해 볼 일이다.

내가 사랑하는 1.5세 젊은 부부가 있다. 그들에게는 아들딸이 있는데, 아기들이 말을 배우기 시작하면서부터 '안녕하세요'를 가르쳤다. 그뿐만 아니라 식탁 앞에서는 '잘 먹겠습니다', 밥을 다 먹은 후엔 '잘 먹었습니다', 그리고는 자기가 먹은 접시들과 수저는 꼭 싱크대에 스스로 갖다 놓게 했으니, 젊은 엄마아빠의 지극한 가정교육이다. 그리고 그런 인사법은 꼭 한국말로 가르쳤다. 지금은 한국말을 잘 못 하는 초등학생으로 커버린 두 아이지만, 그 인사법만큼은 한국말로 어김없이 한국 사람들 앞에서 사용하고 있다. 아이들은 아마도 평생을 그 인사법을 사용할 것이라고 나는 믿는다. 아예 몸에 습관처럼 자연스럽게 배어 버렸으니까.

'안녕하세요', '감사합니다', '날씨가 참 좋군요', '실례했습니다', '미안합니다', 그렇게 말 좀 하고 살자.

한국 사람은 물론 미국인, 외국인, 모두에게 말이다. 낯선 사람들과 눈이 마주칠 때 가벼운 미소를, 아니면 '안녕하세요' 하고 입술을 열어보자. 그 한마디가 하루의 일상을 활력 있게 바꾸어 놓을 테니까. 이건 정말이다.

……'길'

내가 가는 이 길이 어디로 가는지/ 그곳은 어딘지 알 수 없지만 / 오늘도 난 걸어가고 있네/

나는 왜 이 길에 서 있나 이게 정말 나의 길인가/ 이 길의 끝에서 내 꿈은 이뤄질까/

무엇이 내게 정말 기쁨을 주는지 돈인지 명옌지/ 내가 사랑하는 사람들인지 알고 싶지만/

알고 싶지만/ 아직도 난 답을 내릴 수 없네/ 자신 있게 나의 길이라고 말하고 싶고/

그렇게 믿고 돌아보지 않고/ 걷고 싶지만 걷고 싶지만/ 아직도 나는 자신이 없네/

나는 왜 이 길에 서 있나 이게 정말 나의 길인가/ 이 길의 끝에서 내 꿈은 이뤄질까…

언제부터인가, 나는 god의 〈길〉이란 노래에 완전하게 사로잡혀 있다. 아예 시간을 내 한국 책방에 들러 몰래 CD까지 샀다. 그리고는 자동차 안의 CD 플레이어에 꽂아 놓고 이 곡만 주야장천 반복해 듣고 있다. 기가 막히게 좋다. 그러다 어느 날 그만 막내에게 들키고 말았다.

"아니, 엄마가 god CD를 다 사시다니… 정말 우리 엄만 못 말린다니깐, 진짜 못 말려요~" 막내는 끈질기게 나를 놀려대고 있다. 무슨 상관~ 그까짓 놀림쯤 뭐 그리 대수랴!

"나는 왜 이 길에 서 있나/ 이게 정말 나의 길인가~" 쥐어짜듯 흐느끼는 듯한 고혹적인 고음 저편으로 '타…ㄱ 타…ㄱ' 타악기의 두드림은 호소하듯 가슴으로 파고든다. 그러면 어느새 아련히 떠오르는 기억들이 머릿속 영상으로 오버랩되는 묘미까지 더해지니, 이 노래에 푹 빠질 수밖에… 그래서 더 좋다.

안소니 퀸과 줄리에타 마시나 주연의 〈길(La Strada)〉이란 영화가 있었다. 흑백 화면으로 끝 간 데 없이 펼쳐지는 철길 위로 천사 같은 '젤소미나'(줄리에타 마시나)는 작은 드럼 보퉁이를 가슴에 안고 험상궂은 '안소니 퀸'의 뒤를 하염없이 따라가고 있다. 작열하는 태양은 철길 위에 뽀얗게 녹아내리고 "오~ 젤소미나…." 철길 위로 구슬픈 배경음악이 분수같이 쏟아지는데, 화면은 클로즈업되며 천천히 눈앞을 다 막아버리고 만다. 그 무상한 장면이 뺨을 눈물범벅이 되게 했으니 분명코, 예술적 농도가 짙은 멋진 영화가 아니었나 하는 기억이다.

청년 시절, 철학에 심취해 객기를 부릴 때였다. '길'이란 화두를 붙잡고, 캄캄한 번뇌의 굴속에 갇혀 몸부림치던 기억도 아스라하게 떠오르는 건 '길'과 무관하지 않으리…

새댁 시절, 층층시하 모진 시집살이로 비틀거릴 때였다. "나는

'길' 이요, 생명이니…" 그 생명의 '길' 의 이정표가 없었다면 '집으로 향하는 길' 에 넘어지고 쓰러져 다시는 일어날 수 없었으리라.

'길' 이란 가늠할 수 없는 심오한 '진리' 를 품고 있다면 너무 과한 표현일까. 그러나 지금은 좀 과하고 싶은 심정이다.

얼마 전에 한국에서 한 조카가 날아왔다. 선교의 부름을 받았노라고, 아무 계획도 없이 무작정 나만 믿고 왔다는 것이다. 그렇게 황당할 수가 없었다. 그럼에도 어디 그 '길' 을 가 보기로 하고, 서둘러 C 교회 선교사 훈련팀에 합류시켜 반년 동안 집중적인 훈련을 받게 했다. 드디어 C 교회로부터 선교사 임명을 받고 선교지 '온두라스' 로 그는 홀로 표표히 떠나고 말았던 것이다. 가시밭길로 떠나보낸 조카는 시도 때도 없이 내 가슴에 가시같이 걸려들었다. 정말 그 '길' 이 조카의 길이었을까, 과연 그 길에서 그의 꿈은 이뤄질 수 있을까?

"고모, 내가 너무 힘들고 견디기 어려울 때 피해 갈 수 있는 '길' 이 내게 있을까요?" 그의 편지는 그렇게 시작되고 있었다.
사람 목숨을 파리처럼 여기는 무법천지의 땅, 물이 없어 어릴 때부터 물 대신 콜라를 먹고 사는 땅… 어제는 콜라에 밥을 말아 먹었단다….
조카의 선교지 온두라스는 그랬다.

내가 편히 먹고 자고 문명을 누리며 이렇게 살아도 되는 걸까. 자주 멍하니 허공을 쳐다보는 버릇이 새로 생겼다. 자신 있게 나의 길이라고 걸어온 나의 길, 그리고 자신 있게 자신의 길이라고 떠난 조카의 그 험난한 길, 우리는 과연 후회 없이 나의 길을 달려갔노라고 당당하게 말을 할 수 있을까.

“자신 있게 나의 길이라고 말하고 싶고/ 그렇게 믿고 돌아보지 않고/ 걷고 싶지만 아직도 나는 자신이 없네/ 나는 왜 이 길에 서 있나 이게 정말 나의 길인가/ 이 길의 끝에서 내 꿈은 이뤄질까…”

듣고 또 들어서 싫증 나 CD를 버릴 때까지 god의 CD는 내 곁에 얌전히 붙박이로 있을 것이다. 나의 ‘길’, 이제는 마감해야 할 그 ‘길’을 꿈꾸고 환상해야겠다. 뒷길도 앞길도 더 깊은 눈으로 바라보면서 말이다.

바람을 타고

바람을 타고

추억은 화살같이 날아듭니다

어둠에 묻힌 적막한 익명의 섬으로 날아들었습니다

공룡을 닮은 낯선 외계인은 자기만큼 한 아름드리 큰 상자를 놓고 갑니다

크고 큰 상자는 추억 시간이었고 슬픔이고 눈물 같은 아름다움이었습니다

바람을 타고

날아든 상자 안에는 몸부림 같은 소리가 있습니다

나요, 나부터 만나 달라는 바스락 소리 아우성은 가없이 요동을 칩니다

초코파이/ 사브레/ 빠다코코낫/ 빈츠/ 후렌치파이/ 약과/ 별뽀빠이/ 밀크캐러멜/

이들의 이름을 하나하나 떨림 같은 전율로 애무하며 품에 안고 부르고 또 부릅니다

숨이 멎은 듯 가슴은 콩콩 뛰고 어디라 메아리치는 판타지아를, 울

림의 나래를 펼칩니다

바람을 타고

저들은 그렇게 시간 속으로 날아들었습니다

태평양 대서양 끝 간 데 없는 광활한 우주의 타임머신을 타고 온 저들입니다

학교 종이 땡땡땡 그 길에도 참 아름다워라 주일학교에도 우리들의 껌딱지였습니다

동구 밖 과수원 길 그 사춘기를 정의로운 화살 같은 청년기를 솜처럼 유연함을 주었습니다

날아든 보석 같은 추억 시간은 고독한 그리움으로 영원 속으로 다시 비상할 채비를 합니다

바람을 타고

추억 시간들의 저들은 시편의 목자가 되어 날아들고 다시 날기를 원합니다

푸른 초장으로 쉴 만한 냇가로 잔잔한 강가로 영원한 본향으로 목자는 우리를 인도하십니다

바람을 타고

맨해튼의 '조선 황실 공주'

며칠 전, 무조건 참석해야 한다던 윤 박사님 전화가 생각났다. 그날이 오늘이다. 그리고 오늘은 '헤럴드 캠핑' 목사가 1차 지구 종말을 선언한 날이기도 하다. 하늘은 수상쩍은 징조 한 가닥 비치지 않은 5월의 청명한 날이다. 장대비라도 쏟아지거나, 천둥 번개라도 친다면 그럴듯한 긴장감을 불러일으키기라도 할 텐데, 하늘은 투명하기만 하다. 내키지는 않았으나 채비를 하고 길을 나섰다. 하이웨이로 한 시간 가까이 달려야 하는 거리도 그렇고, 부실한 몸도 부담이 되니 흔쾌한 걸음이 아닐 수밖에 없었다. 그러나 어쩌겠는가, 약속을 어길 만한 핑계가 별 볼 일 없으니 가야만 했다.

겨우 시간에 맞춰 도착한 잉글우드(NJ)의 FGS 강단, 벌써 사람들로 강의실 절반이 넘게 차 있었다. 안내하는 분에게 브로슈어를 받아 펴 들었다.

〈KCC 오픈강좌 "황실을 말한다", 이해경 공주님 - 조선 황실의 마지막 산증인〉이라는 타이틀을 읽으며, '쿵' 하고 둔기로 뒤통수를 한 대 얻어맞은 듯한 느낌이 들었다. 이 밝은 세상에 웬 '맨해튼 공주'? 그것도 이 미국 땅에서… 이럴 수가 있는가 싶었다. 주제가 너무나 흥미롭고 놀라웠다. 마지막 공주의 생존은 우리의 '근대사' 도 아닌 바로 '현대사' 가 아닌가.

아무런 사전 귀띔도 없이 무조건 참석해야 한다던 윤 박사의 의도를 그제야 짐작하고 남았다. 앞자리에서 뒤를 돌아다본 윤 박사와 눈인사를 하는데, 그녀가 찡긋 윙크를 보내왔다. 그녀의 윙크는 모든 걸 설명해 주는 듯, 그것으로 훈훈한 마음밭이 되고 강의를 청취할 준비 완료인 셈이 되었다.

청일 전쟁과 러일 전쟁에서 승전한 일본의 당당한 기세는 하늘을 찌를 듯했을 것이다. 청나라의 비호를 받고 있던 대한제국(청나라가 허락한 명칭)은 당연히 허울뿐인 약세로 몰리게 되었다.

승전한 일본이 조선을 단숨에 침략하고 식민지화하는 것은 일도 아니었으리라. 일본의 식민지 정책 첫 번째가 '조선 황실' 을 무너뜨리는 일이었다. 황궁을 점령하고 황족들을 모조리 일본으로 끌고 가 평민으로 만들고, 일본인과 정략결혼을 시켰으며, 심지어는 황가의 어린 후손들을 친척 집으로 입양시키거나 사생아로 처리하기까지 했다. 황궁을 떠난 황손들은 비참한 서민으로 살아야 했다. 특히 남자 황손들은 전혀 자립해서 살아갈 방법을 몰랐기 때문에 더 힘든 삶을 살 수밖에 없었다. 그렇게 무참하게 당해야 했던 조선의 마지막 황제는 '고종 황제' 계열이었다.

한정된 시간에 마지막 황제의 역사를 다 읊을 수는 없겠다. 오늘의 강의 내용은 당연히 현존하는 '맨해튼의 마지막 공주' 의 증인 된 목소리로 함축할 수밖에 없었을 것이다.

고종 황제의 다섯 번째 아들 '의친왕(이강)' 의 다섯째 딸로 태어난 '이해경 공주' (아들딸 합쳐서 13번째)의 생생한 목소리를 들어보기로 한다.

1930년생, 방년(?) 82세의 이해경 공주. 공주는 뉴욕 맨해튼에서 54년째 살고 있는 진짜 뉴요커이자 음악(성악)을 전공한 예술가이다. 30년 넘게 컬럼비아대학 도서관에서 사서(librarian)로 일했으며, 은퇴 후 시니어 합창 지도와 마지막 황실을 알리는 일에 시간을 할애하고 있다. 결혼할 뻔했는데 어쩌다 독신으로 평생 살게 되었노라고, 지금이라도 기회가 주어진다면 결혼할 수 있다고 조크를 던지며 강의를 시작하는 노익장의 모습은 단아하고 은은하고 아름다웠다.

그녀는 한국의 마지막 궁궐에서 K여고를 다녔다. 등하교는 궁에서 자동차로 오갔으며, 점심 식사를 학교 별실 숙직실에서 따로 먹었으며, 방과 후에 친구들과 자유롭게 어울려 놀 수도 없었다. 정해진 시간에 궁으로 돌아가야 하는, 짜이고 구별된 일정 안에 있어야만 했다. 평범한 친구들이 얼마나 부러웠을까. 어느 하루, 공주의 사춘기 여고 시절 일탈의 일화는 이랬다. 마음먹고 그날은 학교가 끝나자마자 단짝 친구 집으로 잠적해 들어가고 말았다. 친구와 시간 가는 줄도 모른 채 재미있게 놀았다. 늦도록 궁으로 돌아가지 못한 일로 황궁이 발칵 뒤집혔다. 죄인처럼 끌려 입궐한 공주에게는 엄혹한 궁 법도에 따라 처벌을 받아야 했다. 그러나 평소 공주를 살뜰하게 아껴주는 '지밀 어머니' (의친왕비, 마지막 왕비)가 그녀를 감싸주어 가벼운 처벌로 넘어가게 되었다. 지밀 어머니의 각별한 사랑을 받은 이해경 공주는 그 후 의친왕과 왕비 사이에 장녀로 호적에 등재되는 '진짜 공주'가 되었다. K여고를 마치고 E 여대 성악과를 졸업했을 때는 식민지하의 왕손으로서 삶을 살아내기가 그리 순탄치 않았다. 그때 어렵게 미국 유학길이 열렸으며, 텍사스에서 다시 음악 공부를 마치게 된다.

간단하게라도 그녀의 부친, '의친왕'을 언급하지 않을 수 없다. 의친왕 형제들은(영친왕, 순종, 적혜옹주 등) 자녀들이 없거나 번창하지 못했지만, 의친왕은 열 명 가까이 되는 부인에게서 22명의 자녀를 생산했다. 의친왕은 한량 중의 한량이었다. 일본은 의친왕의 객기 부리는 특별한 성정을 골치 아파할 정도였으니까. 강제로 일본으로 끌고 가면 일본 앞에선 '네, 네', 납작 엎드리고, 저들이 좀 누그러질 만하면 다시 숨은 듯 조선으로 탈출하기를 여러 번 반복하곤 했다. 일본도 어쩔 수 없이 의친왕만은 '아웃사이더' 취급을 할 수밖에 없었다는 것이다. 그는 탈출하듯 미국 유학길에 오르고, 김규식 박사 등 당시의 유학파들과 지속적으로 독립운동을 지하 운동처럼 맹렬하게 했다. 그 기록들을 콜롬비아 도서관에서 이해경 공주가 사서로 일할 때 찾아냈다. 공주는 평소 아버지 부친에게 품었던 원망과 반감이 많았었는데, 의친왕의 기록을 통해 부친을 이해하게 되고, 화해하게 되었다고 했다.

'마지막 구황실의 배경', '일제시대의 3대 궁'(창덕궁, 운현궁, 사동궁), '황실의 생활', '의복, 음식, 법도' 등, 비록 주어진 시간 때문에 자세하게는 아니라 해도 이해경 공주의 산증인으로서의 생생한 증언은 듣는 이들을 감동시켰다. 마치 사극 현장 체험을 하는 듯했고, 황궁을 산책하는 것 같은 기분을 맛보는 듯했다.

이해경 공주의 저서 『나의 아버지 의친왕(My Father Uichin)』을 출판하고 미국 내 2~3세들에게 마지막 황실을 알리는 강의를 순회 중이다. 어디 미국뿐이겠는가. 한국의 젊은이들에게도 정말 필요한 근현대사가 아니겠는가. 역사의 뒤안길을 오랫동안 묵상할 수 있는 계기가 되는 오늘 하루였다.

'포토맥' 강가에서

메릴랜드주 볼티모어에 죽마고우가 살고 있다. 친구는 40년을 넘게 고향같이, 그림처럼 한결같이 그곳에 있다. 일상의 탈출을 꾀할 때, 아무 때나 달려가도 언제나 좋고 편안한 친구다.

시작은 친구를 보러 가자, 그랬었다. 그런데 실은 9 · 11의 상흔이 쉽게 가셔지지 않았다. 바쁜 일상 중에도 문득 가슴을 파고드는 그 흔적들로 시도 때도 없이 무너지게 되는 자신과 마주해야 했다. 그래 떠나자. '맨해튼의 WTC' 와 함께 당했다는 '워싱턴의 펜타곤', 어쩌면 그곳으로 한 번은 가야 하는 것 아닌가… 그랬었다. 그 땅을 밟고, 그 강가에 발을 담그고, 그 상처의 워싱턴에 가야 한다는 열망이 슬슬 들끓어 오르고 있었다. 끓어오름은 결국 분출되고야 마는 법, 필연같이 그렇게 떠나야만 했던 것이다.

한숨에 뉴저지(NJ) 턴파이크를 벗어나 95번 하이웨이로 들어섰다. 청명한 봄 햇살이 포도 위로 눈부시게 쏟아지고 있었다. '날씨까지 한몫을 다 해 주네. 날씨 님 고마워요~' 아이처럼 드높은 하늘을 향해 소리치며 신나게 달리고 또 달렸다. 후련하고 상쾌하고 음울했던 기분도 다 날아가는 듯했다. 달리기의 묘미는 목적지를 희석시키는 무아지경으로까지 이르게 한다는 것이다. 아마도 속도의 매력이 아닐까 싶다. 그 속도에 맘껏 빠져들기로 하자, 그래 지금은 이 길 위에서 그렇게 하기로 하자.

어느새 워싱턴이다. 강가를 맨 끝으로 하고 서둘러 백악관의 빌딩들부터 돌아 내려오기로 했다. 상처받은 펜타곤을 시작으로 엘링턴 국립묘지, 오벨리스크, 모뉴먼트, 링컨기념관, 제퍼슨기념관, 국회의사당 등등, 언제나 그랬듯 쓰윽 한 바퀴 돌고 도는 행위를 반복하는 것 같아 좀 그랬지만 그러면 어떠하리, 그랬다.

펜타곤의 참사만 해도 그렇다. 뉴욕의 쌍둥이 빌딩과는 비교가 안 됨을 확인하고 오히려 안심해야 함에도 왜 억울한 심정이 들고 마는지 이해가 되지 않았다. 착잡하고 답답해져 오기 시작했다. "어웨이크닝"(The Awakening) 조각품 앞에 섰다. 첫 방문 때 이 조각 앞에서 서늘하게 얼어붙던 충격이 새삼스러웠다. '깨어라, 늦기 전에 어서 잠에서 깨어나라' 어디선가 뇌성과 같은 외침을 들은 듯싶었다. 그랬는데 오늘은 그저 그렇고 그런 싸한 느낌뿐이라니… 왜일까.

'포토맥강'(Potomac River). 아름다운 강가다. 강물은 예나 지금이나 유유히 변함없이 흐르고 있었다. '강물아 반갑다.' 일렁이는 물결이 너무 반가워 손을 흔들었다. 그랬는데 출렁, 강물이 와락 아우성치듯 해일같이 달려들었다. 순간 중심을 잃고 비틀거렸다. 너무 섬뜩해 숨을 고르고 안정을 취해야만 했다. 강물과의 해후가 유난스럽다 했다.

그때서야 꽃들이 눈에 들어왔다. 강가로 흐드러지게 만개한 꽃들이라니… 벚꽃이다. 기막힌 장관이다. 아, 그런데 또 이상하다. 꽃들이, 벚꽃들이 이상하다. 꽃들이 온통 모두 다 붉은 주홍색이다. 온 사위가 강물까지 점점 붉게 물들어가고 있었다. 눈을 들어 하늘을 보니 저 하늘 끝까지다. 하늘을 받치고 있는 빌딩들까지 모두 붉은 파스텔을 뿌려놓은 듯했다. 사람들은 점점 많아지고 있었다. 붉은빛 사람들이 손에 손을 잡고 환한 웃음을 날리며 슬로모션으로 움직이고 있었다. 무슨 일인가, 웬일인가. 붉은 판도라에 갇힌 듯, 무엇에 홀린 듯했다.

도대체 무엇일까? 이 땅이 울고 있는 건가, 강들이 통곡의 춤을 추고 있단 말인가. 발걸음조차 옮겨지지 않았다. 머릿속은 하얗게 빛바랜 검불짝들이 풀풀 강물 속으로 날아드는 듯했다. 분명 내 눈이 잘못되고 있다, 했는데 어느새 눈물이 주르륵 쏟아지고 있었다. “와우~ 노을빛이 너무 멋져! 벚꽃놀이가 환상적이네~ Fantastic!” 큰 소리로 떠드는 젊은이들 한 패거리의 호들갑으로 겨우 현실감을 되찾은 나는 한참을 멍하니 그곳에 있었다. 아하, 노을이었구나! 노을은 다 기울기 전 가차 없이 더 짙게, 더 붉게 타오르는 것일진대, 이토록 짙은 노을은 생전 처음이다. 그래 노을을 머금은 어둠은 쉬 오리라. 그런데 어둠은 보이지 않았다. 구릉을 이루는 하얀 벚꽃을 주홍빛으로 채색한 이 놀라운 ‘포토맥’ 풍광은 그대로 영원으로 갈 것만 같았다. 강가의 상념은 가자, 다시 영원으로… 그랬던 것 같다. 그렇게 영원을 향한 이별을 포토맥강 물에게 고하고 떠나기로 한다, 이제는 강물을 따라서…

'볼티모어' 친구에게로 가는 길은 여유작작했다. 밤의 끝이면 어떠하리… 그랬다. 그럼에도 어서 달려가 친구의 손을 잡고 빅 허그(big hug)를 한 채 그저 가만히 있어도 너무 좋을 듯한데… 할 말이 할 이야기가 너무 많은 것이 탈이겠다 싶었다. 맨해튼 쌍둥이 빌딩의 목격담을, 아니 그 순간의 증인으로, 친구야, 네게 처음으로 손을 들어 서약할 것이다. 한 치의 오차도 가감도 없이 그 무참한 죽음을, 그 충격의 순간들을, 그리고 그 죽음의 순간에도 어김없이 새 생명이 탄생하는 비밀들을 다 증언할 것이다. 내 사랑하는 친구 앞에서… 그리할 것이다. 이 밤이 다 새도록.

시몬, 너는 들리는가…

…너는 좋으냐
낙엽 밟는 소리가
가까이 오라
우리도 언젠가는 낙엽이리니
오라 밤이 오고 바람이 부는 곳으로
시몬, 너는 아느냐
낙엽 밟는 소리를…

구르몽(Gourmont)의 〈낙엽〉, 그 시 한 편은 내 사춘기와 사추기를 뜨겁게 뒤흔들었던 시(詩)였다. 꽃을 좋아했지만 그보다 나무를 더 사랑하고 좋아했다. 울울창창한 나무숲은 꿈이었고 로망이었다. 그 꿈의 땅으로 인생의 중간, 허리춤 때에 직행으로 날아들었다. 짙푸름에, 불타는 단풍에, '구르몽' 의 낙엽 같은, 그런 땅 뉴저지주로…

뉴저지 State의 닉네임은 "Garden State" 이다. 그 '정원' 이라는 별명은 뉴저지주와 그대로 딱 알맞게 오롯한 표현이다. 그 정원 같은 뉴저지주는 우리 가족에게 미국 땅의 고향이다. 더 세밀하게는 뉴저지

(NJ) 북쪽 '버겐 카운티' 의 '웨스트우드(Wastwood)' 타운이라 하겠다. 미국 동부 지역은 기후가 한국의 사계절과 비슷해 낯설고 물선 타향살이 적응에 숨은 듯 도움을 주었다. 창문을 열면, 집 밖으로 나가면… 말 그대로 환상적이고 아름다운 '정원' 같은 풍경이 펼쳐지는 땅이 바로 뉴저지주다. 아지랑이 속으로 피어나는 연푸름의 물결들, 대지를 뚫고 티눈같이 움트는 여린 새싹들의 하모니… 그 봄은 너무 예뻐 울었다. 초록의 함성은 대지를 뚫고 뜨거운 바닷물을 짙푸르게 붓질해내던 그 여름은 너무 처연해 울었고, 끝 간 데 없이 뻗어나는 들풀들의 행간엔 시공을 초월한 울음을 쏟아내야만 했다. 그리고 '너는 아는가, 그 찬란한 단풍의 계절을, 그리고 낙엽을…'

그랬다. 사계의 절정은 '단풍' 이고 '낙엽' 이었음을. 우리 모두가 시인의 언저리를 감도는 그런 계절, 그런 뉴저지였다. 사람들은 단풍관광을 떠난다. '베어 마운틴' 을, '업스테이트 뉴욕' 을, 그리고 '버몬트 강가' 를 찾아 떠난다. 뉴저지는 굳이 그래야 할 필요가 없다. 그냥 다시 창문을 열면, 집 밖으로 나가면 그냥 단풍이 쏟아지니까. 502번 도로 선상이, 알파인 등선이, 9W 도로 선상이, PL 파크웨이 선상이… 그 모든 전경이 감히 입술을 열어 표현할 수조차 없을 정도로, 눈부시도록 찬란하게 단풍의 물결이 춤을 추고 있으니까. 그것이 뉴저지 정원이니까. 그 정원은 꿈으로 로망으로 내 이민의 역사를 소망으로 물들여 왔으니까.

그랬는데, 이상하다. 수상하다. 어느 때부터인가 뉴저지의 상징, 그 아름다운 '정원' 은 시들어 가고 있었다. 보고 느끼고 들린다. 어디로부터인가 미세한 신음 소리가 나락으로 흘러들고, 풍경은 뿌연 회색 칠로 덧입혀진 듯했다. 나무들이, 단풍이, 정원이 아프다. 유난하게 올해 가을 단풍은 빛도 찬란함도 눈부심도 없이 스산한 바람 가운데 눈물 같은 모습을 하고 시들어 가고 있었다.

까마득한 가을 하늘을 본다. 유난하게 파아란 하늘 사이로 꽃무늬 모양의 구름 띠가 눈길을 잡는다. 자연산 구름과는 전혀 다른 인위적인 저 구름의 정체는 과연 무엇일까. 그것은 아마 신음 소리의 근원은 아니겠는지… 상상의 나래는 구름 띠 곁에서 그저 하염없이 맴돌고 떠날 줄 몰랐다. 조물주의 영역을 침범하는 인간의 영역은 어디까지일까. '살충제' 라는 거룩한 이름으로 하늘로부터 뿌려지는 저 구름 띠의 빗소리를 누구라고 막을 수 있단 말인가? 오늘도, 이 순간에도 정원의 나무들이, 단풍들이 아파하고 있는데…

새날은 지구촌 사건 사고 뉴스로 아침을 연다. 살상 테러는 물론 자연재해는 최근 더 자주, 이상할 정도로 빈번해지는 추세다. 혹시 하늘의 구름 띠와 무관하지 않은 것이 아닐까. 나만의 느낌은 아닐 터이다. 인공 강우 로켓은 인공 폭풍우를, 허리케인을, 쓰나미를 일으킨다고 한다. 그뿐일까. 인공 산불에, 방화에, 인공 지진에, 심지어 인공 독감까지 만들어 낸다는 이야기는 신빙성이 높다. 조류 독감, 중동산 독감, 신종 조류 인플루엔자나 플루 바이러스, 인공 독감 바이러스를 유포한다는 것도 어제오늘의 이야기가 아니다. 인류를 위험에 빠트릴, 이런 소리 없는 살인 무기는 바로 인공 바이러스 제작이라고 한다. 그래서 산같이 쌓인 독감 주사를 모두가 맞아줘야 한다는 것, 병원은 물론 제약회사의 성업을 위해 끝없이 사건 사고가 터져야만 하고, 병원 행차가 줄을 이어야만 한다는 것… 공상이고 상상이라면 정말 좋겠다. 온 세상이 눈에 보이지 않는 거대한 검은 세력, 검은 손에 의해 점령당한다고 해도 우리의 평범한 일상에서는 감지할 수조차 없으리라. 그럼에도 그들 세력은 분명하게 존재한다는 것이 사실이다. 다음 세대까지는 이렇게 저렇게, 그냥저냥 갈 것이다. 그러나 우리 후손들은, 후손의 그 후손들은 어떻게 살아남을 수 있을까? 우리는 저들에게 어떤 길을… 무엇을 남기고 갈 수 있을까? 가을의 끝에서 목이 메고 가슴이 저며 드는 건 계절 탓만일까…

나뭇잎 져 버린 숲으로 가자
시몬, 너는 아느냐 낙엽 밟는 소리를
시몬, 너는 들리는가, 낙엽 밟는 소리가…

Enough is Enough

진작에 좀 그랬어야지… 했는데 지금, 이 순간은, 전혀 늦지 않았다는 벅찬 흥분이 마구 솟구친다. 드디어 우리 소년들은 촛불을 댕겼다. 그것도 아주 비장한 불꽃으로 '이젠 그만' #Enough is Enough, 한목소리로 '#' 슬로건을 외쳐 부르짖기 시작했다. 지난 2월 14 플로리다주 파크랜드 '더글러스 고교' 의 무차별 총격 사건을 겪은 학생들은 경악했고, 분노했고, 그리고 분연히 일어섰다.

그들은 평화로운 일상으로 등교한 내 학교에서, 내 사랑하는 친구들이, 내 은사들이, 처참하게 총에 맞아 목숨을 잃었던 현장의 목격자이고 증인들이다. 다음엔 내 차례가 될 것이고, 내 부모 형제들, 내 이웃의 차례가 될 것이다. 더는 안 돼…! 더글러스 소년들은 침묵을 깨고 미 전역으로 불꽃을 점화시켰다. 그리고 3월 14일, 미국 전역에서 함께 불꽃을 들었고 "March for our Lives"(우리의 생명을 위한 행진)의 총기규제 3월 시위가 폭발했던 것이다. 플로리다로부터 뉴욕, 워싱턴DC, 시카고, 댈러스, 캘리포니아, 필라델피아, 알래스카, 하와이까지… 오전 10시, 같은 시간 교정에서 희생자를 위한 묵념을 시작으로 총기 규제 행진이 시작되어 수만 명씩 거리로, 광장으로 분수처럼 분출되었던 것이다. 3월, 그 꿈의 벽을 타고 넘으며 그렇게…

지금도 잊을 수 없는 충격적 총기 참사는 '샌디훅' 초등학교의 참사였다. 그 여리고 여린 28명의 생명, 그리고 선생님들… 난 그때 거의 음식을 먹지도 못한 채 오랫동안 슬픔의 늪에서 헤어나지 못했다. 그뿐이랴, 한국 학생 범인 조승희의 '버지니아 공대' 참사, 켈리 맥도날드의 무차별 총격사건, '컬럼바인' 고교 총기 난사 사건, 애리조나 '투산' 총기 난사, 콜로라도 덴버 영화관 총기사건, 위스콘신 시크교 사원 예배 중 총기 난사 사건, 사우스캐롤라이나 흑인 교회 예배 중 총기 참사 사건, 작년엔 텍사스 인근 교회 총격 사건… 어찌 다 열거할 수 있을까, 그 수많은 사건을. 그럼에도 미국은 남의 불 보듯 침묵했었다. 오랫동안 난 그 침묵을 못 견디고, 분노했었는데… 자고 나면 총격사건으로 아침을 맞는 날이 점점 더 잦아지고 있는데… 미국의 총기문화는 제국주의로 변질돼가고 있는 듯했다.

4월은 잔인한 달… 시인 T. S. 엘리엇의 〈황무지〉는 생명의 잔인한 탄생의 노래요, 자리를 박차고 일어나 한 발자국 땅을 내디뎌야 하는 부활의 '잔인한 4월'이렷다. 반세기 전, 까마득한 그 옛날 한국에는 순백의 4 · 19 혁명이 있었다. 그 4월 이전에 3월 소년들의 불꽃이 이미 불타고 있었다는 사실은 현대사의 중요한 관점이다. 이승만 정권의 장기 집권 야욕은 3 · 15 부정선거를 자행했고, 민생은 파탄의 지경에 이르렀다. 대전에서, 마산에서, 그리고 지방 소도시에서, 학교 담벼락을 타고 넘어 거리로 뛰쳐나온 중고교생들은 '독재 정권 물러가라' 소리치며 시위의 불꽃을 튀겼다. 3월의 마산상고 김주열 군의 희생은 전국적으로 불꽃의 도화선이 되었다. 초등학생들로부터 우리의 불꽃 소년들은 물론, 대학가와 교수들, 회사원들, 주부들까지… 남녀노소 전 국민이 모두 함께 일어나 우리는 봉기했다. 그렇게 민주주의 첫 탄생의 쾌거를 이룬 4 · 19 혁명이었다. 그래서 그 3월, 소년들의 전초전을 꼭 기억해야 한다는 것, 지금은 그 의미가 너무나 절실하다. 이 나라 미국의 3월은 바로 4 · 19혁명에서의 3월이어야 하기에 그렇다. 지금의 3월은 지금의 4월을 행진할 소년들이 비상할 귀하고 귀한 역사적 순간이고, 그리고 이들은 황무지의 4월을 탄생시킬 원동력이니까…

워싱턴DC 백악관 앞 시위 무대에서 루터 킹 목사의 그 유명한 연설 "I have a dream"을 인용한 작은 아이가 부르짖는다. 킹 목사의 9살짜리 손녀 '욜란다 킹'이다. 아이는 시위 강단에서 할아버지의 연설문을 인용하여 외친다. "나에게도 총기 없는 세상이 돼야 한다는 꿈이 있습니다." 손녀의 낭랑한 음성은 목을 메이게 했다. 플로리다 여고생은 죽은 교우들의 숫자만큼의 침묵으로 대응하며 눈물을 주르륵 흘리며 하염없이 무대를 적셨고, 더글러스 고교에서 사용된 대량 살상 무기의 판매 금지 퍼포먼스를 연출하기도 했다. 그러나 백악관의 주인은 정작 본인의 휴양지 '마라라고'에서 유유자적 골프만 치고 있었다나…

뉴욕 맨해튼 6에비뉴에는 남녀노소 15만 명이 운집했고, '비틀스' 멤버 '폴'이 참석해 동료 '존 레넌'의 총기 사망을 상기시켰고, 많은 연예인들도 참석해 대형 행진을 이끌었다. 미 주요 도시 800여 곳에서 수만 명씩 남녀노소를 막론하고 '우리 생명을 위한 행진'을 계속 이어지기만을… 혁명의 4월로 일렁이고 물결치고 출렁거리는 4월이여, 4월이여…

'March for Our Lives'

신기한 만남

"안녕하세요, 반갑습니다. 〈유지나 김〉입니다. 오늘 모임의 모든 것을 도와드릴 일꾼 멤버입니다."

미국이 한창 중간 선거로 떠들썩거릴 때 그녀를 만났다. 카운티 선거 홍보 콘퍼런스에 참석한 자리에서였다. 그런 모임에는 잘 안 가는 편이지만 이번엔 '가자' 하는 마음이 생겼다. 선거는 도어 투 도어(Door to Door) 전략이 효과 만점이렷다. 내 집 문을 두드린 A, D 후보자, 그가 마음을 움직이게 했으니까. 그 효과이었으리라.

홍보원 호스트들이 몇 명쯤 있었다. 그중 '유지나 킴'은 톡톡 튀었고 거침없고 활달했다. 스패니시 악센트가 있는 영어를 구사하고 있어, 그쪽 사람인 줄 알았다. 그녀에게 관심 집중이다. 특히 이름 때문인데, 유진 킴? 유지나 킴? 분명 이름은 우리 쪽이다. 마침 브레이크 타임이 됐다. 커피, 쿠키와 케이크를 들고 그녀가 내 곁으로 왔다. 자연스럽게 라스트 네임(Last Name)으로 통성명하며 국적을 물었다. "나는 '고구려' 사람입니다", 그녀의 생경한 대답이다. 고구려라면 혹시 북한 사람이냐고 나는 되물었다. "노, 노, 절대 아니에요, 내 어머니는

'고려' 인, 내 아빠는 '고구려' 인… 그러나 우리는 러시아 사람이랍니다." 그녀의 모국어(mother' s tongue)는 '러시아어' 라고 했다. 영어와 포르투갈어까지 능숙한 그녀, "세상에 이럴 수가! '고구려' 사람을 만나다니!" 놀랍고 신기했다.

'고구려(Goguryeo)', 기원전 37년경, 백제와 신라와 함께 존재했던 삼국시대를 구성했던 나라. 만주 한반도 북반부에 약 700년 동안 존재했던 나라. 당나라, 수나라의 침입을 물리치며 만주 벌판을 휘저으며 막강했던 나라. 주몽이 건국하고 광개토대왕이 다스리던 나라. '고려' 라고 국호가 바뀐 이야기는 여기서 생략하자. 어찌했든 '고구려' 와 '고려' 는 한 줄기이니까. 옛 소비에트 연방 붕괴 이후 소련의 민족 대이주 정책은 중앙아시아 고구려인들을 대거 강제 이주시킨 일이었다. 주로 척박한 우즈베키스탄, 블라디보스토크, 카자흐스탄으로 대이동한 그 민족이다. '유지나 김', 전혀 '킴' 이란 발음을 쓰지 않았고 '김' 은 K가 아닌 'G' 라는 명확한 발음을 쓰고 당당하게 '고구려사람' 이라고 말하는 그녀를 신기하게 만났던 것이다.

민족 대이동은 또 있다. 1900년대 초에 제물포항에서 이민선 '겔릭호' 에 몸을 싣고 하와이 사탕수수 농장으로 떠났던 최초의 이민자들, 근면하고 부지런한 한국인들을 선호했던 사탕수수 농장주들은 그 이후 대거 한국인들을 영입하려 했으나, 한국에서 희망자가 별로 없었다. 인천 내리교회에서 사역하던 미 선교사 J 목사가 그 일을 담당하고, 내리교회와 주로 인천 주민들이 대거 수천, 수만 명 하와이 수수밭으로 이주하게 된다. 열대의 뜨거운 햇볕 아래서 욕설과 채찍질을 당하며 노예 같은 삶을 살아낸 그들의 이야기, 사진 한 장 쥐고 하와이로 떠났던 '사진 신부' 들의 이야기… 그 수수밭 잔혹사 또한 생략하기로 하자.

그런데 한민족의 이동은 또 있었다. 바로 '애니깽' 멕시코 선인장 농장이다. 구전으로는 하와이행 선박 중 하나가 폭풍으로 길을 잃고 헤매다가 정착한 곳이 멕시코였노라고… 하지만 이민 브로커들의 조작으로 멕시코행은 결국 기획된 불법 노동 이민이었다는 것. 그 한 번의 일탈은 이미 개척된 하와이행보다 더한 참혹한 이민사였다. 그들이 도착한 곳은 하와이보다 더 뜨거운 불볕 아래의 '에네켄' 선인장 농장이었다. 난생처음 보는, 사람 키만 한 크기의 선인장 잎들은 가장자리에 날카롭고 단단한 가시들이 무수히 솟아 있었고, 이민자들의 몸에선 하루도 피가 멈출 날이 없었다는 것이다. '에네켄' 을 우리 한민족들은 '애니깽' 이라고, 그렇게 불렀다고 한다.

20여 년 전에 하와이 사탕수수밭 후손들을 만났었다. 당연히 한국어는 전혀 구사하지 못했고, 완전한 하와이안 사람들이라고 할 수 있었다. 그들에게는 일제 강점기의 역사적 공헌에 대한 자긍심을 엿볼 수 있었다. 불과 몇 년 전에는 신기하게도 소위 '애니깽' 후예를 만났었다. 실은 '애니깽' 이민자들은 당시에 사진 결혼도 할 수 없었고, 현지 여인들과 결혼해야만 했다. 당대를 넘어서는 한국적인 그 어떤 것도 전수되지 못했다. 성씨마저 멕시칸 발음화되어 아무도 '애니깽' 후예인줄 알지 못했다. 그런데 딱 한 가지 놀라운 사실, 그들은 지금까지 영구불변으로 '김치'를 만들어 먹는다는 것이다. 실은 내가 만난 '애니깽' 후손도 '김치' 이야기로 만나게 되었다.

고구려 사람 '유지나 김'을 만난 후 깊은 회한 속에 빠져들었다. 돌이켜 보면 수많은, 헤아릴 수 없이 수많은 사람들을 만났다. 꼭대기 최상의 사람들을, 가장 낮고 낮은 거리의 사람들을, 각양각색의 피었다 지는 무한대의 사람들을… 창조주, 조물주는 그렇게 억겁의 생명들을 만드시고 만나게 하셨구나. 소름이 끼쳤다. 그분의 무한대의 놀라운 솜씨에…

숙제가 있다. '유지나 김'을 다시 만나자고 약속을 해 놓은 숙제다. 그녀의 사무실 주소와 전화번호를 받았다. 내 집에서 그리 멀지 않은 Montclair 타운이다. 곧 막내와 함께 '고구려', 그 역사의 인물을 찾아 갈 것이다. 흥미로운 '유지나 김' 후편을 기대해도 좋을 것이다.

'4월이' 의 둥지

패밀리 룸 오른쪽 창가에 소나무와 흡사한 잣나무 하나가 있습니다. 나무는 소리 없이 자라서 가지들이 부챗살 모양으로 둥글게 퍼져 아름을 이루고 있습니다. 나뭇가지 하나가 창문까지 닿아 있어 바람이 불면 가지와 잎새는 창문을 똑똑 두드립니다. 나뭇가지들의 새벽 인사, 나뭇가지들과의 은밀한 속삭임, 그리고 아침 커피 팟(coffee pot)에 커피를 내리는 일로 하루는 시작입니다. 커피 향기가 온 사위를 감아 돌고 적요와 고요함이 여명으로 침잠해 가는 그 짧은 시간을 나는 즐깁니다. 아니, 작은 미풍에도 몸을 흔들어 창문을 두드리는 잣나무와의 은밀한 교감을 더 즐긴다는 말이 맞겠습니다.

4월입니다. 늘 푸르기만 했던 잣나무는 고독과 아픔의 겨울을 이겨낸 처연함으로 짙은 외로움을 풍겨오듯 했습니다. 아마도 주위에 헐벗었던 나무들이 다투어 연녹색 옷들을 화려하게 갈아입고 있어서였는지도 모릅니다. 그런 어느 아침 나는 보았습니다. 새 한 마리, 그것도 아주 유별하게 예쁜 새였습니다. 부리는 주홍색이고 눈자위는 흑갈색 아이라인을 그은 듯 커다란 눈이 아주 선명했습니다. 머리와 날개는 암갈색으로 무늬 진 비로드 같았고 가슴과 꼬리는 흰색이었는데 그 하양 사이로 주홍색을 붓칠한 듯한 색감은 황홀할 지경이었습니다. 하, 그 황홀한 새는 남편 새였고 또 다른 아내 새 한 마리가 합세했는데, 아내 새는 그냥 보편적이고 평범했습니다. 새 종류와 이름을 몰라 여러 곳을 찾았지만 아리송할 뿐 알 수가 없었습니다. 그래서 이름을 지어 부르기로 했습니다. '4월이' 라고…

'4월이' 들은 잣나무 한가운데 집을 짓기 시작했습니다. 가늘고 잘 휘는 마른나무 가지들을 쉴 새 없이 부리로 다리로 물어와 지그재그로 바구니를 짜듯 엮어 갔습니다. 이들의 솜씨는 정교했고, 과학적이었고, 예술적이었고, 마치 건축가의 작품 같았습니다. 미장이처럼 둥지의 바닥 부분을 땜질하듯 마감하고는, 드디어 '4월이' 들의 집은 완성되었나 봅니다. 가만히 살펴보니 놀라웠습니다. 잣나무 전체적인 황금분할 비중의 집터는 너무나 완벽했던 것입니다. 누가 '새대가리' 라고 했던가요. 그 말은 '4월이' 들에게는 분명히 모욕적인 단어입니다. 그렇게 '4월이' 들은 조용하게 둥지를 틀고 들어앉았습니다. 생산을 할 모양입니다. 황홀한 '4월이' 는 먹이를 물어오기에 전력투구를 했고, 그 모습이 어찌 그리 아름답던지요. 이들의 4월은 그렇게 찬란했습니다. 어느새 알을 다 낳았는지, '4월이' 들은 쌍으로 둥지를 품고 또 자주 비우고 있었습니다. 마침 '4월이' 들이 없는 틈새로 둥지 안을 살펴보기로 했습니다. 온 가족이 출동하여 사다리를 놓고 둥지 안을 보게 되었습니다. 세상에, 진한 엄버블루(umber blue)색 알들이 갓난아기 주먹만 한 크기로 대여섯 개쯤 소복하게 쌓여 있질 않겠습니까! 특히 놀란 것은, 그렇게 큰 새알도, 그토록 짙은 유채색 새알도 본 적이 없었기 때문입니다. 예쁜 새들은 알도 저렇게 예쁜 것인가 했습니다. 그런데 '4월이' 들이 자주 둥지를 비우며 알을 품는 시간이 짧아진 것 같아 염려되었습니다.

안개 같은 나른한 봄날은 갑니다. '4월이' 의 아기들은 언제 태어날까, 하면서 창가의 오수를 바라보고 있었습니다. 아니 이럴 수가! 독수리만큼 커다란 갈까마귀가 순식간에 잣나무 둥지로 날아들지 뭡니까. 나는 순간 데크 쪽으로 달려 나가 난간을 두드리며 소리쳐 갈까마귀를 쫓았습니다. 그럼에도 갈까마귀는 유유히 두세 개의 푸른 알을 입에 물고 날아갔습니다. 알 하나를 떨어트린 채 말입니다. 도대체 '4월이' 들은 어디서 무얼 하는지 모르겠습니다. 뒤늦게 둥지로 날아든 '4월이' 들은 꺄이 꺄 꺄, 이상한 울음을 뱉으며 나머지 알들을 모두 쪼아버리고 그것들을 숲속으로 물어다 버리고는 어디론가 사라지고 말았습니다. 잣나무 밑에 떨어진 알은 반으로 쪼개졌는데 알 속에는 몸이 거의 다 만들어져 가던 아기 새의 솜털이 바람에 나부끼고 있었습니다. 참혹한 잣나무의 비극은 한순간에 끝이 나고 말았습니다. '잔인한 4월' 을 시인은 노래했듯이 우리의 4월은 그랬던 것입니다. 텅 빈 '4월이' 들의 예술 작품인 '4월이' 둥지를 떼어내 간직하자고 한동안 마음이 수선스러웠습니다. 끝내는 이루지 못했지만…

나무로 새집을 만들 요량입니다. 아이들 손으로 예쁘게 색칠도 하고 갈까마귀는 물론 독수리조차 날아들 수 없게 단단하게 만들 것입니다. '4월' 이들이 돌아올 것을, 새 생명을 탄생시킬 것을, 기다릴 것입니다. 올해는 아니라도 내년에는, 아니 그 후년에는… '4월이' 들의 4월은 날아들 것이기 때문입니다.

'5월은 푸르구나' - 꽁트(conte)

나이 40, 딱 턱에 걸린 5월생인 39살이 되고 만 나였다. 이름하여 완전한 올드미스가 되고 말았다. 그놈의 시집, 결혼, 시집, 결혼… 전기 고문 같은 단어들을 함부로 퍼붓던 주위 친지들도 이제는 기진한 듯해서 그나마 다행스러웠다. 그럼에도 엊그제 가족 모임에서 왕고모의 한마디는 나를 만신창이로 만들어 버렸다.

"인물, 몸매, 학력, 커리어, 뭐 하나 달릴 게 없는 내 조카인데 왜? 어찌? 남자 그림자 하나 얼씬거리지도 못하는가? 요즘 세상에 저 박제 같은 숫처녀 조카는 박물관에나 있을 법한 인간이니 이제는 아예 박물관으로 보내자"는 것이었다. 가족 모임은 몇몇의 5월의 졸업 축하 겸, 다른 몇몇의 5월 생일 파티까지 겸한, 20명 넘게 참석한 잔치 같은 모임이었다.

이럴 수는 없었다. 모닥불을 뒤집어쓴 듯한 모욕감에 부르르 떨며, 나는 뛰쳐나오고 말았다. 싱그러운 5월의 바람은 분노로 붉게 타오른 내 뺨을 씻어 주었다. 숨을 고르고 연초록 나무 잎새 사이로 쏟아지는 햇빛을 받았다.

'흠– 이렇게 좋은 걸… 가족이란 무언가? 결혼이란 무엇일까?'

내게는 역시 아리송할 뿐이다. 이참에 집으로부터 탈출을 해? 그러나 그것 역시 아직은 무답이다. 나만의 '도피처'는 출근이다. 오늘따라 출근길은 유난히 상큼하다. 그랬다. 90의 턱에 딱 걸리신 89세의 백만장자 '워렌 버핏' 옹, 그분 역시 지금도 회사 출근을 한다고 했다. 자신의 사무실은 휴식처이자 아이디어 공급처요, 영적 젊음을 채워주는 공간이라고 했던가. 그래 가자, 달려가자, 내 휴식의 도피처로…

오늘은 월요일. 월요병으로 노곤한 오전을 겨우 버티고 있었다. 점심시간 우리 파트 매니저 '낸시'의 방에서 미팅이 있다는 전갈이 왔다. 오, 예. 그날이다. 대장 '낸시'는 인간미와 부드러운 리더십을 갖춘 사람이다. 매월 초에 그달 생일 맞은 부원들의 깜짝 생일 파티를 열어주는 부서는 우리뿐이다. 우리 부서 5월생은 J, C, Y, 그리고 나, 그렇게 4명이다. 일부러 생일 멤버들은 조금 늦게 시침 뚝 떼고 꼭 닫은 '낸시'의 방문을 노크한다. '들어오세요.' 우리는 사알짝 문을 연다. "서프라이즈~" 파앙! 색색의 풍선들이 터지고 모두 신나게 손뼉 치며 생일 축하 노래와 함께 다 같이 연극적 감동을 연출해야만 한다. 언제나 늘 그렇게 빤한 일인 줄 앎에도 그 순간의 점심시간은 기분이 좋다.

떠들썩한 분위기가 가라앉고 차분하게 케이크와 커피 시간이다. 그랬는데 내 눈과 누군가의 눈이 '팍' 하고 부딪혔다. 낯선 남자였다. 그것도 '탐 크루즈' 와 닮은 남자라니. 어맛, 그런데 이름도 '탐' 이라네. 탐과 마주하고 반갑다는 악수를 했다. '낸시' 가 정식으로 탐과 나를 소개시켰다. '탐' 이 날 소개해 달라고 졸랐다며, 이제 둘이 알아서 하라고…

'뭘 알아서 하라는가?' 그랬는데, 시쳇말로 '심쿵', 내 가슴의 신호다. 적어도 어느 민족이든 어떤 유명인이든 사람과의 첫 만남에서는 언제나 쿨한 나였다고 자부해왔는데, 이건 또 뭐람? 당황스러웠다. '탐' 과 동행한 인디언풍의 여인 '욜란다' 와도 인사를 나누었다. 그녀는 '탐' 의 비서였고, 손금을 보는 '손금쟁이' 라고 했다. 금세 '욜란다' 주위에는 동료들이 둘러섰다. 나도 나도 자기 손금 좀 봐 달라고… 나는 '욜란다' 뒤를 슬슬 따르며 한국식 손금 보기 훈수를 두었다. 가령, '음, 너는 너무 초조함과 걱정, 염려가 많다…' 뭐 그런 식으로. 꼭 맞는 말이라며 금세 동료들은 어느새 내 주변으로 또 모여든다. '손금 보기는 그냥 재미로 하는 것이다. 재미는 재미로 끝, 그 이상도 이하도 아니다.' 난 너스레를 떨고 '스피크 아웃' 을 해가며 손금 훈수를 두었다.

"그럼 대표적 재미로 내 손금을 봐줄 수 없나요?" 불쑥 '탐' 이 손을 내밀었다. 그리고 그는 아주 진지하게 물었다. "나 오래 살 수 있냐?" 고. 그 질문은 좀 엉뚱했다. 아직은 젊은 사람인데, 그는 그랬다. '탐' 의 생명선은 길고 뚜렷했다. 그럼에도 중간중간 끊어지며 이어지고 있었다. "당신은 몇 번 죽을 고비를 넘겼지만 이제는 평탄하게 오래오래 100살 넘게 살 겁니다." 나는 한껏 점쟁이처럼 허풍을 쳤다. '탐' 은 완전히 빠져든 표정으로 당신을 족집게 'fortune-teller' 로 선포하겠노라고 큰 소리로 떠들어, 난 졸지에 점쟁이가 되고 말았다. 그렇게 점심시간 생일파티는 즐겁게 끝을 냈다.

그리고 이틀 후 '탐' 의 전화다. 시간 되면 주말에 만나고 싶다고. 회사에서 가까운 ' 벤슨 팍' 에서 만나자는 것이다. '앗, 이건 뭐야? 데이트 신청인가?' 그날 '팍' 에서는 '록 밴드' 연주도 있고 '라크로스' 게임도 있다고 했다. 오히려 캐주얼한 만남으로 시작하는 것도 좋겠다 싶어 승낙했다. '팍 데이트' , 그럴싸하다. 콩콩 가슴이 벌써 뛰기 시작한다. 이제 '벤션' 팍으로 달려간다. '5월은 푸르구나~' 무심한 동요 한 구절이 입술을 열고 비죽 나오고 있었다. 얼마 만인가, 얼추 30년 만에 불러보는 어린이 노래… 가슴이 터질 듯했다. '왕고모, 나도 이제 남자 그림자 생겼거든요~!' 차창 밖으로 소리를 질렀다. 푸르름은 파랗게 쏟아져 들었다.

그랬는데, 착각도 자유다. '탐' 과의 피크닉 데이트는 그랬던 것이다. 넓고 넓은 '벤슨 팍' 을 뒤져서 약속 장소에 닿았다. '탐' 은 소리쳐 달려와 빅 허그(Big Hug)에 뽀뽀까지 하며 반갑다고 야단법석이다. 그런데 저편엔 우리 부서 Y, J, C, 생일 멤버들도 모두 와 있었다. 그들과도 반갑게 인사는 했지만 뻘쭘했다. '탐' 은 같이 온 '레이' 라는 자기 친구 한 명을 또 소개했다. 그들은 모두 다 오래된 친구들 같아 보였다. 설치 무대에서는 록 음악 'You Know You' re Right' 이 팍을 쿵쿵 뒤흔들고 있었다. 시나브로 록 음악 분위기에 젖어 들며, 비록 '팍 데이트' 착각은 무안스러웠지만 싱그러운 5월의 야외는 황홀했다. 먹고 마시고 흔들고 수다 떨고… 아니 벌써, 해가 기울고 있었다. 천천히 집으로 갈 준비를 하자. 우선 화장실부터 찾았다.

"J, Y… 들어봐 봐. 너희들 '탐' 이 게이라는 것 알지? '레이' 는 '탐' 의 새로운 게이 친구야. 3년 전에 '탐' 의 상대가 게이 병으로 죽었거든. '탐' 은 충격에 빠져 3년을 혼자 지내다가 '레이' 를 만났고 벌써 같이 살고 있다나 봐. '욜란다' 는 '탐' 의 '게이 인생 코디' 라는 것 알지? 그런데 '욜란다' 자리를 오리엔탈 '킴블'(내 이름)로 바꾸려나 봐. '탐' 이 원래 오리엔탈 좋아하잖아. 웃기지?" "왓? 왓?"

그녀들의 뒷담화에 나는 그만 얼음 석고가 되고 말았다. 얼음 석고가… '5월은 까망구나~ 아~' 집으로 가는 길은 정말, 아주, 새-까-망-다. 집은 어디쯤인지….

'쿵쿵쿵…'

아마도 '쾅– 쾅– 쾅–' 그랬다면 지금 나는 이 글을 쓸 수 없었을 것이다. 지난주였다. 3대의 3총사는 3중 추돌, 자동차 사고를 일으켰다. 아니 3중 추돌을 어이없이 당하고만 셈이다. 아니, 아차 했으면 4중 추돌 대형 사고였을 상황이었다. 그것도 하이웨이가 아니고 2차선 로컬 길이였으니, 그저 천만다행, '하나님 보우하사 우리나라 만세'다. 휴… 생각만 해도, 상상만 해도 모골이 송연한 순간이었다. 운전 경력 40여 년을 넘도록 '3중 추돌' 사건은 난생처음이다.

'3대의 3총사' 는 이랬다. 손녀딸, 막내딸, 그리고 나, 할미다. 공붓벌레 큰 손녀는 3년 만에 거뜬히 대학을 졸업하고 돌아와 GRE 준비 중이었다. 막내는 내 Art와 일상을 총괄하는 '매니저(manager)' 님이시다. 우리는 지난 9월부터 '3총사' 총대를 메고 의기투합했다. 의기투합은 바로 손녀의 '운전'. 그는 하이스쿨 때 운전면허증을 받고 얼마 동안 내 차로 나와 드라이브 연습을 했었다. 아직은 운전이 서툰 손녀다. 그의 아빠는 전문가에게 운전 연수를 받으라고 권했으나, 그는 응하지 않았다. 자기는 오직 할미 차로, 할미한테만 운전 연습을 받겠노라고… 그렇게 그 일은 시작되었던 것이다. 막내가 손녀를 픽(pick)

해 오고, 곧바로 내 차로 옮겨 타면서 손녀의 운전 연습 시작이다. 한 주에 한두 번씩 벌써 3개월 차다. 연습을 끝내고 우리는 유명한 다이너로, 맥 집으로, 덩 집으로, 우리만의 '행복 시간' 커피 타임 투어를 한다. 따끈한 커피와 블랙티를 가슴으로 마시면서 우리들만의 아픔을, 슬픔을, 행복으로 순화시키는, 시공간을 초월하는 힐링의 순간들을 우리는 하나둘씩 차곡차곡 커피 향과 함께 쌓아가고 있었다.

'S 패터슨' 은 내 현주소다. 모두로부터 터부시되는 나의 '패터슨' 은 바로 옆 타운 '클리프턴(Clifton)' 과 반 블록 사이다. 내 일상의 행동반경은 '클리프턴' 타운에서 이루어진다. 당연히 손녀의 운전 연습 또한 그 타운에서다. 초보 운전의 안전한 길부터 단계적으로 올라가는 길을, 나는 예전부터 속속들이 잘 알고 있다. 얼마 전부터 손녀의 운전 실력이 일취월장해 프리웨이, 하이웨이 진입을 한 터였다. 그날도 나의 계획은 로컬 길을 시작으로 하이웨이로 향하는 것이었다. 클리프턴 '피트니스(Fitness) 센터' 앞 2차선 길, 앞에 빨간색 작은 세단이 센터를 향해 좌회전 신호를 보내며 멈추고 있다. 우리도 섰다. 앞차가 막 좌회전을 하고 'Go…' 를 했는데, ' 쿵' 이었다. 헉, 뭐야!!! 우리는 순간 앞으로 허리가 꺾였다. 충격으로 나는 호흡 곤란을 일으켜 가슴을 움켜잡고 딸과 손녀는 차에서 내렸다. "엄마, 3중 추돌이에요." 막내의 목소리다. 모두 혼비백산이다. 어서 빨리 경찰을 부르라고 지시하고는 나도 숨을 고르며 차에서 내렸다. 우리를 박은 뒤차, 뒤에 뒤차, 모두 SUV 아주 큰 차들이다. 내 차는 03년도 16년 차의 웨건 종류의 작은 차다. 하지만 내가 관리를 잘해왔기에 아무런 문제는 없는, 씽씽 애마 역할을 톡톡히 하는 차다. 큰 차가 박았으니 내 작은 차의 손상은 클 수밖에…

경찰이 왔다. “엄마는 폐 하나에 의학 장치를 심장에 장착한 분이라 호흡 곤란을 일으키셔요.” 막내가 다급하게 내 상태부터 호소했다. 경찰은 지금 앰뷸런스 차가 오고 있으니 염려 말라며, 사고 차들을 피트니스 주차장으로 옮기라고 지시하고는 리포트 시작이다. 차주인 나부터다. 주소는? 그 대목에서 경찰은 “어, 패터슨에 살아요?” 그는 파안한 얼굴로 나를 끌어안으며 반가워했다. 그리고 우리의 대화는 곧장 수다로 이어져 갔다. 경찰 ‘로드리(Rodri)’는 패터슨에서 태어나 성장했다며, 〈패터슨〉 영화를 본 적 있냐고, 그렇게 시작한 영화 이야기는 우리에게 팍팍 엔도르핀을 불러일으키고 있었다. 대형 파이어 앰뷸런스 소방차들이 도착하고, 많은 파이어맨(firemen)들이 우리 상태를 점검하려 하는데도, ‘로드리’의 영화 토크는 계속이다. 내가 우선 잠깐 경찰을 제지하고 잘생긴 미남 소방원에게 간단한 기록과 함께, 나는 정말로 병원에 실려 가지 않겠노라고, 귀가해서 문제가 있으면 다시 SOS 하겠노라고 하여, 그렇게 마감을 했다. 그리고 다시 영화 이야기로… 경찰의 ‘수다 치유법’(?)은 신기하게도 내 호흡을 수월하게 만들어 갔다. ‘Rodri’가 추천한 패터슨 타운 관련 영화를 소개받고, 내 글에 당신 실명을 쓰겠다는 허락까지 받고 나서 우리는 헤어졌다.

운전자인 손녀는 뒷목과 어깨가, 나는 엉치뼈가, 막내는 허리와 어깨가… 제일 상태가 심한 사람은 막내다. '쿵' 받쳤던 뒷좌석이었으니까. 그럼에도 3중 추돌에 이 정도쯤이야, 그저 감사다. 바로 뒤에 있던 가운데 차는 큰 차였음에도, 앞뒤가 박혔으니 피해가 제일 컸다. 주범인 그 뒤차는 에어백이 터져 있었다. 3중 추돌 운전자들 모두 여성들인데, 저들도 고만고만해서 얼마나 다행스러운지… 경찰 리포트 픽업으로부터 뒷수습 일에 우리 3총사는 계속 뛰고 있다. 나의 애마가 다 고쳐지면, 로드리가 추천한 영화를 커피와 함께 느긋하게 찾아봐야겠다. 패터슨 배경 영화 〈Alice, Sweet Alice〉, 그리고 〈Lean on Me〉를 시작으로 주르륵 연결고리가 이어진다고 했다. 참, 이번 주는 최대명절 '추수감사절(Thanksgiving Day)' 이다. 우리 가족의 무한대의 감사를 그분께 드려야 하는 특별한 감사절이다. 하늘, 땅만큼….

이제는 그만… '안녕'

30대 중반쯤 큰 수술을 받았다. 젊었음에도 회복 기간은 너무 길었다. 매일 출퇴근을 해야 하는데 도저히 견뎌내기가 어려웠다. 집은 멀리 도봉산을 마주할(?) 정도로 높은 '율곡교육촌' 이었다. 내리막길은 그나마 감당하겠는데, 집으로 가는 퇴근길은 불가항력이었다. 일과만 해도 패닉 상태인데 어찌 '교육촌' 의 높은 고지를 오를 수 있을까… 가끔 택시를 이용했으나 하루 이틀도 아니고, 해결책은 못 되었다. 그 차선책은 차였다. 새 차는 엄두도 못 내었고, 당시에 장한평 중고차 매장에서 H사의 '포니(Pony 2)' 를 구입했다. '조랑말' , '작은 말' 이라는 뜻의 '포니' 라는 이름이 좋았고, 주황과 빨강, 노랑을 섞은 듯한 특이한 Vermilion 컬러의 차 색깔도 맘에 쏙 들었다. 남편과 나는 '예잇' 합창을 하며 '포니 조랑말' 을 첫 차로 결정했다. 중고차는 '복, 불복' 이라는데, 우리의 첫 차는 완전한 ' 복' 이었다. 새 차 같은 성능에 세련미까지 퐁퐁 풍기기까지 했으니 차를 잘 만난 셈이다. 진작에 운전면허는 따놓은 터라 운전 연수 몇 차례를 받고, 나는 곧바로 차를 몰았다. 그때만 해도 여성 운전자가 드물 때였다. 운전 중 야유적인 언어와 눈총을 받기가 일수였다. '여자가 무슨 운전을…' '여자가 집구석에서 밥이나 하지 무슨 운전은…' 그런 식으로 말이다.

가족끼리 운전 연습을 한다는 것은 '웬수'를 만든다고 했다. 부부지간은 이혼까지도 간다고 했고. 그런 일반적인 이야기를 별로 들어본 적도, 관심도 없었다. 그냥 필요에 의한 나의 운전 시작이 계기가 되어 가족에게 자동으로 운전면허 지도를, 운전 연수를 하게 된 것뿐이다. 막내만 이곳 하이스쿨에서 면허를 땄고 연습은 내 담당이었다.

한국에서 남편에게 운전 연습 받다가 대판 싸웠다는 친구가 있었다. 그 친구의 하소연으로 운전 연수를 해주게 되었다. 친구 왈, "세상에, 너같이 하는 사람은 처음 봤다." 친구가 소문을 냈다. 덕분에 지인들, 친구들을 위한 운전 연습 지도를 꽤 했었다. 지금 생각하면 오지랖이었던 것 같은데 후회는 없다. 미국에 온 뒤로는 더 많았다. 이민 동기생들, 유학생들, 지인들, 참 많이도 했었다. DMV를 내 집 드나들듯했으니까. 어디 그뿐일까. 'I-20 유학비자'를 받게 해준 학생들도 꽤 많았으니, 지금 뒤돌아보면 이민 초기에 그 봉사(?)를 어찌 다 했을까… 아무도 관심 없는 그 일을 했었다는 것이 믿기지 않을 정도다. 참 '무식하면 용감하다'였다.

그랬다. 잠깐 여기서 '운전'이란 의미를 짚고 가자. 간단하다. 운전은 '발'이고 걷기'다. 그 이상도 이하도 아니다. 운전은 고학력과 무관하다. 어른보다 젊은 사람이 운전을 못한다? 아니다. 운전은 여성보다 남성이 우월하다? 아니다. 운전은 완전한 남녀평등이다. 그만 각설하고 운전의 정의는 운전 주행 경험 많음, 풍부함, 그것 자체의 의미다.

그럼, 운전 연수 기본을 보기로 한다. 핸들을 꽉 잡고 힘을 주면 안 되고, 가볍게 핸들에 손을 기대듯 한다. 앉음을 바르게, 핸들을 수시로 움직이지 않기, 3개의 미러(mirror)에 '원- 투- 쓰리' 로 눈 맞추기, 앞차와 뒤 차, 특히 앞차와의 리듬 타기. 간단명료한 기본이다. 그다음의 큰 이슈는 '칭찬' 이다. 첫째도 둘째도, 아니 열 번째도, 아니 무한 번째까지도 '칭찬' 은 운전 연수의 기본이고 순리다. 남편을 위시해 내 가족들은 그냥, 그저 그 순리를 자연스러워했을 뿐이다. 큰 손녀가 할머니하고만 연습하겠다는 이유는, 가족의 순리를 따랐을 뿐이 아닐까. 그랬는데 손녀가 잡은 운전대와 함께 우리 3총사는 3중 추돌 연습까지 완벽한 운전 연수를 마감하게 했다. 신기했다.

지난봄부터 발 닥터, 뼈 닥터, 주치의는 물론 모든 의사가 입을 모아 나에게 운전을 중단하라고 했었다. 그런데 일부러도 아니라 그저 심각하게 받아들이지 않았고, 그렇게 6개월을 훌쩍 넘긴 상태에서 차 사고가 발생했다. 감사절 기도 중 그분께서 '3중 추돌' 노티스를 주셨다는 바람 같은 깨달음으로 분연하게 결단했다. 감사절 가족 모임에서 확고한 결단을 선포했다. 그분의 경고에 따르겠노라고. 이제는 그만, '안녕' … 내 사랑 애마들과의 영원한 "Good bye" 라고….

Stay Home

갈 곳이, 가야 할 곳이 없다. 만날 친구가, 만나야 할 사람은 더더욱 없다. 심지어는 가족들까지 만날 수가 없다. 몸의 시간은 바람만큼 자유로운데, 머릿속 정신은 한순간의 틈새도 없이 널뛰듯 날고, 뛰고 있다. 생활은, 아니 삶의 정체성까지 무너지듯 흔들리고 있다. '집 콕, 방 콕' 의 시간들은 그랬다. COVID-19, "Coronavirus Pandemic". 미국 전체의 TV 채널과 언론들은 '코로나 팬데믹' 비상사태를 몇 주째인지 분간할 수조차 없이 마구 쏟아내고 있다. 처음엔 '바이러스' 상식도 부족했고, 아시아 쪽 사건이려니 하고 남의 일같이 방심했었다. 백악관까지 그런 느낌이었으니까… 하지만 코로나바이러스는 서유럽을 돌아 포물선을 긋고, 빠르게 미 대륙으로 상륙했다. 아니, 순식간에 전 세계, 온 세상으로 검은 구름을 덮듯 몰려왔던 것이다.

미 동부 뉴욕과 뉴저지의 시작은 이랬다. 뉴욕 '웨체스터' (Wechester) 쪽 유대인 템플 종교 모임에서 코로나 감염자가 처음 나왔고, '코네티컷' 회당에서도 그랬다. 뉴저지 역시 '호보켄' (Hoboken) 유대인 교회 안에서였고, '티넥' (Teaneck) 쥬이쉬(Jewish) 타운으로 퍼져 나갔다고 했다. '포트리' (Fort Lee)까지 유대인 선생 확진자 한 명이 나올 정도로 종교 모임은 그렇게 시작의 타임 벨을 눌렀던 것이다. 뉴욕의 '플러싱' (Flushing) 한인촌이나 뉴저지 '포트리' 와 '팰리세이드 팍' (Palisade Park) 한인 타운에서 시작되지 않은 것을 그나마 다행스러워해야 했다. 그럼에도 막강한 쥬이쉬 파워 때문일까. 금세 저들 '유대인' 의 이름은 사라지고 있다. 그렇지 않아도 '중국발' 코로나 명칭 때문에 아시아인들은 국가를 막론하고 불이익을 당하고 있던 터였다. 거기에 트럼프 대통령이 불을 지피기까지 했다. 그는 아침마다 코로나 비상사태를 브리핑하면서 꼭 한 번씩 '차이니스 코로나바이러스' 라는 이름을 은근슬쩍 끼워 넣곤 했다. 덕분에 동양인들에 대한 혐오감은 폭발할 정도였다. 마스크를 했다고 폭행, 마스크를 안 했다고 또 폭행, 그렇지 않아도 인종 혐오를 부추기던 '트 통' 정부(?)는 때를 만난 듯했다. 우리는, 동양 사람은 그냥 '코로나' 가 되고 말았다.

미 전역의 코로나 인구 숫자는 이제 10만을 넘었고 사망자 숫자도 숨 가쁘게 증가하고 있다. 결국 뉴욕에 먼저 '셧 다운' 선포가 떨어지고 얼마 후 뒤따라 뉴저지 역시 셧 다운 되고 말았다. 저녁 8시부터 아침 5시까지 통금 명령까지다. 물론 우리나라 군사정권 때의 '통행금지' 와는 전혀 다른 '노티스' (notice) 정도였지만, 그 또한 일반인들의 심리적인 두려움을 크게 키우고 있다. 그렇게 '집으로 가는 길' 은 사라지고 '밖으로 가는 길' 또한 사라지고 말았다. "Must Stay Home", '집 콕, 방 콕' 의 "Home" 의미에 대한 해석은 과연 무엇일까.

'바이러스-Virus'. 나는 바이러스 침범으로 몇 번씩 사형 선고를 받았었다. 그때의 기억은 가슴을 후벼오는 듯한 슬픔 자체다. 간에 바이러스 침입이었다. "바이러스에는 약이 없어요, 아무것도 할 수 없어요, 그냥 죽어요" 아랍계 LV 의사가 처연한 표정으로 미안하다며 내 손등을 토닥거리던 그 모습, 죽음을 기다리던 그 까마득했던 순간들, 물 한 모금도 삼킬 수 없었던 무지개 같았던 그 죽음을 어찌 뚫고 살았을까… 다시 또 한 번의 바이러스 침범 역시 죽음 속에 길게 갇혀있어야만 했다. 다시 사형 선고는 철회되고 말았고, '죽어지지 않는 인간', '불사조' 라는 이름표를 달고 신기하게도 또 살아났다. 기왕에 그 '이름표' 에 대한 기억을 더 멀리 가 보기로 한다.

아이들에게 걸리는 홍역, 수두, 말라리아 종류의 바이러스는 백신 발명 이전엔 허약한 아이들이 공격 대상이었다. 그 당시 바이러스가 돌면 어김없이 내게 달려들었다. 5살 때인가, '말라리아' 에 걸렸다. 고열에 들떠 잠도 잘 수 없었고, 천정에 보이는 무서운 환상과 환영에 시달리며, 음식도 못 삼키고 복통에, 설사에, 5살 아이가 이겨내기란 불가능한 일이었다. 그때도 말라리아 사망자가 속출했음에도, 그 속에서 나는 살았다. 툭하면 바이러스 공격을 받으며 성장기를 보냈다. 그러고 보니 '바이러스' 란 놈은 나를 너무 좋아하는 것이 아닌지…

이번 코로나바이러스의 공격 대상은 기저질환자라고 했고, 그 신체 부위는 '폐', 가슴 쪽이다. 내 숨통을 한순간에 끊을 수 있는 명확한 부위다. 나는 코로나의 일등 먹잇감, 아니 특등을 몇 개 겹쳐 놓은 특등 먹잇감일 것이다. 왼쪽 폐는 아예 없고, 한쪽 남은 오른쪽 '폐' 는 절반만 기능한다니, 게다가 기저질환까지 신기록 감이니 코로나는 밤낮으로 나를 향해 입맛을 다실 것이다. 무슨 상관? 어디 와 보라구! 흰소리를 쳤음에도 몸은 자동으로 벌렁거리고 있다.

역대 최악의 역병 바이러스와의 전쟁은 1위가 '페스트' (세계 인구 1억 명 이상 사망), 2위가 '스페인 인플루엔자' (전 세계 인구 1/5 사망)라고 한다. 이제는 내 앞에, 우리 앞에 마주한 '코로나바이러스' 가 '페스트를 제치고 1등 자리를 탐내며 달려오고 있다. 〈Stay Home〉. "Home" 의 명확한 번역이고, '해석' 이라고 할 수밖에…

Be Kind

채널7, Eyewitness News, ABC NY TV 채널이다. 밤새 뉴욕, 뉴저지는, 아니 세계는, 지구는 안녕하신가, 점을 찍고 가는 하루의 시작이다. ABC 앵커들과 세월을 함께하며, 함께 늙어가고 있는 셈이다. 그곳엔 남자 한국인 리포터가 있고, 한국계 핵심 여성 앵커도 있다. '코로나 팬데믹' 은 뉴욕을 강타했고, 사람들이 미처 'Stay Home' 에 적응할 수 없었던 초기에는 불안하고 두렵고 너무나 낯설었다. 그때 ABC뉴스에서 'Be Kind' 캠페인을 시작했던 것이다. 'Kind' 는 사람에게 좋은 호르몬을 생성시키고, 약한 마음을 강하게, 육체의 허약한 건강까지 회복시킨다. 따뜻한 미소가, 친절한 인사가, 사랑의 허그가, 치유의 능력을 증가시킨다. 아픔을, 슬픔을 함께 나누자. 소원한 가족관계가 있다면, 사회적으로 미움을, 불이익을 당하는 이웃이 있다면, 그리고 메말라가는 소셜 미디어까지도, 함께 아우르는 'kind' 는 '힐링' 의 원동력이고 본질이라는 그 '캠페인' 은 평범함 속에 비범함의 힘이 있었다.

아침, 저녁 뉴스는 밤낮으로 잠도 못 자고 들고 뛰는 의료진들에게 위로와 격려는 물론, 코로나 완치자들에게, 그리고 사망자들에게, 거동 불편한 노년들에게, 'kind' 캠페인은 물 흐르듯 했다. 마스크 기부, 식품 기부까지 줄을 이었고, 뉴저지 역시 타운별로 식품 전달이 활발했다. 덕분에 나도 'Food Bank' 식품 상자를 받았다. 얼마나 송구하던지, 그 미안함으로 선교 헌금을 선뜻 쾌척할 수 있었다. 일일이 다 열거할 수 없을 정도로 'Be Kind' 캠페인은 대단했다. 유명 미디어 채널들은 수없이 많다. 그럼에도 그 어디에도 ABC 캠페인 같은 종류는 없다. 그래서 더 큰 박수를 보낼 수밖에.

그랬는데, 터지고 말았다. 5월 25일, 미네소타주 '미니애폴리스'에서 두 손이 수갑으로 채워진 무저항 흑인 ' George' 가 백인 경찰 'Derek' 으로 인해 8분간 목을 짓눌려 사망에 이르는 사건이 터졌던 것이다. 그 장면은 충격이었다. 강심장 아니고는 차마 똑바로 볼 수 없을 정도였다. 그날 밤 미니애폴리스 다운타운 상가에서 철저하게 무장한 백인들이 상가를 때려 부수고 빠르게 사라지는 심상치 않은 사태가 벌어졌다. 작전 같은 계기를 유발한 셈이다. 당연히 흑인 폭동에 불을 지폈고 흑인들만의 전통과도 같은 약탈 시위가 폭발했던 것이다. 그 시발점은 도화선이 되었고 순식간에 미국 전체가 시위 현장으로 확산되고 말았다. (백인 무장 약탈 조사는 없었다.)

여기서 잠깐 살인의 장소를 스케치하고 가자. 흑인 '조지 플로이드' 와 백인 경찰 '데렉 소빈' 은 서로 잘 아는 사이였다. 예전에 그들은 나이트클럽에서 경호원으로 함께 일한 적이 있을 정도로 잘 아는 사이였다. '조지' 는 $20 위조지폐 신고자로 경찰 ' 데렉' 앞에 서게 되었고, 그는 아무 저항 없이 순순히 '데렉' 에게 체포를 당했다. 실은 '조지 플로이드' 나 살인 경찰 '데렉 소빈', 저들의 범죄 기록을 살펴보면 누가 더 범법자인지 헷갈릴 정도다. 그래서 상세한 이야기는 여기서 끝내기로. 짐작은 각자의 몫이니까…

– BLACK LIVES MATTER –

Protests들의 피켓이다. LA, 그리고 뉴욕 뉴저지, 시카고와 텍사스로, 아니 전 세계로 시위는 거침없이 파도를 타고 있다. 어제도 오늘도 내일도…

U.S.A. 이 땅의 흑백의 '흑' 역사는 어제오늘의 이야기가 아니다. 옛날에 들었던 또렷한 기억이 하나 있다. 1944년 11세, 7세 여아 2명의 실종사건, 그리고 다음 날 두 아이는 배수구에서 사망한 채로 발견되었다. 아이들은 둔기로 머리를 맞고 외음부가 훼손된 상태로, 그 죽음을 목격한 16세, 14세 흑인 형제들은 오히려 의심받았고 범죄자 혐의로 조사받게 되었다. 형은 풀려났지만 동생은 강간 · 살인자로 판결 받아 전기의자에 앉아 사형당했다. 소년의 마지막 말은, "저는 아무것도 안 했는데 왜 죽여요!" 14살 소년의 처절한 죽음. 그 후 70년이 지나 2014년 한 백인 노인이 숨을 거두기 직전에 자백하였다. 그 당시 진짜 범인은 자기였노라고. 14살 흑인 소년은 70년 만에 하늘나라에서 무죄 판결을 받았다. 법정은 소년이 무죄였음을 알면서도 사건 종결을 위해 허위 자백을 시킨 것이다. 흑인이었기에…. 더 쓰고 싶지만 참기로 하

자. 우리는 피부 색깔과 관계없이 다 같은 '인간' 임에도, 왜? 왜? 창세기부터 유색인에 대한 전쟁은 끝 간 데 없이 이어지고 있을까.

어느 누구를 말해 뭐 할까, 인종 차별 우열에 있는 민족은 교포를 포함한 한국인도 예외가 아닐 것이다. 자주 목격한다. 흑인들을 벌레 보듯 대하면서 백인 앞에서는 함박웃음에 과잉 친절을 베푸는 우리 이웃들을. 게다가, '짱깨 중국 놈들, 바보 스패니시, 교활한 인도 놈들, 깜둥이 놈들' 등등의 호칭… 우리에게는 오직 백인만이 우상인 듯하다. 대통령부터 백옥 주사를 맞았던 민족이 우리다. 하얗게, 하얗게, 하얀 피부 만들기에, 아니 서양 사람 만들기에 총궐기하는 민족 같아 보인다. '코로나 팬데믹', 〈BLACK LIVES MATTER〉, 그 앞에서 이제는 달라져야 한다.

"I have a Dream! 피부색으로 평가되지 않고 인격적으로 평가받는 날을 꿈꾼다"라는 마틴 루터 킹 목사의 꿈과 함께, 그리고, 그렇게 'Be Kind' 는 현재와 미래진행형으로 꿈의 날개를 더 높이 펼쳐 훨훨 날아야 하지 않겠는가! 계속, 지속적으로….

‘팬데믹’, 이럴 수가…

뉴욕의 중심 ‘맨해튼’은 상업적, 경제적, 문화적, 예술적, 건축학적, 역사적으로 미국 전체의 핵심, 아니 세계적인 탑(top) 핵심 대도시라 할 수 있겠다. 그 맨해튼의 매력에 한번 빠지면 헤어나기 어려울 정도다. 젊었을 때 주말이면 어김없이 조 다리(George Washinton Bridge)를 설레며 달려가던 기억은 내게도 있다. 세 명의 내 아이들 역시 그랬다. 그랬는데 손주들 중에 완전히 ‘맨해튼 광팬’이 한 명 있다. 큰손자 Y다. 그는 고교 시절부터 맨해튼을 향한 팬심을 뽐냈는데 기어코 대학까지다. 미드타운에 위치한 SV 대학, 전공도 미래가 암울한 ‘사진과’다. 아무도 막을 수 없는 Y의 ‘맨해튼 고고’ 행진이었다.

“이거 어떻게 생각하세요? 대학 개강 오픈 메시지를 받고 Y는 벌써 아파트를 어렵게 구했어요. 이제 이사 갈 준비가 한창인데, 다시 대학으로부터의 연락은 개강이 어렵고 새 학기 역시 온라인 강의라고…” “어, 뭐야, 그거 완전한 사기잖아?” 듣고 있던 막내와 나에게서 동시에 터져 나온 대답이다. 그랬다. 그런 유의 신종 ‘팬데믹 사기 방법’(?)은 알게 모르게 우리들 일상의 골로 파고들었다. 맨해튼 땅은 모두 다 금싸라기들이고, 모든 게 금값이다. 예를 들어 유명 레스토랑 2인분

디너 값은 1천 달러를 호가할 정도다. 하물며 맨해튼 대학가 등록금은 어떨까. 당연히 미 전체에서 최고로 비싸다. 기숙사 비용도 천문학적 수치다. 당연히 집값도 상상불허다. 이제 손자 Y는 신입생 기숙사 생활을 벗어났다. 9월 학기 개강 연락은 그래서 신났고 더 반가웠을 것이다. 다운타운 아래쪽 '소호' 근처에 마침 한 아파트를 구했고, 이사갈 준비도 다 끝냈다. 집구하기가 얼마나 어려웠을지, 값은 또 얼마나 고가였을지를 짐작하고도 남는다. 그랬는데, 개강 취소에 '온라인 강의'라니! 이럴 수가….

'코로나19 팬데믹' 이후, 인간의 삶은 물론 자연과 지구의 질서가, 그 판도가 바뀌고 있음을 체감할 정도다. 아니 총체적인 '사기성'에 걸린 듯하다. 물건 사재기를 시작으로, 먹거리와 일용품은 하루가 다르게 품종마다 값이 올라가고 있지만 사람들은 잘 못 느낀다. '지금 산 것만 해도 다행이다'는 심리를 판매자들은 꿰뚫고 있다. 온라인 주문은 문전성시를 이루고 각 개인적인 정보는 가차 없이 유출되고 만다. 그 유출된 주소로 정체불명 '차이나 중국발' 땅을 오염시키는 씨앗들이 전 세계로 마구 날아든단다. 쏟아지는 사기성 정보는 사람들을 불안감으로 몰아넣고 있다. 한번은 아마존에 주문했던 휴지 몇 팩이 도착했는데, 세상에나 휴지 롤 하나가 아이 주먹만 하다. 리턴 콜도 백지 상태였고. 마스크 주문 사기는 아예 일상적이다. 어제는 시금치가, 오늘은 양파가, 콩이, 피넛버터가, MSG, GMO, 노티스 리콜 뉴스가 아침마다 쏟아지고 있다. 어디서부터 무엇부터 해야 할 것인지 혼란스럽기만 하다. 더불어 가짜 뉴스는 먼지같이 흩날리고 있다. 그만하자, 끝도 없다.

그런데 이상하고 신기한 것은 또 있다. 날씨, 기후다. 'T-storm' 현상이다. 소낙비? 번개 비? 우리말로 표현이 적절치가 않다. T-storm은 텍사스주나 캘리포니아주와 같은 열대성 지역에 빈번하게 일어나는 현상이다. 미 동부 지역은 4계절 기후에 가장 가깝다고 할 수 있는 지역이다. 동부에서만 수십 년을 살았음에도 이렇게 시도 때도 없이 쏟아지는 열대성 '스톰'을 경험한 적이 없다. 온난화 현상이라고 하기엔 너무 특이하고 특별한 날씨가 이어지고 있다. 하늘은 구름 한 점 없고 햇빛은 쨍쨍한데, 한순간 햇빛 사이로 폭포같이 쏟아지는 '스톰'은 땅도, 자동차들도, 사람들까지 꼼짝 못 하게 만들고 만다. 고작 그것도 딱 1분, 2~3분이 전부다. 한 주에 며칠씩 일어나는 T-storm 현상이다. 그것도 팬데믹과 함께 시작이었다. 지독한 허리케인이 주마다 돌려가며 강타다. 날씨마저 '사기성'(?)이 농후한 것이라고, 그렇게밖에 이해할 수 없노라고, 그렇게 말하고 싶을 뿐이다.

인간관계가 무너지고 있다. 인성은, 인격은 난폭해지고 파격적으로 변질되는 듯하다. 가족 관계가, 친구 관계가, 동료 관계가, 교인 관계까지 흔들리고 있다. '팬데믹' 영향은 그랬다. 그리운 조국 한국은 미친 목사 하나를 위시해 해방 75주년을 묵사발로 만들어 버렸다. 세계적 '팬데믹' 모범 국가로 인정받았던 한국은 그들로 인해 다시 '코로나19' 후퇴 현상을 일으키고 있다. 부끄럽다. 실망한다. 절망한다. 분노한다. 하늘을 향해…

결국 손자 Y는 맨해튼 새집으로 이사를 했다. 1년 계약을 파기할 수 없는 룰을 따라야 했기 때문이다. 집에서도 들을 수 있는 온라인 수업인데도 그래야만 했다. 부모의 허리만 휘어지고 있다.

"나는 갈 길 모르니, 어디 가야 좋을지, 아무것도 모르니, 나를 가르치소서, 주여 나를 인도 하소서…" 요즘 입술에 달고 부르짖는 찬송가다.

아픈 이야기

NJ '돌팔이'

뉴저지(New Jersey)주는 미국 땅의 내 고향이다. 평생의 절반을 한국에서 살았다. 평범한 어느 한 날, 일상으로 찾아든 '이민' 이란 낯선 단어가 손에 들어오자, 우리 가족은 모두 '돈키호테' 가 되기로 했다. 그렇게 날아든 곳이 'Garden State' 라는 아름다운 별명을 가진 '뉴저지' 주였다. 말하자면 우리는 뉴저지 토박이인 셈이다.

토박이답게 나에게는 오랜 세월을 지나면서 몇 개의 별명이 붙여졌다. 'NJ 기적덩이' (miracle woman), 'NJ 미우라 아야꼬' , 그리고 'NJ 돌팔이' 등등이다. 의사들은 기적이란 단어를 절대 쓰지 않는다. 기적이란 의학과 상반된 말이기 때문이다. 그런데 의사가 내게 붙여준 별명이 '기적의 여인' 이다. 친구들이 불러주는 'NJ 미우라' … 그건 기분이 좀 그랬다. "하필이면 일본 작가람~?" 하고 말이다. 하지만 〈빙점〉의 작가 아야꼬 여사는 90살 가까이 한 평생을 질병 속에서 갇혀 있음에도 명작을 탄생시켰으며, 거듭난 신앙인으로 후반기엔 신앙 서적을 구두로 집필하기까지 했었던 놀라운 분이다. 내게는 과분한 별명이라 해야 할 일이다. '돌팔이' ~ 이것은 가족들과 친지들이 붙여준 이름이다. 흠~ '돌팔이' 라… 아무튼 그 별명이 난 제일 맘에 들었다.

별명 타령을 너무 길게 했다. 별명 안에서 자연스럽게 그 의미가 반

추되기를 바라는 마음이었다. 그랬다. 바로 '아픈 이야기'를 하려고 이렇게 돌려가며 이야기하고 있는 것이다.

아픈 이야기? 식상할 정도다. 지금은 질병 이야기, 건강 이야기가 지천으로 깔려있기 때문이다. 그럼에도 나는 한다. 나의 시간이 다 가기 전에 나는 꼭 해야만 한다. 두렵고 떨리는 일이지만 솔직하고 진솔하게 시작하자며 오랫동안 다짐하지 않았던가. 그래 그렇게 가기로 한다.

천재 물리학자 '스티븐 호킹'(Stephen Hawking)은 약관의 나이에 치명적인 루게릭병(근위축증)에 걸렸다. 의학은 1~2년밖에 살 수 없다는 사망 선고를 내렸다. 그랬는데, 그 의학은 틀렸다. 험하고 흉하게 무너져 내리는 호킹 박사의 육체는 차마 바라보는 것조차 죄송스럽기 그지없는 모습으로 변해갔다. 그러나 호킹 박사는 칠순이 넘은 지금까지 의학이 감당할 수 없는 기적의 표상이 되어 살고 있다. 그의 기적은 생존에만 그치지 않았다. 그는 현대 물리학 분야에 혁명을 일으키며 위대한 업적을 과학사에 남기기까지 했다. 최근 소식통에 의하면 호킹 박사는 자신의 안락사를 의학계에 요청했다는데, 과연 의학은 그의 외경스러운 생명에 감히 접근할 수 있을까? 나에겐 지대한 관심사다. 나도 그랬으니까. 그랬다. 나를 제발 죽여 달라고, 의학을 향해 하소연했고 창조주께 부르짖으며 몸부림쳤었다. 나를 좀 당신 곁으로 데려가 달라고… 나는 호킹 박사의 '안락사' 요청을 누구보다 공감하고 이해하는 사람 중 하나다.

'의학적으로 완전하게 사망했음'이라는 의사의 선언을 나는 병원 중환자실에서 지금까지 4차례나 체험했다. 참, 그러고 보니 내게는 또 다른 별명이 있었네. 'NJ 불사조' 라고… 다들 나에게 죽었노라 천명했는데, 나는 그 사망의 깊은 어둠 속에서 살아나고, 살아나고 또 살아나곤 했었다. '불사조' 처럼… 그때마다 의학은 내 죽음 앞에서 무용지물이 되곤 했었다. 그 첨예한 죽음과 마주한 채 지금까지 24시간을 살아내야 하는 나의 미션은 진행 중이고, 나의 마지막 시간은 불가사의한 미스터리로 남아있다고 해도 과언이 아니다.

내게는 운전면허증과 함께 꼭 지니고 다녀야 하는 '내장 장기 장애자' (?) 라는 중요한 증서(ID)가 있다. 무슨 그런 증서가 다 있냐고~? 그런 게 있다. 장기 한두 개쯤 척출해 냈으면 별일 아니겠지만, 나는 몸의 중요한 장기를 무려 여덟 개나 척출해 내는 수술을 했으니, 타운에서 그런 증명서까지 발급한 것이리라. 운전 중에 위급한 상황이 발생할 수 있겠다는 주민에 대한 배려이겠다.

나에게는 의학에 대한 반감이 크다. 의학의 칼은 내 한 몸을 먹이를 만난 듯 가차 없이 찢고 또 찢었다. 그랬으니까 살았다고? 찢었으니까 살아났다고? 천만의 말씀이다. 의학은 나를 끝없이 죽였고 창조주는 그때마다 나를 살려내야 했다. 그 이야기다. 의사 이야기, 공룡과 같은 병원 이야기, 그리고 숨겨진 제왕 같은 제약회사들의 이야기… 그렇게 너무 많이 알아버린 뒷이야기는 그냥 묻어버릴 수가 없다. 어느새 '돌팔이' 가 되어 버린 그 입술을 통해 들어보는 '아픈 이야기' , 바로 나의 이야기다.

'산업화' 주부

누군가가 나에게 어느 세대로 사셨냐고 물으신다면, 나는 서슴지 않고 "우린 '산업화 주부' 였다오~"라고 대답한다. 우리들은 4 · 19 혁명의 광장에 있었고, 당시의 사회적 핵심 동력이었으며, 주된 사회 구성원이었다. 당시는 정책적으로 산업화를 향한 불을 지필 때였다. 그렇게 치닫는 산업화의 행태는 한마디로 조폭과도 같은 막가파식이었다. "잘살아 보세~", "둘만 낳아 잘 기르자~" 등의 슬로건은 세상 온 천지를 막무가내로 흔들며 휘둘렀다. 그리고 그 휘둘림의 타깃은 '주부' 들이었다. 당시의 역사적 배경은 장편 소설로도 못다 쓸 장편이다. 어서 생략하고 본론으로 직진하기로 한다.

P 산부인과 의사는 막강한 배경과 탄탄한 힘과 실력을 갖춘 인물이다. 그는 의학과 정부 정책과 언론이 합세하여 '산업화 주부' 만들기의 주인공으로 발탁(?)되었다. 그런데 그의 역할은 어렵지 않았고 아주 간단했다. 언론과 TV를 이용하여 사람들을, 아니 주부들을 세뇌 작전으로 몰아가면 만사형통 일사천리였다. 언론의 뉴스들이 절대 진리로 받아들여지던 그때 그 시절이었으니까. P는 그렇게 쉽게 탄탄대로를 가고 있었다. 아주 쉽게.

'여성의 자궁은 오직 태아의 집' 에 불과하다. 단산했을 때 자궁은 아무 쓸모가 없고 오히려 각종 자궁병을 유발하는 원흉이 된다. 자궁을 제거해야 여성의 건강에 유리하다.

모유 수유는 아기에게 해롭다. 모유 안에 함유된 성분은 아기의 성장 촉진을 저해한다. 서구 식약청 연구소에서 완벽하게 개발한 원료를 도입해 'N 분유사' 는 아기의 두뇌 성장 촉진에 모유보다 더 좋은 성분을 포함한 분유를 제조했다. N 분유를 먹이자.

자궁 척출 시 복부를 절개했을 때, 아무 쓸모 없고 충수염 원인을 제공하는 '맹장' 까지 제거하면 일거양득이다.

수술대에 올라온 김에 여성의 자존감을 세우는 '요상한 수술' 을 권장한다. 심지어 편도선은 불필요하다.

이런 것들이었다. 그런 거짓된 선전은 어느 나라에도 없는 일이었다. 그랬는데, 우리들은 그 무지한 정책과 언론과 합세한 깡패 같은 의학에 무조건 복종해야 하는 미개하고 순진한 여자들에 불과했다. 그걸 따라 해야 현대판 여성 대열에 합류할 수 있다는 생각을 했었던가? 우리는 당시의 히트 영화 제목처럼 〈말띠 여대생〉들이었고, 〈영자의 전성시대〉의 주인공들이었다.

곳곳에서 소위 '계(契)' 조직이 유행이었다. '친목계' 라는 명목이었지만, 실은 별의별 이름을 가진 '계' 가 난립했다. 그중에 '자궁적출계', "국전 대통령상 작품 돌려타기 계" 등 희한한 목적을 가진 '계' 들이 소비성 목돈 마련의 방편으로 이용되던 때였다. 체계적인 의료보험이 부재한 시대였으니, 작고 큰 수술이나 병원비는 모두 거금 '곗돈' 으로 움직여야 했다. 거기다 집도의나 주치의에게 촌지 상납도 묵계처럼 이행됐다.

아무튼, 다시 P 의사로 돌아가면, 그는 그렇게 예리한 수술칼로 여자들의 하체를 가르고 수없이 자궁을 들어냈다. 당연하게 그는 얼마 후 서울의 노른자위 중심부에 종합 병원과 같은 거대한 L 산부인과 병원을 탄생시켰다. 자궁으로 만든 빌딩이라는 소문이 자자했다. 멀쩡한 장기를 착취하고 거기다 거금 목돈까지 갈취하고도 떳떳하게 당당한 힘의 권좌를 누리는 '의학' 이라는 두 얼굴을 똑바로 봐야 한다고… 제발 의사들 말이나 언론 또는 정부의 말을 절반만이라도 한 귀로 흘려보내자고 나 혼자 허공을 향해 떠들고 다녔던 것 같다.

의학, 병원, 의사들의 흰 가운…. 그 분야는 성역(聖域)이었다. '히포크라테스 선언' 은 인간의 생명 존중과 의학의 정직과 윤리적 선포였을 것이다. 그의 선언은 창조주가 의사에게 위임한 치유 은사를 대행한다는 숭고한 신앙적 경지에 가까웠다. 머리카락 하나, 눈썹, 코털까지 조물주의 인체 창작은 가히 우주의 신비함과 비견되는 신의 영역이다. 어찌 쓸데없는 세포와 장기가 있을 수 있단 말인가. 쓸데없는 장기는 하나도 없다는 것이 의학의 진리였다. 그랬던 순수 의학은 물질주의와 야합하여 무참하게 성역을 무너뜨리고 변질시키고 말았던 것이다. 그럼에도 그 성역의 벽은 얼마나 견고하고 높은지 함부로 손가락질을 할 수도, 돌을 던질 수도, 큰 목소리도 낼 수도 없었음은 약자인 아픈 사람들의 몫이었다. 한국을 떠나 미국에 정착하고 제일 먼저 엿볼 수 있었던 것이 병원이었다. 아주 달랐다. 의학의 우수성을 비교함이 아니다. 시스템 자체가 한국 의학계와 큰 차이를 두고 있었다. 제왕절개 출산은 전혀 없었다. 자연분만이 주였고, 여성의 몸을 함부로 잘라내는 일은 더더욱 없었다. 특수하게 부득이한 경우를 제외하고는.

그렇다면, 누군가가 나에게 "당신은 의학을 무엇이라고 생각하느냐"고 물으신다면, 나는 주저하지 않고 대답할 것이다. "의학은 사기다. 그런데 그런 사기 의학은 사람을 살리기도 한다"라고 말이다. 병원의 고객은 환자다. 아픈 사람이 많아야 의사도 병원도 신나는 일이다. 모두 자꾸자꾸 아파야 한다. 그것도 약으로 치료하는 것보다 칼로 치료하는 환자가 많아야 무한 성업 중인 의학계가 될 것이다. 이런 역설은 듣기에 거북한 말일까? 아니다. 맞는 말이다.

급성 '황달성 간염'

첫아들, 첫딸을 '둘만 낳아 잘 기르자~' 는 정부 시책에 걸맞게 모범적으로 출산했다. 모유 수유하는 엄마들을 미개인 취급할 때였다고 했던가. 하지만 나는 '워킹 맘' 이었음에도 불구하고 당당하게 미개인되기를 주저하지 않았다. 두 아이 모두 모유 수유로 키웠다. 그뿐인가! '둘만 낳아 잘 기르자' 는 구호까지 거부하기로 작정했다.

셋째를 임신했다. 셋째는 무엇이든 수월할 줄 알았다. 두 아이를 자연분만에 모유로 키운 노하우의 자신감이 있었기 때문이었다. 그러나 그런 상식은 잉태라는 존엄성 앞에서 백해무익했다. 10개월 내내 임신중독증에 시달려야 했고, 출근을 병행할 수조차 없었다. 배가 불러오자 사표를 내고 몸을 본격적으로 관리해 보자고 마음먹었다. 하지만 층층시하 시집살이를 하던 때라 그것마저 수월치가 않았다. 그렇게 어렵사리 출산일을 맞았다. 난산이었다. 임신중독증을 제대로 관리하지 못한 이유라고 했다. 의사들은 제왕절개를 해야 한다고 했으나, 난 조금만 시간을 갖자고 오히려 의사들을 설득했다. 길고 긴 난산의 터널을 뚫고 드디어 자연분만에 성공했다. 난산으로 머리가 호두 모양으로 뾰족해진, 작고 예쁜 아기가 작은 울음을 터트리며 그렇게 세상에 나왔다. 기적 같은 순간이었다. 아니, 기적의 자연분만이었노라고 의료진들도 모두 기뻐하며 치하했다. 그러나 나는 난산의 후유증으로 만신창이가 되어 산후 회복기에 어려움을 겪게 되었다.

아기는 초유도 잘 먹고 젖을 빠는 힘도 좋아서 모유 수유는 순조로운 편이었다. 그랬는데, 한 주가 지나면서 산모인 내가 슬슬 미열에 시달리기 시작했다. 유방의 심한 통증, 그리고 유두가 헐고 간헐적으로 찢어지기까지 했다. 아기가 젖을 물 때면 자지러질 듯한 고통으로 시달려야 했다. 소위 '젖몸살'에 걸리고 말았던 것이다. 예로부터 젖몸살은 불 젓가락으로 젖을 찔러 고름을 빼야 하는 무서운 병이었다며, 시모님은 서둘러 동네 약국으로 달려가 약을 지어 오셨다. 산모가 먹어도 아무 이상 없는 약이라고 약봉지를 건네주셨다. 미역국조차 제대로 먹지 못하는 상태의 산모가 약국 약을 먹어도 되는지 염려스러웠지만, 시모님의 간곡한 권유로 우선 한 봉지를 먹었다. 시간을 맞춰 하나 더 먹었던가. 아, 뿔, 싸. 이건 완전히 무식의 소치였다. 약효는 고사하고 발열과 기침과 구토증으로 온 밤을 하얗게 지새웠다. 이른 아침, 타는 듯한 갈증으로 물 한 모금을 마셨다. 물은 목울대를 거칠게 스치며 불편하게 넘어가고 있었다. 밤사이 난 중환자가 되고 말았다.

몰골을 보자 하고 거울을 봤다. 아니, 이건 또 무슨 일인가? 눈이 노랗다. 흰자위는 노란 물감으로 색칠해 놓은 듯했다. 그뿐만 아니라 온몸의 피부가 다 노랗게 물들어 있었다. 내가 밤사이에 '노랑둥이' 괴물로 변해 버린 것이다. 충격이었다. 심지어 아기가 먹는 모유까지 노랗다. 당장 아기에게 젖을 먹일 수조차 없었다. 아기는 그사이 젖 맛을 알았는지 분유는 입에도 대지 않고, 피와 노란 것이 섞인 젖에만 한사코 매달렸다.

더 큰 일은 산모인 내가 음식을 제대로 먹을 수 없다는 것이었다. 먹으면 토하고 미음을 먹는 일조차 어렵게 되었다. 몇 날을 버티다 결국 응급실행으로 병원에 입원할 밖엔 도리가 없었다. '급성 황달성 간염', 의사들의 진단이었다. 주원인은 약국 약봉지였다. 산모에게 안전하다던 그 가루약은 강력한 항생제였다. 아… 한국은 아마도 항생제 남용이 세계에서 제일이었을 것이다. 만병통치로 통하는 '항생제'. 약국은 처방전 없이 '약사들의 조제' 라는 명분으로 항생제를 마구 사용하고 있었다.

그 항생제가 산모의 간 기능을 완전하게 마비시키고 말았다는 것이다. 링거의 수액마저 흡수하기 어렵다 했다. 의사들의 발 빠른 치료에도 불구하고 급하게 사망 선고가 내려졌다. 한두 주 안에, 길어야 한 달을 못 넘길 것이라며 서둘러 퇴원을 시켰다. 집안이 발칵 뒤집혔다. 핏덩이 갓난아기와 4살, 6살 어린 자식을 두고 엄마가 죽는다니, 시댁도 친정도 온 대소가가 뒤집힐 수밖에는 방법이 없었다. 벌써 물 한 모금도 못 마신 지 두 주가 넘었다. 죽음은 시간을 다투어 빠르게 진행되고 있었다. 육체와 영혼이 이완된 채 가사 상태에 빠져들고 있었다. 의사가 선포한 한 달의 끝은 죽음의 분초를 다투는 순간이었다.

'아… 그런데, 그런데 말입니다, 나는 살아났어요, 살아났답니다.

어떻게 살아났냐고요?'

경기도 광주에 시고모님이 사셨다. 고모 댁 뒷산엔 미국에서 귀국했다는 괴짜 도사가 움막을 짓고 약초를 캐며 은둔하며 살고 있었다. 시고모님이 다급하게 그 도사에게 달려가 하소연을 했다는 것이다. 도사는 어차피 죽을 거라면 사약을 한번 써 보자고 누런 한지에 회색 가루를 주었다. 시고모님의 가루는 급하게 전해져 왔고 다급하게 가루는 내 두 콧구멍에 훅 불어 넣어졌다. 그것도 두세 번이 다였다. 그리고 얼마 후, 내 코에서 노란 콧물이 나오기 시작했다. 어느덧 노란 콧물은 수돗물같이 쏟아지고 있었다. 얼마를 쏟았을까? 아마도 일곱 시간 이상 쏟았다고 했다.

온몸의 노랑물이 다 빠진 듯, 눈자위까지 하얗게 변해 있었다. 그리고… 내 입술로 뱉은 첫마디는 '물, 물' 이었다. 생명수 같은 물 한 모금이었다. 그 하찮은 가루는 바로 말린 '참외 꼭지' 에 불과했다. 내 기도의 그분은 미물 같은 성분을 통해 '황달성' 사망에서 나를 건지셨다…라고 나는 믿고 믿는다.

나를 위해 수백 명 성도들의 집중 금식 기도가 있었노라고 통곡 같은 친모님의 전언이 들려왔다. 나는 울고 울고 또 울었다. 생명의 감격 때문에.

기관지 확장증(Bronchiectasis)

캉. 캉. 캉… 캉캉 춤 이야기가 아니다. 공명을 울리는 나만의 기침 소리다. 나는 기침 '쟁이' 였다. 기침병에 걸리면 좀처럼 완치되거나 근절되기 어렵다. 기침을 치료할 의학은 그 어디에도 없다는 것이 내 생각이다. 젊어서부터 평생을 기침과 싸우며 살았기 때문이다.

기관지 확장증, 그리고 천식(astma) 혹은 해소(咳嗽) 기침과 같은 기침병은 모두 폐를 연결한 기관지의 벽이 영구적으로 늘어나 있거나 손상된 채 생기는 만성적 염증을 일으키는 증상이다. 반대로 천식은 기관지가 좁아지고 막혀서 발작적인 기침을 일으키고, 해소 기침 역시 만성적 기관지 화농으로 누런 객담을 쏟으며 숨이 넘어갈 듯한 연속적인 기침을 쏟아내는 현상이다. 내 경우는 기관지 확장인지 천식인지 그 어떤 의사도 확실한 진단을 못 하고, 그때그때 증상에 맞춰 한결같이 항생제 투여 처방을 무책임하게 쓰고 있었다.

담배가 원인이었다. 그것도 직접 피우는 것보다 몇 배로 해롭다는 간접흡연이 발병의 요인이었다. 음주나 흡연 환경에서 성장하지 않은 나에게 결혼 후 제일 낯설고 생소한 풍경은 담배를 태우는 시댁의 남자분들이었다. 그것도 직계 가족 구성원의 시아버님과 남편은 말 그대로 줄담배에 골초셨다. 엄한 시집살이 탓이었을까, 아니면 당시의 문화적 배경 때문이었을까, 감히 시부님께 '집 안에서 흡연을 삼가셨으면 합니다', 그런 말을 입 밖으로 낼 엄두도 못 냈었다. 아니 남편에게조차 그런 말을 한마디 건네본 적이 없다. 낮에 겨우 환풍을 시키고 나면 퇴근 시간 이후부터 다시 온 집안은 뽀얀 안개 속에 갇히고 만다.

길고 긴 겨울에는 담배와 함께 또 하나의 주범이 도사리고 있었다. 바로 연탄이었다. 주거 형식은 최신형 슬라브 양옥집이었음에도 난방은 경제적인 이유로 연탄을 사용할 수밖에 없었다. 그것도 지하실에서 방마다 연탄 화로를 태우는 방식이다. 하루에 연탄을 수십 장 갈아야 했다. 연탄을 갈 시간이면 밤낮을 가리지 않고 연탄 냄새로 자욱한 지하실로 뛰어들어야 했다. 남편과 시동생, 시부님까지 힘센 장정들이 수두룩했음에도 연탄불을 가는 것은 오직 한 사람, 며느리의 몫이어야 했다. 그리고 그 기침을 붙안고 강북에서 서강대 앞까지 만원 버스로 출퇴근까지 했으니… 그때를 어찌 살아냈는지, 참 아득한 시절이었다.

시작은 이랬다. 툭하면 감기에 걸렸다. 감기가 나갈 때쯤에는 꼭 기침을 동반했다. 점점 감기 기침은 상습적으로 침범했고 습관처럼 기관지염을 일으켰다. 기관지 염증은 점차 기관지 확장증과 천식으로 진행되고 있었다. 여름을 제외한 가을, 겨울, 봄을 이어 철 따라 기침병은 극심했다. 가라앉았다 심했다 들쭉날쭉대며 내 육체의 지병으로 떡하니 자리매김하고 말았다.

밤을 꼬박 새우며 지독한 기침 발작에 시달릴 때가 허다했다. 가슴

언저리는 말할 것도 없고 머리끝부터 발끝까지 기침이 강타하는 육체적 고통의 후유증은 무섭고 극심했다. 그 고문과 같은 아픔을 어떻게 이겨냈을까. 그것은 설명하기 어려운 나만의 영적 세계, '고통이완법'이다.

그런데 여기서 하나 짚고 넘어가야 할 일이 있다. 흡연자였던 남편과 시부님은 어떠했을까? 아니 대가족인 시댁 식구들은 또 어떠했을까? 흡연자 당사자들은 물론 다른 가족들 모두 감기조차 걸리지 않는 건강 체질이다. 담배 연기에 노출됐던 내 아이들도 기침병에는 걸리지 않았으니 그럼 누구 탓일까? 내 탓이다. 시모님은 '병충이' 며느리를 향한 불만을 뒷말로 늘 하셨다. '병충이', 분명 내 탓이었다.

미국으로 이주한 대가족, 그리고 아무도 말한 적 없는데, 신기하게도 남편과 시부님은 실내 흡연을 하지 않으셨다. 밖에서 담배를 태우는 습관은 흡연 습관을 점점 줄어들게 했고, 아마도 나중엔 금연으로까지 발전되었던 것으로 기억한다. 고마운 일이었다.

그리고 내 기침병의 새로운 진단이다. 한국과 다르게 미국 의사들의 기침병 진단은 다른 이름 하나가 더 붙었다. '알레르기(allergy)성 기관지 확장' 또는 '알레르기성 천식'. '알레르기'란 생소한 단어였다. 그랬다. 한국보다 쾌적한 환경 안에서 살게 됐지만, 그 불가해한 '알레르기' 성은 내 기침병을 치유할 그 어떤 의학도 허락하지 않았다. 수십 년을 다시 '알레르기'와 투병해야 했다. 이른 은퇴를 하고 얼마 안 있어 나의 왼쪽 폐가 무너져(collapse) 내렸다. 그리고 왼쪽 폐와 기관지를 척출하는 대수술을 해야 했다. 그렇게 길고 긴 여정의 '캉. 캉. 기침병' 에서 나는 겨우 자유로워질 수 있었다.

첫 수술, 그 무작함… (1)

몇 개월 전부터 몸이 수상하다. 정체불명의 통증이 여기저기 말초 신경을 건드리며 느닷없이 일상으로 찾아들었다. 으슬으슬 미열까지 동반한 채 통증은 신체 부위별로 구석구석을 습격했다. 가령 왼쪽 아랫배와 골반 뼈를 위시해 아픔은 치골 쪽으로 치받으며 사타구니까지 극심하게 파고들었다. 게다가 온몸의 뼈마디까지 관절염 환자 같은 증상을 일으키고 있지 않은가. 오전엔 그나마 견딜 만했는데, 퇴근 시간 가까이 되면 허리가 절로 꾸부러지고 걸음걸이조차 똑바로 걷기가 힘이 들었다. 나이 이제 30대 후반인 내가 완전한 노인의 모양이 다 되어버린 것 같았다. 병원을 가야 하는데 그 시간을 만들기도 어려워 차일피일 미루기만 했다.

그러던 어느 날 진이 엄마를 우연히 만났다. 우연인지 필연인지 지금은 알 수 없으나, 그녀와의 만남은 '첫 수술' 사건의 시발점이 되는 계기가 되었다. 서로 안부를 주고받다가 그녀는 아주 좋은 의사를 내게 소개하겠노라고 했다. 그리고 나와 병원 오가는 일을 함께하겠노라며 적극성을 띄었다. 나는 병원을 늘 혼자 다니는 버릇이 있기 때문에 진이 엄마의 병원 친구 제안은 좀 마땅치 않았다. 더구나 그녀는 내 제자의 학부모였기 때문에 조심스러운 관계여서 내키지 않았다. 그럼에도 진이 엄마의 '좋은 의사' 추천과 의사와 각별한 사이라는 이야기 때문이었을까, 그럼 어디 날을 한번 잡아보자고 했다.

진이 엄마가 소개한 부인과 의사 C는 보기 드물게 미남형이었다. 거기다 친절하고 세련된 매너까지 겸비해서였는지 그의 환자는 유난히 많았다. 진이 엄마 덕분에 병원 검사는 특혜를 받은 듯 기다림 없이 빠르게 끝냈다. 당시엔 병원에도 소위 '사바사바'와 '빽'이 난무하던 시절이었으니까 진이 엄마의 위력(?)이 작용한 셈이었다.

검사 결과를 체크하는 의사 C의 표정이 자못 심각했다. 왼쪽 난소와 대장 일부가 협착되어서 난소 하나 전체와 대장 일부를 제거하는 수술을 해야 한다고 했다. 큰 수술이라고 했다. 수술을 해야 하다니… 난감했다. 수술 말고 다른 방법은 없는가? 그냥 협착된 부위만 간단히 떼어낼 수는 없는가? 정확한 병명은 무엇인가? 횡설수설 이런 질문을 한 것 같다. 그러나 의사의 대답은 수술 외는 방법이 없으며, 그것도 속히 수술하지 않으면 심각한 사태(대장이 썩어 괴멸된다고…)로 진행될 수 있으니 서둘러야 한다며 단호한 입장이었다. 어찌할 것인가, 의사 C의 말은 절대 권위였고 의학은 진리로 통했던 시절, 순종할 수밖에는 그 어떤 다른 방법이 없었다.

병가를 내고 수술을 위해 입원 수속을 밟았다. 의료보험도 없을 때라 2인용 입원실과 가능한 저렴한 입원 절차를 찾기에 나는 최선을 다했다. 그랬는데 진이 엄마가 이끄는 대로 병실엘 찾아 들었더니 작고 아담한 독방이었다. 의아해하는 내게 진이 엄마는 "쉿~ 아무 말도 하지 말라"며 입술에 검지를 갖다 댔다. 그렇게 그녀는 나의 입원 절차와 수술 절차 전체를 주도하며 깊숙하게 개입해 들어오고 있었다. 그녀는 나의 보호자였고 수호자였고 대변자였고 의사 C와 중간 통로자 몫까지, 아낌없는 봉사자가 되겠노라고 내 가족들 앞에서 공공연하게 선언까지 할 정도였다.

수술을 위한 집중 검사가 다시 시작됐다. 수없이 피를 뽑고 X-레이를 찍고 빽빽이 검사를 하루 만에 끝내고는 드디어 다음날 오전으로 수술 시간이 잡혔다. 그리고 겨우 한숨 돌리는 여유로운 시간이 되었다. 그리고, 그리고는, 그랬는데… 아, 나는 그 순간부터 서서히 의학이라는 거대한 거미줄에 걸려들어 가고 있었다. 그 거미줄 망은 얼마나 질기고 견고한지 거미집을 뚫고 탈출할 내 의지나 힘의 여지는 전혀 없었다. 나는 무시무시한 승냥이 앞에 붙잡힌 한 마리 먹잇감에 불과했던 것이다. 의사 C와 걸맞게 생긴 또 다른 젊은 의사가 미소를 머금고 차트를 들고 내 병실을 찾았다. "안녕하세요, 내일 수술이군요." 그는 차트를 죽 훑어보고 브리핑하듯 입을 열었다.

"첫아들과 두 딸을 두셨네요. 아주 좋군요. 더 이상 임신하실 계획은 없으시죠?"

"아~ 네. 근데 그건 왜…?"

“왜냐하면요, 여성들은 자신의 여성성을 잘 모르는 경우가 많아서요. 예를 들면 여성의 자궁은 뭐냐, 그런 거요.”

“.........”

”한마디로 자궁은 아기집에 불과하죠. 그 이상도 이하도 아닌, 임신의 도구에 불과하다 이겁니다. 아기를 다 낳았으면 자궁은 백해무익할 뿐이죠. 아니 단산하고 나면 오히려 ‘병주머니’ 가 되기 십상이라는 거죠. 툭하면 자궁내막염 걸리고 물혹 생기고~ 자궁암도 걸릴 수 있죠, 그래서 자궁은 불필요한 존재라는 겁니다.”

그의 여성성 강의(?)는 계속되고 있었다.

첫 수술, 그 무작함… (2)

나는 그때만 해도 바람잡이가 뭔지 몰랐다. 더구나 병원(양의학)에서 그런 일이 있으리라고는 상상도 못 했다. 첫 수술을 끝내고 아마도 1년이 훨씬 지나서야 '바람잡이' 라는 단어가 세상 구석구석에 포진하고 있음을 알았던 것 같다. 양의원, 한의원, 학원가…, 심지어는 건강식이나 유행성 인기제품에 이르기까지 바람잡이의 손길이 뻗어 있었다니, 참 나도 세상 물정 모르는 숙맥인 셈이었다. 그랬다. 진이 엄마는 의사 C를 위시해 4인방을 이루는 바람잡이의 핵심 멤버 중 한 사람이었다. 그걸 난 까맣게 몰랐다.

드디어 수술 날이다. 태어나 첫 수술이다. 아침부터 정체불명의 긴장감이 온몸을 엄습해 왔다. 아무래도 두려움과 무서움은 본능적인 반응이 아닐 수 없었다. 의사들의 아침 회진을 끝내고, 잠시 후 중년쯤 되어 보이는 수간호사가 어린 간호사를 대동하고 들어왔다. 수술실로 들어가기 전에 환자에게 주의사항을 자세하게 전달하고, 어린 간호사를 밖으로 내보냈다. 그리고 그녀는 의자를 내 침대 앞으로 바짝 당겨 마주 앉았다. 은근하고 부드러운 음성과 눈웃음을 지으며 최대한의 친절함으로 그녀의 태도가 바뀌었다.

"자~ 배를 '연 김' 에 쓸데없는 자궁도 맹장도 함께 제거합시다. 따로 수술하자면 일이 얼마나 큰일일 터인데 '열은 김' 에 하면 얼마나 좋아요~ 일거양득이죠. 안 그래요?"

"…………..."

처음엔 그녀의 말을 나는 이해할 수가 없었다. 그랬는데 아, 어제 오후 그 젊은 의사의 '여성성 강의' 가 떠오르면서 그게 바로 이런 것이었나 하고는 겨우 짐작이 갔다. 하지만 간호사의 그 '연 김' 에라는 말은 내게 심한 모욕감과 불쾌감을 불러일으켰다. 무슨 생선 배를 가르는 것도 아니고 사람의 복부를 절개하면서 그런 식으로 말을 하다니… 정말 기가 막혔다. 게다가 점입가경인 일은, 어느새 진이 엄마까지 들어와 합세하고 있었던 것이다.

"그래요, 이렇게 수술할 때 한꺼번에 하면 시간도 금전도 모두 절약되니 얼마나 좋아요, 내 친구도 충수염 수술할 때 한 번에 다 했답니다. 참, 하나 더 하세요, '이쁜이' 까지요~ 어때요~?"

저들은 마치 사람의 몸을 요리하는 하이에나 셰프(Chef)들 같았고 무료로 큰 선심을 쓰는 것 같이 의기양양했다. 아무튼, 그렇게 내 몸을 요리할 시간은 다가오고 있었다.

수간호사는 약간의 부피가 있는 서류를 내밀었다. 서명을 하라고…

깨알같이 쓴 영어와 한글이 섞인 서류들을 다 읽을 수도 없었지만, 읽는다고 해도 서명을 하지 않을 수는 없었으리. 그러나 분명한 것은 저들이 설득했던 '연 김' 에 하라는 수술에 대해 '네…' 하고 대답한 일은 절대 없다는 사실이다. 그렇게 나는 수술실을 들어가기 전에 마취되고 정신을 잃어버렸다.

24시간이 지나서야 눈을 떴다고 했다. 수술은 잘 되었노라 의료진들은 말했지만 나는 제시간에 깨어나지 못해 병원이 발칵 뒤집혔고 가족들은 애간장이 다 녹아내렸다고 했다. 어쨌든 고맙게도 제정신으로 돌아는 왔지만… 세상에, 세상에나… 하이에나 같은 저들이 내 뱃속을 결국엔 다 뜯어내고 말았다는 것이다. 내 질병인 왼쪽 난소를 제거하고 팔 길이만큼의 대장을 잘라내는 일도 큰 수술이라 했는데 멀쩡한 '자궁' 과 건강한 '맹장' 을 자기들 맘대로 다 뜯어내다니… 내 몸은 그렇게 엄청난 수술을 감당할 건강 체질이 아니다. 아니 설사 건강한 체력이라도 한 번에 그렇게 장기를 들어내고 견뎌낼 사람이 어디 있을까. 나는 그렇게 깡패 같은 의학으로부터 무작하게 여성성을 도난당한 셈이다. 그랬음에도 저들이 행한 의학적 위법을 고소하거나 시시비비를 가리는 일이란 그 거룩하고 무서운 의학 앞에서 피력할 아무 힘도 여력도 없는, 힘없는 약자에 불과했다.

죽음 같은 회복기의 어느 날이었다. 낯선 의사 한 명이 들어왔다. 차트를 죽 훑으며 내진을 하겠다고 했다. 난 좀 의심스러웠다. 오전에 회진을 다 했는데 무슨 일이냐며 몸을 사렸다. 그는 의사 C가 지시한 일이라 자기는 응해야 한다는 것이다. 잠깐 체크만 하는 간단한 일이라며 안심을 시켰다. 하얀 의사 가운의 제복 앞에서 감히 어찌 불복할 수 있을까.

사건이 터졌다. 의료사고다. 그 체크만 한다던 그놈(?)이 주범이다. 뭘 어떻게 했는지 기억에 없다. 으-악! 나는 단말마 같은 비명을 지르고 기절하고 말았다. 그리고 나는 곧장 재수술로 들어갔다. 누구도 설명해주지 않아 잘 모르지만, 그놈(?)이 수술 부위를 잘못 터트려 하혈을 펑펑 쏟게 했다니 아마도 피를 쏟는 부위를 재수술한 듯했다. 일주일이면 퇴원할 것이라고 했는데 다시 한 주를 더 입원해 있었다. 2주 만에 퇴원 수속을 하는데 병원 측에서 일주일 분의 병원비를 큰 은혜를 베풀듯 삭감해 준다는 것이다. 병원이 어떤 곳인가, 병원비를 깎아 준다? 천만의 말씀이다. 이걸로 분명한 의료사고였음이 증명됐음에도 우리 가족은 오히려 고맙게 생각했으니, 그 시절 얼마나 무지했는지… 참, 그랬다.

"예강이법", "신해철법"이 과연 통과될 수 있을까? 전혀 아니다. 의학이 아무리 살인을 해도 잘못은 의학이 아니라 수술 전에 서명한 환자의 몫이기 때문이다. 나는 그 무작한 일을 당하고 나서야 서서히 의학에 눈을 뜨기 시작했다. 몸은 다 망가진 채로….

'물혹' 하나로…

지금 나는 현대여성사의 중간 뒤편에 서 있다. 아니 한가운데서 한참을 기울고 있는 셈이다. 위로는 사라져가는 어머니 세대가 있고, 아래로는 사회의 주축을 이루고 있는 우리 딸들이 있다. 우선 우리 어머니들, 딸들의 할머니들로부터다. 그때에는 '산아제한' 이란 단어 자체가 아예 없었다. 2~3살 터울이나 심지어는 한 살 터울이라도 임신하고 해산하고 양육하는 일은 어머니들의 숭고한 사명이었다. 집집마다 적게는 5~6명, 많게는 10~12명까지 자녀들을 생산했다. 병원에서 아기를 분만했을까? 아니다. 산파가 해산을 도와주는 경우는 있었지만, 주로 집에서 자연분만에 모유 수유로 그 많은 자녀들을 키워냈다. 비록 분만 환경이 열악했음에도 그 모든 '낳고 낳고…' 의 장은 자연의 물결이었고, 창조주의 섭리를 따라가는 우리 어머니들의 아름다운 행진이었다. 여기서 잠깐, 주목할 포인트가 있다. 우리의 어머니들, 딸들의 할머니들에게는, 그러면 '자궁암' 이나 '자궁근종' 혹은 '물혹' 이나 '유방암' 같은 질병이 흔하게 있었을까? 전혀 아니다. 특별한 경우를 제외하고는 그렇지 않았다는 점이다. 생각해 볼 일이다. 그리고 그 어머니들의 딸들인 우리들은 어땠을까? '둘만 낳아 잘 기르자' 의 정책과 '나쁜 의학' 이 의기투합해 자궁 적출은 물론 인공유산을 밥 먹듯

했고, 모유 수유를 거부하고 분유로 아기를 키워야 했던, 소위 '산업화 주부' (내가 지칭한) 세대였다. 수치스러운 세대였다. 당연하게 부인병에 노출되는 일이 증가할 수밖에 없었다. 그리고 이제, 지금, 우리들의 딸들이다. 딸들에게 나쁜 의학의 포커스는 무엇일까? 저들은 주로 '제왕절개' (C-Section) 분만에, 그리고 '물혹' (자궁근종)과 유사성 '유방암' (유방근종)과 여성성의 '성형', 그것이다.

할리우드의 주인공 '안젤리나 졸리' 가 유방암 초기라는 진단을 받고 두려움 때문에 양쪽 유방은 물론 난소와 나팔관 같은 여성성의 전부를 척출하고 말았다는 뉴스가 토픽으로 뜨고 있다. 안젤리나의 두 유방이 복원 수술로 이전보다 더 아름답고 섹시한 모습으로 돌아간 것은 당연한 일이고… 아, 지금 막 아침 뉴스에 그녀의 담당 의사가 TV에 나와서 그녀의 상황을 한참 설명 중이다. 어쩜, 그녀의 담당 의사까지 젊고 모델 같은 몸매에 배우 같은 미인 여의사다. 음… 저들은 혹시 전 세계를 향해 '나쁜 의학' 홍보대사(?) 노릇을 하고 있는 것은 아닌가, 하는 의심의 눈으로 금세 변하는 내가 씁쓸하기까지 하다. 그러나 아마 모르긴 해도 그 할리우드의 광고 효과가 주는 파장이 '나쁜 의학' 발전에 지대한 공헌을 할 것이란 예감은 적중할 것만 같다. 그랬다. '나쁜 의학' 은 그냥 두려움을 심어주기만 하면 된다. 바로 두려움이 문제다. 최근엔 여기저기서 우리 딸들의 유방암, 혹은 유방근종은 물론 자궁 물혹이나 자궁암으로 여성성 수술 소식이 너무 빈번하게 자주 들려오고 있어 안타깝기만 하다.

딸들 나이였을 때의 일이다. 내가 소지한 보험은 한인 의사들에게 적용이 안 되었다. 부인과 진찰을 받아야 하는데, 부인과만큼은 미국 의사에게 받고 싶지 않았다. 우리 세대만 해도 여성성 명칭을 입에 올리는 것조차 꺼렸으니, 부인과 의사도 가능한 한인 여의사를 만나고 싶었다. 몇 달 동안 현찰을 저축해 유능하다는 한인 여의사 Y 산부인과를 방문했다. 전반적인 부인과 검사 중 '매머그램'(Mammogram)은 필수였다. 얼마 후 검진 결과가 나왔다. 유방 '매머'에 이상이 있다고… '팥알' 또는 '콩알'만 한 크기의 근종이 찍혀 나왔다는 것이다. 빨리 와서 조직 검사를 받으라고, '암'일 수도 있다고. 휴… 무섭고 두려웠다. 어찌 두렵지 않겠는가. 그러나 나는 가지 않았다. 아니, 조직 검사를 거부한 것뿐만 아니라 30년이 지난 지금까지 나는 한 번도 '매머그램'을 한 적이 없다. 잃어버릴 뻔했던 나의 가슴은 평생 무사하다. 그때 조직 검사를 거부한 나의 용기에 박수를 보내고 싶다.

텍사스주에 내가 사랑하는 후배가 있다. 후배는 자궁에 크고 작은 '물혹'들이 발견됐다고 했다. 후배의 미국인 담당 의사는 전혀 걱정할 일이 아니라고 안심을 시켰다고 한다. '물혹'은 여성의 갱년기를 지나 폐경이 되면 저절로 쭈그러들게 되어 있다고… 후배의 자궁은 당연히 지금까지 안녕하시다.

딸들의 딸들, 그리고 미래에 태어날 딸들의 딸들을 어찌할 것인가. 점점 교묘하게 발전해 가는 '나쁜 의학'에서 벗어날 길은 요원하기만 하다. 그럼에도 한 가지 희망은 창조주의 '창조법'으로 돌아가는 길이다. 아기를 많이 낳아야 할 이유도 그곳에 있다. 첨단 과학은 유전자를 통해 인간을 생산하는 방법을 탐구한다는데, 공상과학만은 아닐 것이다. 그때 우리의 딸들은 인조인간으로 변형되고 말 것이다. 인류의 재앙으로 아마도 하나님의 자리를 탐내는 '바벨탑'의 재앙이 분명코 되풀이될 것이라는 말은 일리가 있다. 우리 딸들이 더 이상 '바벨탑'의 도구가 되고 '상품화' 되는 것을 막을 힘은 어머니들의 모성의 힘이 아닐는지…

결핵(Tuberculosis; TB)

"찰싹찰싹… 잔잔한 파도가 일렁이고 파도를 닮은 바닷바람은 싱그러운 바다 내음을 흩뿌리며 살랑거린다. 그 바닷가 모래톱 사이로 소리 없이 발자국을 찍으며 걷고 있는 소녀(소년)가 있다. 긴 머리칼을 바람에 나부끼며 꿈꾸는 듯한 커다란 눈망울…. 목이 길어 사슴 같고 새하얀 얼굴에 선홍빛 앵두 입술…. 콜록콜록 잔기침을 뱉으며 가녀린 어깨를 달막거리는 몸매는 쓰러질 듯 휘청거린다. 아픔, 외로움, 고독, 죽음…그런 서정을 색칠하고 있는 바닷가 풍경의 주인공은 바로 결핵 환자 소녀(소년)이었다."

이렇듯 죽음을 마주한 도시풍의 결핵 환자들은 20세기 고전문학(classical novel)의 주된 소재 중 하나였다. 그뿐만 아니라 그런 유의 주제는 당시 예술세계 전반에 걸쳐 유행처럼 번졌고 많은 영향을 끼쳤다. 그랬던 그 시대를 한참 빗겨선 21세기였음에도, 나는 아이러니하게 결핵에 걸리고 말았다. 나는 진짜 골수 '폐병쟁이' 였다. 그것도 의학이 감당 못 할 특이한 결핵 환자였다. 잠깐, 여기서 '특이한 폐병' 이란 말을 짚고 가야 할 필요가 있겠다. 결핵은 한번 걸리고 완치되면 결핵균 면역으로 다시는 폐병에 걸리지 않는다는 것은 상식이다. 그런데 나는 반평생 동안 세 차례나 결핵에 걸렸다. 의학은 '특이한 케이스'라고 말했을 뿐 아무도 설명하지 못했다.

사춘기, 여중 2학년이 끝나갈 무렵 처음으로 폐병에 걸렸다. 투병은 길고 힘들고 어려웠다. 기침과 흉통은 물론, 습관적으로 미열에 들뜨고 전신무력증에 시달려야 했다. 그럼에도 차라리 그런 병적 증상은 견딜 만했다. 고통은 투약이다. 밥은 굶어도 결핵약과 주사는 하루도 빠뜨릴 수 없음은 투병의 불문율(不文律)이다. '파스(PAS)', '리팜핀(RMP)', '에탐부톨(EMB)', '아이나(INH)', '스트렙토마이신(SM)', '주사' …. 대충 기억나는 투약의 이름들이다. 결핵균을 죽이는 이런 독한 종류의 항생제를 적어도 1년 이상 복용해야 했다. 그만큼 투약의 후유증도 심했다. 어느 날, 온 가족의 저녁 식사 때였다. 내 아버지는 그 시간에 가족들의 하루 일상을 허심탄회하게 나눌 수 있게 식탁을 늘 열어놓으셨다. 그래서 저녁 밥상은 언제나 즐겁고 행복한 시간이다. 그때, 어느 순간, 나는… 딱, 동작 그만이다. 천지가 하얗다. 아니 새까맣다. 완전 먹통 절벽이다. 아~앙~ 울음을 터트린 듯한데 소리는 간데없고, 아주 작은 미세한 소리까지 다 날아가 버렸다. 웃으며 식사를 하는 식구들의 모습은 마치 무성영화의 슬로모션 장면처럼 변해 있었다. 나는 그렇게 깜깜 '귀머거리' 가 되고 말았다. 그때 알았다. 귀가 먹으면 말을 할 수 없는 벙어리가 된다는 사실을… 게다가 시력까지 절반을 잃었다. 나는 완전한 '헬렌 켈러' 가 되고 말았다. 원인은 바로 SM 주사 부작용이었다. 환자 나이와 몸무게에 따라 철저하게 SM 약을 조절해야 했다. 그런데 동네 작은 병원에 속한 보조 산파 하나가 내 주사 담당자로 정해졌고, 그녀는 매일 내게 주사를 놓았다. 그것도 주먹구구로 아주 열심히…결국 과다한 SM 투여로 '헬렌 켈러' 부작용을 불러오고 말았던 것이다. 온 가족이 충격에 빠졌다. 그러나 내 아버지의 발 빠른 조처로 나는 큰 병원에 입원했고 일주일 만에 다행히 정상으로 회복되었다. 병원에서는 하루만 늦었어도 평생 귀머거리가 될 뻔했노라고 했다. 그 꽃다운 나의 사춘기는 그렇게 길고 긴 폐병의 터널을 꽃잎을 떨구며 겨우 탈출할 수 있었다. 활짝 꽃도 한번 제대로 피우지도 못한 채….

결혼을 했다. 막내딸인 나는 천지 분간 못 하고 겁도 없이 종갓집 맏며느리로 시집을 갔다. 맏며느리 훈련(?)을 위해 출근까지 접고 시집살이에 올인해야 했다. 뭐 어려운 공부도 했는데 그까짓 큰 살림 한번 못 할까 싶었다. 그랬는데, 공부는 시집살이에 발뒤꿈치도 못 따라갔다. 시집살이는 내게 너무 크고 높은 태산같이 험했다. 게다가 사정없이 첫아들, 아기까지 태어났다. 아기 키우랴, 대가족 삼시 세끼를 짊어지랴… 여느 힘장사 남정네라도 감당키 어려운 일이었다. 하물며 나같이 변변찮은 여자 입장에서야 말해 뭐할까, 유구무언이다. 결국엔 일이 터졌다. 두 번째 결핵에 걸리고 말았다. 육체가 환경에 적응 가능한 정도로의 조절에서 초과될 때, 몸 안의 가장 취약한 부위로 질병이 가차 없이 치고 들어오는 것은 당연한 이치다. 첫 결핵 때보다 더 강하고 독한 약들을 한 보따리 싸 들고 겨우 3살 된 아들을 시댁에 두고 나는 동해안 고향의 품으로 날아갔다. 만신창이 다된 내 너덜너덜한 육체를 바닷물에 던지고 싶었다. 아니 뛰어들어야만 했다. 그 순간 '엄~마~아~앗~' 아들 아기의 다급한 음성이 함성같이 파도를 타고 달려들었다. 나는 그만 털썩 바위에 주저앉아 가없는 통곡을 피를 토하듯 오래오래 한없이 쏟아냈다. 투병 내내 내 아들 아기는 천사의 손을 잡고 천사의 눈동자가 되어 그 길고 오랜 시간 나를 끝까지 지켜내 주었다.

세 번째는, 세 아이를 거뜬히 키워 놓고 나 자신의 일도 활발하게 할 때였다. 고열에 시달리다 S 대학 병원에 입원, 또 한 번의 결핵 판결이 내려진다. 당연하게 투약은 더, 더 강하고 더, 더 독해졌다. 결국 투약 중 아이나(INH) 부작용으로 인해 독성 간염을 일으키고 말았다. 폐병 환자들의 사망은 결국 투약의 거부 반응일 때 발생한다. 나는 폐병으로 사망 선고를 받았다. 노량진 쪽에 결핵 요양소 비슷한 장소로 옮겨졌다. 나는 그곳에서 격한 충격에 빠지고 말았다. 죽음 직전의 폐병 환자들의 참혹한 모습 때문이었다. 나는 의료진들의 처방을 거부하고 돌아왔다. 그래, '죽으면 죽으리라.' 성경 속 '에스터' 의 고백을 나의 무기로 삼고 죽음 속으로 뛰어들었다. 결국 '에스터' 의 무기는 승리했고 부활의 새 생명을 얻었다. 그분께서 살리셨다. 지금 한국은 OECD 가입국 중 결핵 발생률과 사망률이 세계 최고 수준이라는 뉴스에 놀랐다. 이래도 되는 건가… 이건 정말 아니지 않은가.

미국에서의 첫 입원

뉴저지주 버겐 카운티(Bergen County)로 이주, 정착한 지 1년 6개월 후에 말 그대로 미국에서의 첫 입원을 하게 되었다. 당시엔 거리나 건물 입구 등에 공중전화 부스가 있던 시절이었고, 가까운 거리라도 낯선 곳을 갈 때는 지도를 보고 찾아가야 했다. 버겐 카운티의 중심지 포트리(Fort Lee), 지금의 H 마트 뒤편으로 '삼복' 이란 한국 식품점이 겨우 하나 있었던 시절… 정말 아주 먼 아득한 옛날인 것 같은 느낌이다. 길치에 가까운 나는 지도를 보면서 운전하기보다, 기회만 닿으면 길을 물어가는 편이었다. 마침 나의 출 · 퇴근길 선상에 대형 종합병원이 있어서 진작부터 눈여겨보고 있던 터라 '응급 상황이 생기면 쉽게 찾아갈 수 있겠구나' 생각하고 있었다. 파라무스(Paramus)에 있는 '버겐 리저널 병원' (Bergen Regional Medical Center)이었다.

지병인 기침병을 이민 보따리에 싸 들고 온 셈이어서 감기약을 비롯해 항생제는 물론 약이란 약 종류는 몇 년 치를 상비약으로 당연히 챙겨왔다. 미 동부 지역은 기후와 사계절의 변화가 어쩌면 그리도 한국과 비슷한지, 아니나 다를까 환절기마다 어김없이 기침병이 찾아 들었다. 얼마 동안은 싸 들고 온 약으로 그냥저냥 버텼는데 점점 듣지 않았다. 며칠 동안 열에 들떠 기침으로 밤을 지새우고 출근하는 일이 더 이상 견디기 어렵게 되었다. 그럼에도 쉬지 않고 계속 출근을 했다.

그날은 너무 힘들어 결국 조퇴를 하고 회사를 빠져나와 '버겐 리저널 병원' 으로 무조건 달려갔다. 미국에서 처음 방문한 종합병원이다. 주차장에서 병원 입구까지 쓰러질 듯 비틀거리며 겨우 도착했다. 그런데 신기하게 이 병원은 내게 전혀 낯설지가 않았다. 이상할 정도로.

병원 사람들은 하나같이 친절했다. 난 내과 예약을 해야 한다고 생각했다. 그랬는데 프런트의 한 사람이 내 상태를 금세 파악하고는 의사를 보게 해 주겠다고 했다. 얼마를 기다렸을까 나는 의사에게 안내됐다. 중년쯤의 백인 여의사였다. 꼼꼼하게 내진을 마친 의사는, "당신은 오늘 집에 갈 수 없겠다"며 입원 절차를 밟으란다. 고열에 기침과 호흡이 심상치 않아 폐렴일 수 있다고… 그렇다면 의사 처방으로 직접 입원실로 올라가면 되는 건가 했다. 그런데 입원 수속은 응급실로부터 시작되었다. 그다음부터 내 의지로 할 수 있는 것은 전혀 없었다. 그냥 휠체어에 태워진 채 일사불란하게 움직이는 의료팀 직원들의 움직임을 따를 수밖에 없었다. 응급실에서 할 수 있는 조처를 다 받고는 입원실이 비워질 때까지 오래 기다려야 했다. 그때서야 집에 연락을 취하라고 담당 간호사로부터 병원 전화기를 건네받았다.

"나 지금 병원에 입원해 있어요…"

남편에게 전화를 하는데 왈칵 눈물이 쏟아졌다. 놀란 가족들은 필요한 물건을 챙겨 들고 단숨에 응급실로 달려왔다. 때맞춰 입원실도 정해진 터라 우리는 편안하게 병실로 올라갈 수 있었다. 내 가족이 바로 나의 '요새요, 산성'과도 같은 존재임을 다시 한번 일깨우는 귀한 순간이었다. 아무튼, 내 문제는 '폐'였다. 병력을 숨길 수도 없는 일, 당장 폐렴 증세를 일으키고 있으니 나의 결핵 전과를 이실직고할 수밖에는 도리가 없었다. 나의 특이한 '결핵 히스토리'는 또다시 이 병원 호흡기 내과를 발칵 뒤집히게 했으니 나는 언제나 가능하면 내 병력은 숨기고 싶을 뿐이다. 그러나 미국은 그렇게 그냥 넘어가는 법 없이 결핵에 대해서만은 대단히 민감했고 철두철미하게 철저했다.

3박 4일 입원 기간은 물론 빠르게 치료 효과가 있었음에도, 눈만 뜨면 온종일 X-레이를 찍어댔고, CT 방으로 불려 나가야 했다. 양쪽 팔은 더 이상 바늘을 찌를 곳도 없이 피검사로 퍼렇게 멍들고 퉁퉁 부어올랐다. 이해하기 어려운 종류의 검사는 LA 결핵센터로 보내진다는데 난 이해하기 어려웠고, 힘든 검사 때문에 그저 집으로 가고만 싶었다.

4일째 아침 회진 때였다. "안녕하세요~" 뜻밖에도 여러 회진 의사들 틈에서 약간의 악센트가 있는 한국말 인사가 들려왔다. 얼마나 반가웠는지 모른다. 입원한 동안 의료진은 물론 간호사들 중에서도 한국인을 한 명도 본 적이 없었는데, 그것도 회진 팀에 합류해 있는 한인 의사가 있다니… Dr. J. Kim, 흰 가운에 새겨진 그의 이름이었다. Dr. Kim은 나의 퇴원 절차를 위해 내 방을 방문한 것 아닌가 싶었는데, 역시 그랬다. 이민 초년생인 내 '버벅' 영어를 위해, 아니 '버버버

벅' 영어를 위해서 말이다.

의사 Kim으로부터 자세한 퇴원 후의 투약 과정과 회복을 위한 주의를 한국말로 시원하게 듣고는 오후에 퇴원 절차를 밟게 되었다.

'버겐 리저널' 의료진은 병원을 중심으로 개인 닥터 오피스들이 형성되어 있었다. 퇴원 후 자연히 저들은 나의 개인 의료진으로 연결되었다. 폐 닥터, 혈압, 내분비, 심지어 이비인후과까지… 그렇게 미국에서 첫 입원의 끈으로 연결된 의료진들은 이후 20여 년이 넘도록 나와 이어졌다. 그리고 은퇴 후에 '메디케어' 프로그램에 의해 처음으로 나는 드디어 한인 의사들을 '투어' 하게 되었고, 자연히 한인 의사들과 미국 의사들의 차이점을 보게 되었다. 하지만 그 이야기는 여기서 접기로 하자. 괜한 오해를 야기하기 쉬워서이다. 그럼에도 언젠가는 꼭 다루고 싶은 주제이기도 하다. 그런데 '버겐 리저널 병원' 에서 딱 한 번 만났던 Dr. Kim이 지난 6월에 공교롭게도 나의 주치의가 되었다. 처음 만난 지 30년이 훨씬 넘었다. 신비롭다. 아, 세월의 무상함이라니….

'폐' 무너지다 (1)

아이가 온다. 열 살도 채 안 된, 아직은 꼬마 아이가 내게로 온다. 아이는 바로 내 아들의 아들이다. 그러니까 눈에 넣기도 아까운 내 손자다. 한국의 부름을 받고 귀국한 아들은 그곳에서 가정을 이루고 정착하게 되었고, '멀고도 가까운 당신' 이 되고 말았다. 태평양의 거리는 너무 멀어 아이를 만난 일은 고작 두세 번 정도였을까? 그 낯선 아이와 아비가 내게로 온단다. 자, 이제부터 저들을 맞을 준비에 총력전이다. 마침 이른 은퇴도 했겠다, 넉넉한 시간은 준비의 핵심이 되고 있었다. 내게 초점은 아이, 내 손자다. 할미들의 특징은 '내 새끼' 는 '제일 예쁘고 똑똑하고 잘 생겼다' 는 콩깍지의 공통점이렷다. 나라고 어디 갈까, 개성 만점에 똘똘하고 잘생기기까지 한 내 손자가 온다니, 그저 꿈을 꾸는 듯하다. 혼자 몰래 닉네임을 만들어 부르고 있다. '똘똘이' 라고… '그래, 이번엔 기어코 '똘이'와 아주아주 "가까운 당신"이 되고 말아야지!' 하고 벼르고 벼르는 중이다. 나는 벌써 밤잠을 설치며 가슴은 두근두근 걷잡을 수 없이 흥분 상태로 부풀어가고 있다. '똘이'와의 뉴욕, 뉴저지 어린이 명소 찾기의 '버킷 리스트' 를 차곡차곡 만들어가면서 말이다.

드디어 '똘똘이' 가 왔다. 여장을 풀고 하룻밤을 내 집에서 보냈다. 다음 날은 또래의 사촌들과 만나는 날. 그렇게 '똘이' 의 한 달이 채 안 되는 짧은 여정은 시작되었다.

그랬는데… 아 그랬는데, 이건 또 무슨 조화란 말인가. 멀쩡하던 내가, 감기 기운도 전혀 없던 내가, 갑자기 열이 펄펄 끓기 시작했다. 행여 장거리 여행에 피곤한 '똘이' 에게 영향이 갈까 두려워 서둘러 막내 집으로 거처를 옮겨 놓고는 부지런히 상비약들을 챙겨 먹었다. 그러나 약들은 아무런 효과도 없었고, 고열은 위험 수위로 치닫기만 했다. 어쩔 수 없이 폐 주치의 H에게 달려가야 했다.

우선 X-레이를 찍었다. 세상에 이럴 수가… 내 왼쪽 폐가 하얗게 비어 있는 것이 아닌가! "아니 내 폐가 어떻게? 어디로 갔나요?" 왼쪽 폐가 완전히 사라졌다. 너무 놀라서 말까지 더듬으며 의사에게 물었다.

"오… 폐가 완전히 무너져(collapsed lung) 내렸군요, 지금 상황이 매우 위급합니다. 바로 '잉글우드 병원' (Englewood Hospital)에 입원을 해야겠어요."

H 의사가 써 준 편지를 들고 서둘러 잉글우드 병원으로 향했다. 혼자 힘들게 입원 수속을 끝내고 입원실 대기 방 침대에 쓰러지고 말았다. 얼마를 지나서 정신을 차리고 막내에게 전화를 했다. 오빠와 똘이는 나와는 상관 말고 여행 일정을 차질 없이 꼭 이행해야 한다고. 그리

고 아마도 병원을 금방 못 나갈 수 있으니 필요한 물건도 부탁하고. 하기야 무슨 물건이 필요할까마는…

병원은, 아니 병원의 호흡기 내과는 발칵 뒤집히고 있었다. 곧바로 수술로 들어가야 하는 환자가 고열로 인해 수술을 할 수 없었기 때문이다. 나는 남의 이야기인 듯 오히려 담담해져 있었다. 온갖 검사를 정신없이 해대고 온몸엔 주사 줄을 칭칭 감은 채 인사불성이 되고 말아, 나는 한순간에 중환자로 변해 버렸다. 강력한 해열제를 투여했고, 온갖 의학을 총동원했음에도 불같은 고열은 가라앉을 줄 몰랐다.

다음 날 의사 H의 브리핑이다. 오늘을 지나면 죽을 수도 있다. 이래도 저래도 위험할 바엔 최선을 다해 볼 거다. 오후에 튜브를 삽입해 레이저 바늘로 시술을 하기로 했단다. '죽어도 오케이…' 서류에 사인을 했다. 유구무언이다. 간단한 수술인가 했는데, 그게 아니다. 절개하는 수술과 똑같았다. 수술실의 그 어마어마한 풍경 속으로 들어가야만 했다. 공포도 두려움도 없다. 수술 방은 내겐 익숙한 방이었기 때문이다. 살아서 그 방을 나올 수 있을까? 전신마취 틈 사이로 문득 떠오른 상념이 그저 다였다.

시체가 되어 깨어났다. 기관지를 통해 삽입해야 하는 튜브는 입구에서부터 막혀버렸다는 것이다. 왼쪽 기관지 전체가 시멘트처럼 굳어져 있었기 때문에 그 어떤 방법도 할 수 없었노라고. 이 몸으로 전신마취를 한 것이 마냥 억울하기만 했다. 그럼에도 이제는 더 시간을 지체할 수 없겠다는 생각을 하게 되었다.

다음 날 오전이었다. 수없이 내 방을 찾는 의사들 중에서 낯선 의사가 손을 내밀어 내게 악수를 청해 왔다. 자기는 나를 이따가 오후에 수술할 집도의 Dr. Z라고 했다. 덜렁거리는 인상이라 좀 그랬지만 어쩌겠는가. 그런데 그가 나간 자리엔 음주의 흔적이 남아돌았다. 집도의들이 수술의 긴장을 완화하기 위해 술을 마신다는 말은 들었지만… 그러니까 나 같은 위험한 환자를 수술하려면 그에게는 아마도 음주가 필요했나 보다. 그렇게 이해하고 내 육체를 그의 칼 앞에 드리우자, 그랬다. 시간이 되어 어제보다 더 어마하고 무시무시한 풍경의 수술실로 끌려가고 있는데, '사망아! 사망아! 너의 쏘는 것이 어디 있느냐…' 눈앞엔 이 한 구절이 처연하게, 선연하게 펼쳐지고 있었다. 그 용광로의 풀무불 말씀이…

'폐' 무너지다 (2)

수술 당일 오전까지 고열은 내려가지 않았다. 어디 그뿐일까, 이번에 발견된 새로운 것 하나는 심장 판막 중 두 개의 밸브가 찢겨 피가 새고 있다는 것이다. 폐와 심장은 사촌 간이라, 폐 환자들의 심장병 합병증은 다반사라고 했다. 게다가 오른쪽 폐 기능조차 원활치 못한 상태이기까지 하다. 더 보태서, 나는 혈압, 당뇨, 갑상샘(저하증) 등 완전히 종합세트 환자다. 상식으로는 당뇨 환자인 경우, 수술할 때 제일 문제를 일으킬 소지가 많다는 것이다. 아무튼, 나는 그런 갖가지 위험 수위를 넘어선 골칫덩어리 수술 환자다. '위험하다, 죽는다, 죽을 수도 있다' 라는 의사들의 말은 괜한 소리가 아니었다. 어차피 오늘을 넘길 수 없는 위험을 안고 수술 팀이 초비상 모험을 해야 한다고 수간호사가 내게 살짝 귀띔해 준 말이 아니더라도, 상황은 그랬었다.

수술실은 어제와는 또 다른 방이었다. 방은 광활하게 넓었고 태양을 달아 놓은 듯 휘황하게 밝고 밝은 조명은 정신을 쏙 빼는 듯 투명했다. 나는 그 불빛 아래 한 점 작고 작은 한 마리 벌레 같았다. 오전에 인사한 덜렁이 집도의 Dr. Z를 중심으로 수많은 간호사와 수많은 의사들이 포진하고 있었다. Dr. Z는 첫인상과는 달리 일사불란하고 순발력을 발휘하는 카리스마가 보여 한결 마음이 놓였다. 마침 신기하게도 고열이 조금은 내려갔노라며, 그 작은 일에 웃음을 띠고 조크를 날리는 저들의 모습을 보면서 나는 서서히 마취의 무아지경으로 잠입해 들어갔다. 어제와 같은 그 세계로 또 한 번…

여기는… 여기는 죽음의 사각지대 I.C.U.(Intensive Care Unit). 나는 그 방, 중환자실로 입성했다. 시간은 멈추었고 일상의 문은 닫혀 버리고 말았다. 수술 시간이 얼마나 길었고 얼마나 오랜 시간을 깨어나지 못했는가는 언급할 필요가 없었다. 비록 시체 같아도 숨을 쉬고 있음을 기적이라고 해야 했으니까. 어렵게 깨어나 처음으로 중환자실을 '죽음의 방' 이라고 이름 붙여 불렀다. 보통 중환자실을 거쳐 가는 수술 환자들은 2~3일이면 일반 병동으로 옮겨 갔다. 아무리 심각한 암 환자인 경우에도 그랬다. 그랬는데, 나는 2~3일은 고사하고 한 주, 두 주, 그것도 아닌 무려 29일 동안을 중환자실에서 죽었다 살기를 수없이 반복하면서 그 방의 주인 노릇을 톡톡히 해야만 했다. 일반 병동은 그저 요원한 채 말이다.

'죽음의 방' 에서의 29일 동안을 짧게라도 스케치해 본다. 폐를 들어내는 절개 부위는 앞가슴이 아니고 등 쪽 날갯죽지를 따라 옆구리까지 타원형으로 잘라냈다. 해서 눕는 일은 참… 정말 고통스러웠다. 그런데 그보다 더한 고통은 요도에 소변 호스를 장기간 꽂아야 했음이다. 29일에서 몇 날을 빼고는 거의 다 꽂고 있어야 했으니 말해 뭐할까. 양쪽 팔 손등과 발등과 이마… 더 찌를 곳도 없이 아이비

(IV injection) 주삿바늘로 혈관들이 다 터져버리는 듯한 고통은 또 어떻고… 기억하기조차 괴로운 고문의 현장이었다. 의학은 그 모든 고통을 수면제나 강력 진통제를 투여해 잠재우고 있었다. 그럼에도 약의 효능은 칼로 저미는 듯한 육체의 고통 앞에선 무력할 정도였다.

음식을 먹지도 못하고 침대에서 혼자 일어나기도 어려운데, 어쩌다 깨어있을 땐 가족들이 곁에 없다는 사실이 또 다른 고통 중 하나였다. 실은 중환자실 방문은, 특히 내 경우는 엄격하게 제한되었다. 직계가족 방문은 당연했지만, 어린이들은 허용이 안 됐다. 내 아이들이 어릴 때라 아이들을 차에 두고 가족들이 번갈아 한 명씩 잠깐 방문하곤 했다. 그것조차 내가 수면제로 잠들어 있으면 일어날 수 없어, 가족들과의 해후조차 원활치 못했다. 한 번은 내가 깨어있을 때 큰딸이 왔다. 반가워 눈물이 다 났다. 도란도란 이야기를 나누고 있는데 간호사가 주사를 들고 왔다. 난 간호사에게 만일 수면제라면 딸이 간 후에 맞게 해 달라고 부탁했다. 그녀는 웃으며 당뇨 인슐린 주사니까 걱정 말라고… 그러나 그것은 거짓이었다. 조금 지나서 금세 걷잡을 수 없는 수면제 약 기운이 돌기 시작했다. '아… 안 돼, 잠들면 안 돼… 딸아 제발 가지 말아 제발…' 나는 몸부림치듯 허우적거리며 야속하게도 잠속으로 빠져들고 말았다.

아… 못다 한 이야기들, 죽기까지의 아픈 이야기들… 특히 의학적인 스토리는 너무나 길고 긴 장편이다. 기회가 되면 그 장편을 따로 쓰겠다 다짐하고 글을 줄인다. 29일의 '죽음의 방' 은 죽음이 아니라 '생명의 방' 으로 반전되었고, 그 기적의 반전은 바로 '새 생명' 으로 다시 태어남의 순간들이었다. 그리고 요원하기만 했던 일반 병동으로 옮겨져 3일간을 더 머물다가 기어코 퇴원 오더가 떨어졌다. 그것도 집으로가 아닌 업스테이트 NY 요양원(Rehabilitation)으로.

'똘이' 와 그 '아비' 의 이야기는… 슬퍼서, 너무 슬퍼서 여기서는 그만두기로 한다. 이미 태평양을 날아가고 말아 다시 '멀고도 가까운 당신' 이 되고 말았으니 말이다. 무슨 말을 더할 수 있을까, 무슨 말을…

그리고 다시 심장을…

…그리고 다시 심장 수술 날짜가 잡혔다. 폐 적출 수술 후 딱 1년 반 만이었다. 실은 그 시간을 버티는 일은 정말 힘들고 고통스러웠다. 폐 수술 당시 심장 판막 '밸브'가 파손된 것이 발견되었고, 그 또한 빠르게 수술해야 할 문제였음에도 그렇게 할 수가 없었다. 워낙 폐 수술 후유증이 심각한 상태여서 다시 큰 수술을 할 수 있는 몸 상태가 아니었기 때문이다.

폐 수술 때 만났던 심장 닥터 K는 내 심장 주치의가 되었고 그는 폐 의사 H와 친구 사이였다. 저들은 새파랗게 젊은 의사들이다. K와 H, 두 사람은 하루가 멀다 하고 집중적으로, 세밀하게 내 심장과 폐 상황을 체크하면서 1년 반을 함께한 고마운 닥터들이다. 심장 수술 마지막까지…

여기서 잠깐 한두 가지 언급하고 가기로 하자. 우선, 대부분 사람들은 중년 이상의 나이 많은 의사들을 선호하는 편이다. 이유는 학벌은 물론 의학 경륜이 높고 임상 경험이 풍부할 것이라는 믿음 때문이다. 일리가 있는 말이다. 그러나 내 생각은 다르다. 의학은 끊임없이 연구하고 공부해야 하는 분야다. 진료 경험이 많고 의학 커리어가 높다는 것만으로 의학을 무사통과해서는 안 된다는 말이다. 조물주가 모래알같이 많은 인간을 창조할 때 그 모래알 안과 밖 하나하나를 전부 다르게 만드셨다. 똑같은 질병이라도 각 사람에게 모두 다르게 반응하는 것은 주목할 일이고, 그래서 의학은 지속적으로 변화해야 하고, 새로운 영역에 도전해야 한다는 게 나의 개인적인 생각이다. 그러나 실례되는 말이지만, 나이 든 의사들은 그렇지가 않다. 타성에 젖어 습관적이고 보편타당성에 안주하고 공부에, 연구에 게으른 편이다. 그런데 젊은 의사들은 저들과 다르다. 모르면 모른다고 솔직하게 말하고 다시 공부하고 토론하고 열정적으로 도전한다. 그리고 순수하다. 그래서 나는 젊은 의학을 선호하고 신뢰하는 편이다.

또 하나는 병원 PR이다. 아니 PR이라기보다 '소개' 라는 말이 더 적합하겠다. NJ 버겐 카운티 안에는 '잉글우드 병원' (Englewood Hospital)을 비롯해 '해켄색', '홀리네임', '벨리' 등 대형 종합병원들이 위상을 떨치고 있다. 병원들은 자기만의 특성을 상징하는 '트레이드마크' 분야를 하나씩 부각시키고 있다는 사실이다. '잉글우드 병원'의 심벌은 바로 ' 심장' (Cardiology)이었다. 미국 50개 주에서 10위 안에 올라 있는, 의학계가 인정한 권위와 명성을 자랑하는 병원이다. 게다가 나를 수술할 집도의 'MCCJ' 역시 미 동부는 물론 미 전역에서 손꼽히는 실력자로 유명한 외과의사(Surgeon)였다. 나는 그 최대, 최고의 심장 수술 병원을 향해 입원 절차를 밟기 시작했다.

우선 수술 집도의 Dr. M과의 인터뷰 만남을 갖게 되었다. 수술의 어려움은 폐 수술 회복이 덜 된 상태에서 심장 수술을 또 해야 하는 일이 가장 힘든 일이지만 더 이상 시간을 지체할 수 없다고 했다. 찢어진 내 심장 판막 밸브 수술은 두 가지 방법이 있다고 한다. 짐승 피부를 이식하는 방법과 본인의 피부 이식 방법이다. 전자는 평생 죽을 때까지 약을 먹어야 하고, 후자는 3년마다 재수술을 해야 한다며, 나보고 두 가지 중 하나를 선택하란다. 어떻게 '예스, 노'로 대답할 수 있을까. 기가 막힌 일이다. 이것도 저것도 몸서리칠 일이었고, 그저 수술에서 도망치고 싶은 마음뿐이었다.

"닥터 M! 당신의 판단과 방법대로 해 주세요. 그대로 따를게요"라고 대답하는 수밖에 도리가 없었다.

다음 날 입원을 하고 곧바로 수술실로 실려 갔다. 주치의 K의 팀 멤버들이 나를 기다리고 있었다. 수술 전에 필요한 심장 검사를 한다는 것이다. 부분 마취만 했다. 발목 어디쯤을 시작으로 허벅지에 사타구니에 구멍을 뚫어 호스를 꽂아 심장까지 연결하는 검사다. 정신은 말똥거리고 살을 찢는 아픔은 숨이 끊어질 듯 처절했다. 시작부터 완전히 초주검 상태가 되고 말았다. 그리고 다음 날 이른 새벽, 특별하고 화려한 심장 수술실로 실려 가야 했다. 심장 병동은 건물 양식까지 완전한 예술이고 환상적인 공간이었다.

여기는 다시 더 럭셔리하고 아방궁 같은 심장병동 I.C.U 룸… 불로 지지는 듯한 타는 목마름으로 나는 겨우 깨어났다. '물… 물…' 소리를 낸 듯했으나, 전혀 말이 되어 나오질 않았다. 입술은 부어터지고 목구멍과 입안은 불덩이로 꽉 채워진 듯 목소리는 다 증발하고 말았다. 목울대로 시작해 배꼽 위까지 가슴을 찢어 내렸고 그것도 모자라 온몸에 수없이 구멍을 뚫어 호스로 칭칭 감았고, 온몸에 덮인 붕대로 내가 누군지 알아볼 수조차 없을 정도였다. 원래 2개의 밸브를 수술할 것이었는데, 하나가 더 발견됐다고 했다. 해서 더 어려운 수술이 되고 말아, 플라스틱 링을 심장에 박아 수술 부위를 홀드하게 하고 수술을 끝냈다고.

저들은 역시 최고 의료진이었다. 나는 4주가 아닌 3주 만에 그 그림 같은 멋진 중환자실 풍경 속에서 벗어날 수 있었다. 그러나 이번에도 역시 집으로가 아닌 NJ '새들브룩' 에 위치한 'Kessler Rehabilitation' 으로 옮겨져야만 했다.

그리고 오래고 긴 죽음 같은 회복의 늪을 헤엄쳐 나와 다시 '생명의 동산' 에 기어코 나는 오르고야 말았다. '동산의 주인' 이 그리하셨다.

약(藥)은 독(毒)이다. 그리고…

"…그리고 그 독약(?)들은 질병을 치료하는 데 지대한 공헌을 하고 있다."

그런데 과연 '공헌하다' 라는 말은 옳은 말일까. 그 약(Medicine Drug)들의 정체는 또 무어라 정의를 내릴 수 있을까. 너무 막연하고 어렵다. 폐 수술 후 처방받은 약들은 감히 상상을 불허했다. 항생제는 필수였고, 해열제, 각성제, 마취, 항염, 이뇨, 진통제 등 이름 모를 약들을 한 보따리씩 투여해야 했다. 오랫동안, 아마도 3~4개월 넘게 음식 섭취를 제대로 못 했다. 의사가 처방해 준 '엔슈어' (Ensure)를 식사 대신 마시며, 한 주먹씩 시간 맞춰 약을 입에 털어 넣어야 했다. 약은 몸에 흡수되지 못한 채 토하고 또 토하기를 매번, 매일 그렇게 반복하면서 약들과의 전쟁은 끝도 기한도 없이 이어졌다. 그 약들과의 전투에서 나는 서서히 극심한 패배자로 변해가고 있었다. 약 중독자로, 그것도 이름하여, '마약 중독자' 로… 나는 그렇게 '약쟁이' 가 되어 가고 있었다.

"옥시콘틴"(Oxycontin). '마약성 진통제' 다. 처방전 끝엔 '코데인' (codeine). '모르핀' (morphine)이라 표기했고, 그것은 더 강력한 마약

성분을 의미했다. 처음엔 몰랐다. 설마 내가 마약을 먹고 있으리라고 어찌 상상했을까. 그냥 강력 진통제려니 했었다. 얼마를 지나서 TV 뉴스에 언급되고 있는 마약 이름들이 익숙하게 귀에 들어오기 시작했다. 마이클 잭슨, 휘트니 휴스턴 등 연예인들이 복용하는 마약들, 그리고 뉴저지주 남부 에디슨 지역에서 청소년들이 밀거래하는 마약들이 내 약의 이름과 같은 종류였다. 그때서야 서둘러 약사에게 질문을 했다. "내가 지금 마약을 먹는 거냐?"고. "그러면 마약에 중독되는 거냐?"고. 약사의 친절한 대답이다. "코데인 약 종류는 3개월 이상 복용하면 중독되는 것은 당연하고, 당신은 이미 중독되어 있다." …

내게는 누구보다 자신감 있는 한 가지가 있다. 그것은 아픔을, 고통을 참고 견디는 힘이 유별하게 강하다는, 바로 그 강점이다. 그러나 폐 수술 후에 발생하는 그 지독한 아픔과 고통은 인간의 정신적 한계로는 견디기 불가능한 영역이었다. 먹을 수도, 잠을 잘 수도, 걸음을 걸을 수도, 심지어는 움직일 수조차 없었다. 사람의 일상이 전혀 수용되지 않는 아픔을 누가 이해할 수 있을까. 수술 후 가장 지독한 고통의 최고 후유증은 바로 '폐 수술' 의 경우라고 했다. 그래서 의학은 무한정의 마약을 처방할 수 있고, 그로 인해 폐 수술 환자 중에서 마약 중독자가 가장 많이 발생한다는 것이다. 폐 닥터 H의 설명이다. 그렇게 나의 '마약 중독' 은 벌써 장장 8개월째로 넘어가고 있었다.

"Warfarin–Coumadin", '혈액 응고 방지약' 이다. '와파린' 혹은 '코마딘' 이라 부르는 이 약은 심장 수술 후 회복기에 가장 핵심적으로 복용해야 하는 약이다.

심장 수술 후 R.H.센터(요양원)에서 얼추 사람의 모양새로 회복되어 집으로 돌아왔다. 그럼에도 온몸에 구멍을 뚫은 상처들은 아물지 않은 채였고, 또 다른 종류의 약물과의 전쟁은 공포의 시간으로 대기 중이었다. 핵심 약 '코마딘'은 조건이 매우 까다롭고 한순간도 긴장을 놓을 수 없는 무서운 약이었다. 병원의 심장 쪽과 커넥션이 되어 있어서 약의 반응을 수시로 보고해야 했다. 폐 때와 또 다른 이름 모를 심장약들을 어마하게 투약해야 했음에도 요것 '코마딘(coumadin)'의 '델리케이트'한 비상 상황 때문에 다른 어려운 일은 오히려 수월하게 느껴질 정도였으니까. 그러나 심장 수술 후의 아픔과 고통은 그 또한 '어디 가고 날이 샐까…'였고, 그랬다.

지난밤은 밤새 잠 못 이루는 아픔을 겨우 벗어나 아침을 맞았다. 화장실 볼일을 보고 손을 씻고 있는데, 세면대에 핏방울이 똑 떨어지는 것이 아닌가. 코피인가 하고 거울을 봤다. 아니, 이건 또 뭐야… 이럴 수가… 여자 '드라큘라' 한 명이 거울 속에 떡하니 피를 뚝뚝 흘리고 있질 않은가. 기막힌 것은 그게 바로 나였다. 내 양쪽 눈엔 피가 가득 고여 흰자위를 덮었고, 넘치는 피는 뺨으로 흘러 뚝뚝 떨어지고 있었다. 눈에서 피가 쏟아지다니… 오싹했다. 두렵고 무섭고 어이가 없었다. 겨우 정신을 차려 피를 씻어내고 병원 연결 고리로 SOS를 쳐 보냈다. 쏜살같이 앰뷸런스가 도착했다. 앰뷸런스 요원들이 재빨리 내게 응급조치를 하고 나서 다급하게 나를 병원으로 옮겼다. 운전해 가면서 저들이 내게 들려준 말이다. "너는 아주 운 좋은 케이스"라고, 이런 일은 분초를 다투는 일이라 헬리콥터가 뜨는 게 통상적이라고… 잘은 몰랐으나, 그런 것이구나 하고 대충은 이해할 듯했다.

병원의 집중 검사와 조치 결과는 '코마딘'을 '끊으라'는 것이었다. 날아갈 것만 같았다. 4개월 만이다. 이럴 때 쓰는 가장 적절한 표현은 '전화위복'이라고 했던가… 그때 그 말은 매우 적절했다.

약은 질병을 치유할 의무가 없다. 아니 병을 고쳐서는 안 된다. 약은 다만 병의 현상 유지를 위한 정체성이면 그만이다. 그리고 '약은 독이다' 그 이상도 이하도 아니다.

– 약 – 나에게 숙제를 남긴다. 그리고 모두에게…

바이러스(Virus)

19세기 후반부터 의학, 과학은 물론 인간 삶의 모든 분야는 초고속 질주하며 경이롭고 눈부시게 발전해 왔다. 그럼에도 눈으로 볼 수 없고 감지할 수 없는 저 무서운 살인적 존재가 태고로부터 지금까지 인류사에, 우리 일상에 내 곁에 공존하고 있다…! 바로 그 이야기다. 첨단 의학이, 과학이 전혀 손을 쓸 수 없는 무명 무형의 미생물, 그 바이러스(Virus)와의 전쟁이 나에게 시작되었다.

#1. 하루쯤 속이 불편하고 위가 탈이 난 듯했다. 그러나 이틀째부터는 아예 밥을 먹을 수조차 없게 되었다. 음식은 고사하고 물이나 음료수까지 목으로 넘어가지 않았다. 금세 에너지가 고갈되었고 탈진 상태가 되고 말았다. 어느 파트의 닥터를 만나야 하나 갈피를 잡을 수가 없었다. 위장 내과? 어쩐지 그게 아닌 듯해 친숙한 닥터 L.Y., 그에게 가기로 했다. 그는 내 갑상샘과 당뇨 담당 의사다. 그와 마주했다. 그는 내 상태를 꼼꼼하게 살핀 후 한마디로 요약했다. "바이러스"가 침투한 것 같다고. 나는 곧바로 병원에 보내졌고 종일 집중 검사한 결과는, 간(liver)으로의 '바이러스 침입' 이었다. 닥터 L.Y.의 진단은 정확했다. 처방을 받기 위해 다시 의사 L.Y.를 만났다. "나는 당신에게 아무것도

해 줄 수가 없어요." 그의 대답이었고, "그럼 어떻게 하나요?"라는 나의 무의미한 질문이었다. 그냥 간단하게, "죽는다"는 것이다. 그런데 그는 내 눈을, 똑바로 지그시 한참을 바라보는 것이었다. '왜?' 나는 말 대신 어깨를 으쓱하며 몸짓으로 물었다. "당신은 지금 죽기 직전에 처해 있음에도 눈빛이 아주 강렬하게 살아있어요. 그 눈빛은 아마도 '바이러스' 도 '죽음' 도 이길 수 있을 것 같아요" 의학적인 의견이 아니라 자신의 임상 경험에서 얻어진 느낌이고, 또한 자신의 전통 민담에도 '살아있는 눈빛' 은 세상을 이긴다는 말이 있다며… 그는 잔잔한 미소로 위로의 말을 건넬 뿐이었다. 그는 반반 섞인 유대인계 미국인이다. 그의 위로가 마음에 들었다. 그랬다. 그의 말이 아니더라도, 그 거대한 첨단 의학은 점보다 더 작은 세균 앞에 속수무책인 것에 나는 향방 없는 분노로 몸을 떨었다. '죽음' , 그 단어 앞에 얼마나 여러 번 독대했던가. 이번엔 아마 그 터널을 통과할 수 없을 것만 같았다. 그럼에도 아사 직전에, 아니 호흡이 다 끊어진 상태에서 나는 다시 살아났다. 누가, 누가 바이러스로부터 나를 건져 냈을까…

#2. 며칠째 미열에, 전신 무력증에 시달리고 있다. 음식을 삼킬 땐 목에 칵칵 걸리고 턱 밑 양옆으로 '으윽…' 쏘는 듯한 통증이 가슴까지 치닫고 있었다. 하루를 살아내기가 어려웠고 금세 중환자로 변하고 말았다. 이건 또 무엇일까… 혼자 곰곰이 진단해 보기로 했다. 분명코 이번에도 ' 바이러스' 장난인 것 같았고, 아마도 갑상샘에 그놈들이 침투한 것 같았다. 딱이다. 내 돌팔이 진단은 무조건 적중했고, 병원은

이번에도 "죽는다"는 사형선고였다. 그래, 죽었는가? 아니, 나는 또 그 죽음의 선고로부터 살아났고, 일어났다.

#3. '대상포진' (Shingles). 수두 바이러스다. 흔하게 널리 퍼져있는 전염성 바이러스다. 사람의 면역성이 약화됐을 때 '대상 바이러스' 는 마구잡이로 침투한다. 남녀노소를 막론하고 시도 때도 없이 대상균은 파고든다. 한번은 왼편 허벅지 안쪽으로, 또 한 번은 왼쪽 복부에, 세 번째 역시 왼쪽 등 날갯죽지 밑으로 싱글즈 균이 강타했었다. 왜 하필 왼편으로만 침투하는 걸까…? 이 역시 자가 진단이 나왔지만 여기선 생략하고 가자. 아무튼, 송곳으로 찌르는 듯한 대상포진의 고통은 걸렸던 경험자들의 이구동성이다. 그래도 3~4주 고생하면 퇴치되고 전염성은 강해도 철저한 자가방어만 하면 쉽게 떨치는 편이다. 물론 예외도 있다. 그 예외는 내 경우다. 보통 대상포진에 한 번 걸리면 내성이 생겨 다시는 안 걸린다. 그런데 나는 세 번째 걸렸다는 것… 또 다른 예외는 1년 넘게 균이 괴롭히는 경우와 특별 부위로 침투해 실명할 수도, 생명위협까지 갈 수 있는 위험성을 내포하고 있다는 것인데, 그 역시 무서운 점이다.

#4. 감기 & 독감(flu) 바이러스. 사철 우리와 가장 친한 친구 감기와 독감. 우선 독감부터 짚고 가자. WHO 세계보건기구는 해마다 10월부터 거대한 독감 백신 창고 문을 활짝 열고 의무인 듯 접종을 시킨다. 사람들의 질문은 "플루 주사를 맞으면 정말 독감에 안 걸리는가?"라

는 것이다. 모른다. 의학은 정확한 답변을 못 한다. 아니, 안 한다. 올해는 어쩌다 백신을 놓쳤는데 독감에 걸리고 폐렴으로 진행되어 겨우 살았고, 누구는 죽었다. 독감 철엔 항상 떠도는 일화가 균처럼 퍼질 뿐이다. 감기와 독감은 내 단골이고 정말 지긋지긋한 친구이지만 이제는 '그러려니…' 그렇게 손잡고 갈 수밖에는 도리가 없다.

3~4년 전이었던가, 에볼라 바이러스(Ebola Virus)가 전 세계를 공포에 떨게 했다. 역사상 최대 규모의 감염자와 사상자를 냈었다. 나만의 의혹일까…? 왜 그 살인적 바이러스는 미개발지역 '아프리카' 로부터 감염되는 것일까? WHO는 천문학적 사상자를 낼 동안 무엇을 하고 있었던가? 내 무식한 머리로는 어렵기만 하다. 얼마 있다가 한국에선 '메르스' 파동이 휩쓸었다.

오늘 아침 신문 특종이다. "뉴욕시 신종 수퍼 내성균 '칸디다오리스' 균 확산 비상". 이름도 요상한 요 바이러스는 가뜩이나 수상한 봄 날씨의 뉴욕, 뉴저지 등 미 동부 지역을 또 한 번 흔들어 놓을 모양이다. 하늘을 본다. 하얀 구름 띠가 길게 아주 길게 파란 하늘을 수놓고 있다. 저 예쁜 구름 띠는 혹시 사람의 손으로 뿌려진 신종 이름 모를 바이러스는 아닐는지, 또 한 가닥 의심의 꼬리가 파란 하늘을 부끄럽게 만든다.

아주 가지가지를 해요…

태생적으로 피부가 약하고 문제였다. 슬쩍 스치기만 해도 피부는 찢기고 덧나기 일쑤였고, 상처가 나면 오랫동안 아물지 않아 힘들었다. 목걸이나 팔찌 같은 액세서리를 착용해도 빨갛게 덴 듯 상처가 생겼다. 심지어는 손목시계마저 그랬으니 말해 뭐 할까. 어려서부터 어른이 다 될 때까지, 아니 평생토록 새 신발로 인한 발등과 발뒤꿈치에 일어났던 상처들 이야기는 장편감이라 여기선 생략해야 할 정도다. 가족들이나 주위의 그 어떤 친지들 중에도 나 같은 사람은 없었다.

30대 중반부터 안경을 써야 했다. 안과의 진단은 '노안' 이라고 했다. 투약을 너무 많이 해서 노안이 일찍 왔노라고. 그렇게 일찌감치 나는 '안경잡이' 가 되고 말았다. 당연히 얼굴 피부에 또 난리가 났다. 안경테가 닿는 곳마다 짓무르고 헐고, 심지어는 상처가 덧나 고름이 줄줄 흐를 정도였다. 잠들기 전까지는 안경을 꼭 쓰라고 했는데, 그런 고역이 없다. 그렇다고 라식수술도 전혀 안 되는 상태였고… 그렇게 안경잡이의 남다른 고통을 끌어안고 평생 여기까지 온 셈이다.

내 피부과 담당 의사는 '닥터 L' 이다. 그는 뉴욕, 뉴저지에서 피부과 의사로 지명도가 높은 한인 1.5세 의사다. 대상포진(Shingles)이나 화상 그리고 각종 피부병, 피부암에 이르기까지, 피부과는 단순한 피부에만 국한된 분야가 아니다. 내 경우는 이래저래 피부과 전체에 속하는 경우라서 그 옛날부터 의사 L의 단골 환자인 셈이고, 친분도 두터운 편이다. 주기적으로 손바닥에 붉은 반점이 생겨 가렵고 반점 부위는 펄펄 열에 들뜨는 피부병이 새로 생겼다. 할 수 없이 의사 L을 찾아야 했다. 손바닥 환부는 제쳐놓고 의사는 내 얼굴을 유심히 살피고 있었다. 그리고는 "안경 좀 벗어봐요~"라고 했다. "왜요~?" "오늘은 꼭 biopsy(조직 검사)를 해야겠는데요~"

내 왼쪽 눈 밑 콧등에 검게 착색된 반점을 보고 조직 검사를 하자는 것이다. 그랬다. 의사 편에선 오래 참아왔는지는 모르겠지만 내게는 뜬금이 없었다. "이거는요~ 평생 안경을 써서 안경 팁에 눌려서 검게 착색된 거랍니다~" 했더니 의사는 "그럼 왜 오른편은 그 자국이 없는 거예요~?" 나는 대답을 못 했다. 할 말이 없었다. 일주일 후, 거부할 수 없었던 의사 L의 조직 검사 결과를 보러 가야 했다. 부글거리는 심기를 누르며 병원으로 달려갔다. L 의사의 표정이 좀 심각해져 있었다.

"피부암이네요. 그것도 평범한 암이 아니고 '악성 흑색종' (Malignant Melanoma)입니다. 이 암은 동양인이나 한국 사람에겐 별로, 아니 전혀 없는, 백인들에게만 발생하는 병인데, 이상하군요…"

"………"

대답을 못 했다. 아니, 또 할 말이 없었다. 내가 충격을 받은 줄 알았는지 의사는 부드러운 표정을 하고 설명을 이어갔다. 내 경우는 부위가 눈으로 뇌로 혹은 다른 장기로도 전이될 수 있어서 시일 안에 수술을 받지 않으면 생명까지 위험하단다. 3일 후에 뉴저지(NJ) 티넥(Teaneck)에 있는 피부암 특별 병원에 이미 예약이 돼 있으니 시간 맞춰 가라는 것이다.

나는 예약서류를 들고 그저 무심한 듯 진료실을 나왔다. 내 등 꼭지에 대고 의사 L은 혼자 말처럼 중얼거렸다. "하필 백인들이 걸리는 암에 걸릴 게 뭐람~ 하기야 당신 피부가 유난히 백인 피부를 닮긴 했지…" 나는 힐끗 뒤를 돌아보며 L을 향해 피식 웃음을 날렸다.

예약된 곳… 티넥, Cedar Lane 선상의 피부암센터로 갈 수밖에 없었다. 환자 대기실 방을 찾아 문을 열었다. 헉… 놀랐다. 대기실에는 사람들로 꽉 차 있었는데, 그들은 진짜로 하나같이 모두 백인들이었다. 순간 닥터 L의 말이 새삼 떠올랐다. 아무튼, 차례가 되어 호출되었고 이것저것 검사를 거쳐야 했다. 그리고 다시 불려 들어간 곳은 곧바로 수술실이었다. 담당 의사는 인도계 여의사였다. 지금 수술을 한다는 것이다. 나는 오늘 검사만 하는 것으로 알았지 수술하게 될 줄은 전혀 몰랐다. 그래서 보호자도 없이 혼자 왔으니 절대 수술은 못 하겠노라고 완강하게 버텼다. 그러나 저들은 나보다 더 완강했다. 'Melanoma' 암 수술은 환자에게 '네, 아니요' 대답할 자격이 없단다. 수술 예약이 잡혀있는 시간은 바로 지금이고 취소할 수 없는 약속이라는 것이다. 의사의 신호에 따라 이미 대기하고 있던 건장한 남자

둘이서 나를 번쩍 들어 수술대에 앉힌 뒤 양팔을 묶어 놓고 말았다. 무엇을 할 수 있을까. 그냥 부글부글할 수밖에는…

드르륵드르륵… 소리가 얼마나 요란한지 내 온몸은 사시나무 떨 듯했다. 칼로 수술하는 것이 아니다. 전기톱 모양의 '드라이버'로 내 콧등의 암 부위를 파헤치고 있었다. 얼굴 안면이 다 무너져 내리는 듯했다. 의사가 잠깐 한눈을 팔 때 간호사에게 거울을 달라고 해서 얼굴을 봤다. 와… 충격이었다. 얼굴은 태산같이 붓고 콧등의 수술 부위는 분화구같이 파였고, 그 안에 허연 뼈들이 얼기설기 끔찍했다. 수술 부위가 너무 넓어 접합이 안 된단다. 몸의 다른 부위 피부를 떼어 수술 자리에 패치하고 '오버로크' 바느질로 수술을 마감했다.

나는 수술실을 나오다가 기절해 쓰러지고 말았다. 얼마를 지나 깨어났다. 병원 측에선 택시를 부른다고 했으나 난 거부했다. 오른쪽 눈 하나 겨우 내놓고 온 얼굴이 붕대로 다 감긴 채 비틀비틀 운전대를 잡았다. 80번 도로에 겨우 올랐다. 마침 퇴근 시간이라 차들이 막혀 서행하게 된 것이 그나마 다행이었다. 살다 살다 차가 막히는 게 다행스러운 때가 다 오다니…

'참… 가지가지를 한다… 아주 가지가지를 해요… 가지가지를…'

형용키 어려운 분노함이 나 자신을 향해 폭풍같이 몰려왔다. 그리고는 또 폭풍 같은 눈물을 하염없이 쏟아냈다. 하얀 붕대를 다 적시도록…

뼈들의 아우성

툭하면 넘어졌다. 그 빈도수가 점점 늘어나는 게 문제였다. 넘어져 생기는 상처야 당연한 일인데, 그 당연함이 아닌 게 또 문제였다. 인대가 늘어나는 건 다반사였고, 뼈에 금이 가고 골절되기까지 하는데 정말 미칠 지경이다. 무슨 심한 낙상으로 인해서 일어나는 일이 아니다. 예를 들어 교회 본당 앞 카펫에서 맥없이 넘어져 발목, 발가락이 부러지고 집 앞 차고에서 슬쩍 넘어져 손목이 나가고, 그런 식이다. 몇 달씩 깁스에 목발을 하고 지내야 하는 것, 그런 고역은 없다. 나는 스스로 운동신경이 꽤 발달한 편이라고 자부하고 있었음에도 그랬다. 할 수 없이 '뼈' 전문의를 찾아가야 했다. 생각해보니 뼈 의사는 은퇴 나이까지 첫 방문이다. '그건 좀 너무했나…' 하는 마음이 들었다.

첫 방문이라 온갖 검사가 요란했다. 피검사는 물론 '골 밀도' 검사, MRI, X-Ray 등등 각종 검사를 마쳤다. Dr. A는 관절을 위시한 뼈 전문의다. 일주일 후 결과를 보기 위해 의사 A와 마주했다.

"내가 지금까지 의사 생활하면서 당신 같은 사람은 처음 만나 보는군요…"

심각한 표정을 한 의사 A는 숨을 고르며, 좀 과장된 몸짓으로 설명을 이어가고 있었다. 설명인즉, 이랬다. 온몸에 칼슘과 비타민 D 수치가 최하위이고(위험 수위) 게다가 골다공 수치 역시 바닥이라고 했다. 그 수치는 2차 세계대전이나 옛날 그 어떤 전쟁 때도 볼 수 없던 처음 보는 수치라는 것이다. 웬 전쟁 비유까지 드실까, 기분이 좀 그랬다. 그뿐만 아니라, 나는 머리서부터 발끝까지의 뼈가 서서히 녹아내리는(melting) 병에 걸렸다는 것이다. '다발성 골수증' 이란 병인데 영어 이름은 너무 어려워 외울 수조차 없다.

뼈가 무너져 녹아내리는 과정이란… 얼마 있으면 지팡이에 의존하다가 더 지나면 지팡이도 안 되고 카트에 의지해 걷다가 더 심해지면 결국 걷지 못하고, 자리보전하고 침대 생활… 당연히 다음 차례는 그 병으로 죽음에 이르게 되는 과정이란다.

나는 또 한 번의 사형선고를 받은 셈이다. 5만 밀리그램의 비타민 'D' 한 병… 칼슘도 비슷한 용량으로… 그리고 이것저것 병원에서 챙겨준 샘플 약들 한 보따리를 안아 들고 병원을 나섰다. 돌아오는 길, 하늘은 유난히 푸르르다. 그 푸르름 안으로 죽음을 그려보게 되었다. '지팡이로, 카터로, 자리보전, 그리고 죽음…' 의 그 여정은 그리 나쁘지 않다고 느껴졌다. 어차피 그 시간대는 얼추 내 생명의 끝자리 숫자와 비슷할 테니까. 왠지 마음이 편안해져 왔다. 그럼에도 설레고 멋진 은퇴의 꿈을 이루지 못할 것만 같은 아쉬움 한 자락은 슬픔으로 날아들었다.

원래 어릴 때부터 발바닥뼈로부터 마디마디 뼈들의 아픔이 있었다. '인어공주' 발바닥이라고 할 정도로… 나이가 들수록 더 심해 왔고 은퇴할 나이가 되고부터는 말 그대로 '뼈들의 아우성' 은 장난이 아니었다. 뼈의 사형선고에 보태서 '류머티즘 관절염' 까지… 실은 그냥 그러려니 하고 살았음에도 '류머티즘' , 그건 정말로 피를 말리는 아픔이었다.

뼈 병원 안에는 Physical Therapy를 비롯해 뼈에 관한 각종 부서들이 있었다. 그중 Pain Dr. R에게 나는 보내졌고, 빠르게 예약이 잡혔다. 좀 덜 아프기만 해도 어디냐 싶어서 흔쾌히 받아들였다. "Steroid", 그 불가사의한, 만병통치로 알려진 약품 '스테로이드' 의 또 다른 이름은 '뼈 주사' 로 통한다. 내가 알고 있는 상식으로는 무서운 약이며 후유증이 심하다는 정도의 막연함이 전부다. 주위에 뼈 주사를 맞았다는 이야기를 빈번하게 들었음에도 나는 한 번도 사용해 본 적이 없다. 예약된 날, 포트리(Fort Lee), 뉴저지주 '메디컬 센터' 로 가는 날이다. '필히 보호자와 함께' 라는 주의 사항에 따라 큰딸이 시간을 내어 함께하기로 했고, '온종일 병원 시간' 은 하루 만에 입원하게 된 탓인 셈이었다.

건물 안 시설은 완전히 종합병원 수준이었다. 아침 9시부터 병원 가운을 걸치고 이 방 저 방 검사를 다녀야 했다. 점심때가 다 되어 오트밀, 요거트 등 간단한 음식을 제공받고, 잠시 휴식 시간을 거쳐 곧바로 수술실로 이동했다. '시술' 임에도 어마하고 화려한 수술실이었다. 의사 R은 능수능란하고 민첩하게 움직였다. 여러 번의 피하주사(아마도 마취) 후, 본격적인 척추 시술에 들어갔다. 시술은 척추 부위였다. 척추뼈에 어떤 종류의 '아이비 링거' 몇 개가 주사되었는지를, 나는 알 수가 없었다. 딸은 대기실에 있어야 했고, 여러 의사들이 있음에도 저들은 하나같이 내 의문과 질문에 단답형으로 대답할 뿐이었다.

그렇게 아마도 한 시간이 넘은 듯했다. 갑자기 나는 정신이 혼미해지고 호흡 곤란에 몸이 부들부들 떨리기 시작했다. 초비상이 걸린 듯했으나, 의사들은 손 빠르게 조처해 나갔고… 아무튼 시간을 어찌 버텼는지 모르겠으나, 시술은 하루가 다 가서야 끝나고 있었다.

시술이 끝난 뒤 수술실에서 나와 회복실로 다시 옮겨져 오랫동안 있어야 했다. 걸음걸이가 어려웠기 때문이었다. 늦은 저녁 겨우 집으로 돌아왔으나 웬걸, 그 후 나는 완전한 중환자가 되고 말았다. 저들은 일주일 후에 또 한 번을, 그리고 두 주 후에 다시 또 한 번을, 그렇게 그 시술 약속을 세 차례나 잡아 놓고 있었다. 예약된 약속을 지키라는 병원의 재촉이 널뛰듯 했다. 나는 결연하게 거절했고 응하지 않았다. 여차하면 법적 조처까지 불사할 각오까지 하면서 거부했다. 하기야 한 번의 시술비용은 몇천 달러를 호가했으니 병원 입장에서야 왜 안 그랬겠는가.

'이 재미없는 이야기를 왜 이리 길게 쓰고 있을까요…' 실은 나중에야 알았다. 그 '아이비' 시술의 정체는 바로 "Steroid"였다. 그 스테로이드 부작용으로 나는 1년을 두고 힘들었고, 거의 폐인이 다 될 뻔했다. 내게 스테로이드는 악의 근원이 되어 있었고, 그 어떤 치료법도 내 뼈의 병에는 통하지 않았으며 의학은 그저 속수무책이었다. 그렇게 '뼈들의 아우성'은 오늘도 그 무서운 행진곡을 부르며 앞으로, 앞으로 행진하고 있을 뿐이다. 저 끝을 향해… 그 끝의 속도는 더, 더 빠르게… 그럼에도 내 손을 꼭 잡으신 그 한 분의 손길로 그 속도를 끝까지 잘 달려가리라….

한방(韓方) 이야기 (1)

"당신은 온갖 병치레를 다 하는 사람인데 한의원엔 다니지 않았나요?"

이런 질문을 자주 받는다. 왜 아니겠는가! 당연히 용하다는 한의원에도 자주는 아니지만 다녔었다. 그러나 한의원 이야기는 오해의 소지가 있을 듯해 그냥 지났을 뿐이다. 그런데 왠지 써야겠다는 마음에 불이 댕겨졌다. 교우 Y의 근황 때문이다.

50대 중반을 넘은 Y는 한 미모에 감기 한 번 안 걸리는, 건강을 자랑하는 부러운 체질의 소유자다. 그런데 얼마 전부터 Y는 체중 급증과 전신 무력감, 피로감에 시달리게 되었다고. 서둘러 피검사에 각종 검사를 다 받았으나 수상한 점 하나 없이 이상 무였다. 내 돌팔이 촉으로는 딱 '갑상샘 저하증' 같은데… 하면서도 돌팔이라 그냥 입을 다물고 말았다. 할 수 없이 Y는 한방을 찾았단다. '신앙'과 '믿음'이 돈독하고 실력까지 겸비한 곳으로 알려진 P 타운 B 한의원에서 진맥을 받았다. 결과는 '췌장과 간'의 기능 저하로, 좀 지나면 위험하다는 것이었다. 정기적으로 침 치료와 한 달 치 한약 처방을 받았다. 침 값 따로,

약값 따로 해서 첫날 7백 달러가량 아낌없이 현찰로 지불한 Y는 지금 기분 좋게 열심히 한약을 복용 중이다. 흐음… 나는 뭐에 막힌 듯 울컥했다. 아니 이 밝은 세상에 아직도 마르고 닳도록 한방 레퍼토리는 한 치의 어김 없이 똑같은 방법으로 이어지고 있는지… 해서, 그래서 쓰기로 한다.

"약은 독이다…"라는 글을 쓴 적이 있다. 그 약은 양방의 약이었다. 그렇다고 한약은 독이 아닐까? 그 또한 독 중에 '강' 독이다. 아무튼 '뭐라 뭐라 카더라' 가 아닌, 직접 겪었던 이야기를 풀어나가자.

예전에 한국에서의 한방에 대한 기억은, 진맥이 사람마다 거의 비슷비슷했다는 공통점이다. 기가 허하고 위장이, 아니면 주로 간이 비장이 나쁘다는 것이었고, 진맥과 함께 반드시 첨가되는 메뉴가 있었다. 관상, 사주, 궁합, 삼재, 음양오행설 등이다. 심지어는 점괘까지 잘 맞혀야 비로소 '용' 한 한의원 소문 안으로 들어갈 수가 있었다. 신기하게도 한방 진단은 사람들에게 무섭게 각인된다는 사실이다. 너도나도 모두는 '나는 간이 나쁘고 몸이 허하고 약한 체질' 이며 또는 '올해는 삼재가 끼어 되는 일이 없다' 는, 친지들의 한방 신음을 들어줘야만 했고, 돈을 빌려서라도 보약, 한약은 주기적으로 먹어 줘야 했던 한방 풍토는 어쩌면 견고한 한국 사회적 풍습 같았다. 그래도 그 옛적엔 10년산, 혹은 50년산 인삼 재배가, 그리고 질 좋은 녹용도 있었다. 그러나 지금은? 잘은 몰라도 전혀 아닐 것이다. 한국의 기억은 여기까지만 하고 서둘러 미주판 한방 이야기로 직행하기로 한다.

뉴저지주 버겐 카운티 '펠 팍'(Palisades Park)이 막 한인 타운으로 형성될 시기였다. B 에비뉴 선상에 침 잘 놓기로 소문난 C 한방 의원이 있었다. 소문인즉, 들것에 실려 들어간 사람이 성큼성큼 제 발로 걸어 나온다는 것. 그 한마디에 그 어떤 다른 부제도 불필요했다. C 한의원이 금방 유명해지는 건 당연했다.

어쩌다 나는 넘어져 발목을 접질렸다. 즉시 X-ray를 찍었다. 인대가 좀 늘어났을 뿐이라는데 걸을 수가 없었다. 시간이 갈수록 상처는 무섭게 덧나 가고… 도리 없이 나는 C 한의원을 찾게 되었다. C 의원은 좀 남달랐다. 그는 어디 깊은 두메산골에서 방금 내려온 듯했다. 세상에 저런 분이 다 있다니 싶었을 정도다. 진료실도 막말로 촌스럽기 그지없었다. 직접 탕약을 끓이는 허술한 기계까지 노출되어 약 냄새까지 실내에 진동했다. 그럼에도 C 의원의 첫날 첫 시침은 무한 신뢰감 마침표를 '땡' 하고 찍고 말았다. 그의 시침법은 다른 한의들과는 확실하게 달랐다. 누워서 들어왔다가 걸어서 나간다는 소문은 내게도 적용되어, 침 한 방으로 나는 어느 정도 보행이 부드러워졌으니까.

그 믿음 하나로 침 맞기를 무려 반년 가까이, 일주일에 두 번씩 퇴근하면 C 한방을 드나들었다. 그는 거의 무학이었고, 때로 서류 보기, 전화 받기 등등 영어가 필요한 일을 내게 부탁해 올 정도로 우리는 친분을 쌓아 갔다. 실은 C 의원 아내는 남편보다 더 산사람 같은 촌부 인상이다.

어느 날, 늦은 퇴근에 늦게 한의원엘 갔다. C의 아내가 산같이 쌓여 있는 현찰을 정리 중이었다. 과장 없이 'Cash'가 정말 산더미였다. 그렇게 돈 관리를 허술하게 하면 어쩌냐며 나무랐더니 "지금 이 시간엔 아줌마밖엔 올 사람 없시유~" 그녀의 헤벌쭉한 대답이다. 뉴저지 돈은 몽땅 C 한방으로 몰려든다는 소문은 괜한 게 아닌 듯했다. 좀 염려가 됐다, 저들이…

그리고 다른 침 맞는 날, C 아내는 커다란 우편물 '패키지'를 정리 중이었다. 그건 뭐냐 했더니 중국에서 바다를 타고 온 한약재 소포물이란다. 자랑스럽게 약재를 열고 곧바로 탕약 기계에 처방 약들을 던져 넣고 있었다. 그 중국 약재들을 보고 난 충격에 빠졌다. "아니 이건 뭐예요? 곰팡이투성이잖아요? 곰팡이를 물로 씻어내기라도 하지…" 경악이다. 약재 자루 속은 곰팡이로 가득했다. 약재보다 더 두껍고 찐득거리는 곰팡이를 그냥 약탕기에 집어넣다니… 하지만 그녀의 명랑한 대답이다. "걱정 마유~ 곰팽이도 다 약이 되니께유~ 그니까 아줌씨는 한약 먹으라 않잖아유~" 무슨 말을 할까. 할 말을 잃었다.

한 주를 건너서 다시 한의원엘 갔다. 문은 굳게 잠겨있었다. 섬뜩했다. 염려했던 일이?? 아니나 다를까. 이웃 상가에서 건네준 말이다. 이틀 전 C 한방은 야반도주했노라고…

한방(韓方) 이야기 (2)

무학(無學)의 C 의원, 어떻게 그런 분이 버젓이 한의원을 개원했는지? 그 해명을 좀 하고 가야겠다. 다시 C 한의원.

그는 아주 어려서 『동의보감』의 허준과 같은 명성 높은 한의원 집에 심부름꾼으로 들어가 잔뼈가 굵은 사람… 더 이상의 설명은 필요 없이 짐작할 수 있는 일이다. 그의 말이 정직하다면 C 의원은 가장 정통한 한의학을 배운 사람이 아닐까 싶다. 한국에서 C 의원은 다른 사람의 한의사 자격증을 빌려 명성을 얻고 한의원을 운영했단다. 그의 시침 솜씨라면 그 또한 믿을 만한 이야기다. 인터넷이 보편화되기 전이었던 그때는 미주 한국판 음성적 핫이슈나 정보가 주로 서부 LA부터 시작해 얼마간의 시간을 타고 동부 NY 쪽으로 날아들곤 했다. LA는 한국과 가깝고 직통 편이라 소위 국제적 '거간꾼'들이 득시글했단다. 그 거간꾼 한 명과 C가 연결되어, 시쳇말로 돈을 처바르고 도미할 수 있었다고 했다. 빌려 쓰던 한의사 자격증은 아예 사버렸고, 그 자격증은 LA로 건너와 LA 자격증으로 바뀌었다. '꾼'의 권유로 LA보다는 아직은 순진한 동부로 건너와 뉴욕(NY)보다는 또 더 순진한 뉴저지(NJ)에 한의원을 열었다. C 의원이 돈을 무한정 긁는다는 소문은 점점 커지고, 그의 돈을 노리는 또 다른 누리꾼의 조작으로 천문학적 액수의 고소(sue)를 당했단다. 그에게 야반도주를 하는 수밖에 무슨 도리가 있었을까.

한인사회의 입소문과 각종 PR에는 주로 한인 교회가 중심이 되고 있었다. 병원에서도 포기한 죽을병을 단번에 고쳤다는 한의원을 교회에서 소개받았다. 이번엔 뉴욕 Q 타운이다. NY 한인 타운은 이민사 초기부터 형성되어 온 역사와 전통을 자랑하는, LA 버금가는 지역이다. 당연히 한방 역사도 깊고, 용하다는 한의원이 널리 포진되어 있다. 소개받은 Q 타운 한방까지 혼자 출동하기엔 엄두가 나지 않았다. 다행히 얼마 안 있어 일행이 생겼고, 나는 기꺼이 합류했다. 혈관, 혈액에 문제가 있는 J, 심한 디스크로 고생하는 K, 왼편 관절뼈 뒤틀림 문제의 나, 그렇게 환자 3총사는 뉴욕 Q 한방을 찾았다.

Q 한방… 간판은 물론 주소도 주차장도 없다. 복잡하기 이를 데 없는 곳에 고풍스럽고 음침한 건물을 겨우 찾아, 겨우 길에 주차했다. 빌딩은 한의원 집 아파트 1층이었다. 실내는 햇빛 한 점 없고 조명등 또한 어둑했다. 거실에 칸막이 진료실 3개, 입구 쪽에 대기실 의자가 놓인 게 다였고, 어디에도 한약 냄새 하나 없었다. 환자는 우리 3총사가 다였다. 어딘지 수상스러웠지만, 우리 일행은 매우 만족한 듯하여 나도 그러기로 했다. 진맥과 시침이 시작됐다. 한의사는 자신 있게 우리들 문제를 해결하고 치유할 수 있노라고 장담했다. 8체질 의학, 8체질 원리에 따른 체질에 맞는 음식과 해로운 음식을 자세하게 설명했다.

그는 자주 진료실 밖으로 나갔다 들어오곤 했다.

진료가 끝났다. 한의사가 손에 쥐여 주는 게 있었다. "이게 뭐예요?" 내가 물었다. 한약이란다. 자주 밖으로 나가던 그를 떠올리며 어디 다른 곳에서 약을 준비하느라 그랬나 보다 싶었다. 침값, 약값 해서 일 인당 $550, 도합 $1650. 2시간도 안 되어 한의사는 그 정도의 액수를 챙겼다. 한 주에 두 번은 침을 맞아야 하는데, 우리는 먼 뉴저지에서 오기 힘드니 대신 한 주에 한 번은 꼭 와서 침을 맞으라고 다짐도 시켰다. "예스…" 우리의 합창 응답이었다. 집에 돌아와 한약 한 봉을 따뜻하게 데워 마셨다. 그런데, 그 한약 한 봉을 마셨는데 뱃속이 다 뒤집히고 정신까지 혼미해지고 몸의 반응은 걷잡을 수 없이 힘들어 다 토해내고 말았다. 그랬음에도 다음 날까지 속이 말이 아니었다. 약 먹기를 포기하고 약을 한의원에 돌려줄 수밖에 없었다.

세 번째 Q 한의원 방문 날이다. 이제 한의원 실내에 익숙해졌다. 부엌 옆에 메인(main) 침실이 있고 화장실 옆에 방이 또 하나 있다. 그런데 그 방은 항상 자물쇠로 잠겨있다. 한의사가 들어갔다 나올 때도 문을 잠그는 것을 본 적이 있다. 나는 그 방에 호기심이 생겨나기 시작했다. 오늘은 침을 제일 먼저 맞았다. 그리고 화장실 일을 보고 나오는데, 앗, 그 방의 자물쇠가 풀려 있다. 나는 도둑고양이처럼 방문을 사알짝 열고 들어갔다. 세상에, 너무 놀라 나는 숨이 멎는 듯했다. 그 방엔 천장 높이까지 한약 달여 놓은 약 첩들이 가득하게 쌓여있는 게 아닌가. 당귀, 복령, 황기, 감초, 인삼 등 한약 이름이 한문으로 표기돼 있었다. 내 가슴은 마구 들뛰었다. 언제 달인 약인지도 모를 저 한약들을 약국에서 약을 지어주듯 환자들 손에 쥐여 주다니… 도저히 내 상식으로는 이해할 수가 없었다. 그렇게 죽을 사람을 살렸다는 용한 Q 한의원은 그날로 아웃. 끝을 내고 말았다. 시간과 돈을 버린 것은 고사하고, 저 무허가 Q 한의원을 어떻게 좀 해 봐야겠다는 부글거림 때문에 몇 밤이나 잠을 설쳤다.

뉴욕에 신문 기자인 지인이 있다. 기자 정신으로 좀 알아봐 달라고 전화를 했다. 그의 신속한 대답이다. 뉴욕엔 중국인들이 운영하는 한약재 공장(factory)이 있단다. 그곳에서 대량으로 한약을 달여서 한의원들이 필요한 약 첩을 공급한다는 것이다. 그건 이미 뉴욕 한방의 음성적 관례가 되어 있다고… 무허가 한방은 뉴욕, 뉴저지에 셀 수 없이 많단다. 그의 설명에 그저 헛헛한 웃음만 날릴 수밖에.

한 번 더…

한방 이야기다. 생각해보니 수십 년 동안 한방 출입은 고작 대여섯 번이 다였다. 그렇다면 한방을 언급한다는 그 자체가 자격 미달 같아서, 그것도 부정적인 측면만 이야기한 것 같아서, 이래저래 그저 마음이 좀 그래서, 한 번 더 쓰자 마음을 먹은 것이다.

머리부터 발끝까지 바늘로, 아니 송곳으로, 대못으로 찌르는 듯한 통증에 의학적 해결책은 전혀 없다. 그냥 강력 진통제 투여가 다였다. '페인 클리닉' (Physical Therapy)을 오랫동안 다녔으나 그때 잠깐뿐, 그 역시 별 도움은 안 되었다. 참을 수 없는 극한 순간엔 '침이라도 한 방…?' 하고 떠오르는 건 자연스러운 생각이다. 이번에도 역시 '믿음' 좋고 '신앙심' 이 돈독하다는 E 한방을 소개받았다. '가자! 침 맞으러!' 달려간다, E 한의원으로…!

익숙한 P 타운, 조촐한 주택가에 자리한 E 한방, 우선 '그래픽' 한 간판이 맘에 들었다. 어, 한의사가 젊다. 이렇게 새파랗게 젊은 한의사는 처음이다. 젊음에도 온화하고 부드러운 인상이 맘에 들었다. 실내도 깔끔하고 정갈해 느낌이 좋았다. 앞쪽으로는 원장실 겸 진료실이 있고 한쪽 귀퉁이 벽면엔 인허가 자격증들이 걸려 있었다. 안쪽으로는 시침 방이 몇 개 더 있는 듯했다. "멀리서 오시느라 수고하셨어요." E는 그 인사 한마디가 다였고 어디가 어때서 왔느냐는 통상적인 질문 한마디 없이 곧바로 진맥으로 들어갔다.

"당신은 절대 죽지를 않습니다." 진맥을 끝낸 그의 첫마디다. 놀랐다. 누가 죽을병에 걸렸다고 했는가? 아픈 증상을 말한 적도 없는데…? 진맥을 다른 한의사보다는 꼼꼼히 길게 하는 것이 조금 달랐을 뿐인데, 그는 나의 몸 상태를 줄줄이 설명하고 있었다. 그 많은 수술까지도… 아무튼 E의 결론은 이랬다. 나는 의학적으로는 이미 죽은 목숨이라고 했다. 그럼에도 절대 죽지 않는단다. 그리고 자기는 내게 아무것도 해 줄 수 있는 것이 없노라고… 그냥 돌아가라는 것이었다. 아무 말도 못 한 채 나는 그를 한참을 바라보고만 있었다. 그런 나에게 한마디 더 한다며, 양방과 한방을 통틀어 이제 나에게 할 수 있는 '의학' 이란 세상 그 어디에도 없다고 한다. 그때서야 나는 멍했던 머리를 풀고 농담처럼 웃으며 대꾸했다. "아니 우물쭈물 적당히 뜸도 놓고 꾹꾹 침도 꽂아주고 해야지… 돈은 언제 벌려고 그러세요?" 했더니 그도 웃으며 대답했다. "하하 그래도 다 벌어요…" 그도 귀엽게 웃었다. 아무튼, 나는 강한 호기심이 마구 발동하여, 기왕에 왔으니 신기하기 짝이 없는 당신을 좀 알고 가야겠다고 했다. 내 제의를 순순히 받은 E의 이야기를 잠깐 짧게나마 들을 수 있었다.

E는 내 막내와 동갑인 노총각이다. 할아버지가 한의사였단다. 할아

버지는 각별하게 E를 예뻐했고 틈만 나면 자기를 불러 한방 심부름을 시켰다. 방과 후 아이들과 놀다가도 할아버지가 부르면 달려가 할아버지 곁에 있는 걸 E 역시 좋아했다. 그렇게 조부님의 한방과 함께 성장한 E는 대학 진로를 자신이 선택했다. 오히려 그의 아버지는 그 선택을 별로 좋아하지 않았으나, 할아버지의 적극적인 후원으로 E는 한국의 D 한의대를 졸업했다. 대학에서 조교로 있다가 도미한 후 이곳에서 한의학 공부를 '업그레이드' 하고 한의원을 개원하게 되었고, 그러느라 결혼이 늦어졌다는 이야기의 마침표에 살짝 애교까지 뿌렸다. 그때 방문객이 왔다. 나도 서둘러 자리를 뜨려고 일어났다. 그랬는데 E는 내게 잠깐 있으라고 했다. 정기적으로 침 맞는 환자라 침만 꽂고 금방 나오겠다고… 뭐 오늘이 처음이자 마지막일 테니 그러자고 했다. 얼마 안 되어 그는 돌아와 내 앞에 다시 앉았다. 그리고 말했다. "아무한테나 절대 안 하는 것을 꼭 해드리고 싶어서요." "……?" E는 다시 처음보다 더 꼼꼼하게 내 맥을 짚어 나갔다. 진맥을 끝내고 그는 좀 황당한 이야기로 입을 열었다.

"한국뿐 아니라 세계적으로 이름을 떨쳐야 하는 사람, 유명인으로 살아야 할 사람, 어디에서든 중심이 되는 사람, 아무 말을 하지 않아도 대중의 주목을 받는 사람, 박수갈채 속에서 살아야 할 사람"… 그게, 그것이 바로 나라는 존재란다. 내가 그렇게 살아야 했단다. 그렇게 살았다면 절대 질병이 엄습하지 못하고, 몸을 갈기갈기 찢기지도 않았을 것이란다. 그런데 그렇게 살아야 하는 길을 저지받고, 방해받고, 뒤로 숨고… 그래서 결국 죽도록 아픔을 안고 살아야 하는 게 내 정체성이란다. 그런데 그 순간 툭 하고 튀어나온 나의 대답은 이랬다. "그래요, 맞아요… 남들은 목숨 걸고 '유명' 해지려고 난리인데, 나는 '유명' 해지지 않으려고 평생 난리 치고 안간힘을 다하고 살았네요." 어쩌면 E의 황당한 이야기가 점쟁이같이 딱 맞는 말 같아서 내가 더 황망했다.

그 황망함이 무안해 나는 서둘러 일어났다. 생전 처음 빈손으로 한의원을 나오고 있었지만, E와 같이 정직하고 올곧은 한의사를 만난 것은 무형의 큰 힐링(healing)의 손길이었다. 그 후 자연스레 한방은 '안녕' 이었다. 적어도 내게는…

Eye Contact

'어디서 눈을 똑바로 뜨고…?'

'감히 누구 앞에서 눈을 똑바로 뜨고…?'

그랬다. 우리 한민족의 뿌리 깊은 역사적 배경은 그랬었다. 나이 많은 연장자 앞에서, 나보다 어려도 높은 자리의 사람 앞에서는 시선을 몇 각도 낮추고 대하는 것은 기본적인 예의범절이었다. '눈을 똑바로 뜨다' 의 동서양 문화적 차이는 완전한 정반대다. 아니 서구 문화로 갈 것도 없이 미국으로만 좁혀 가기로 하자. 그런 면에서 'Eye Contact' 의 의미는 미국 문화의 일 번지, 으뜸이라고 해도 과언이 아니다. 지금의 한국은 글로벌 세계화를, 첨단 IT 산업으로 질주하는, 우리 스스로 자긍심을 가질 만한 나라로 변했다고 한다. 그럼에도 수백, 수천 년을 이어온 유교 사상과 불교적 유전 인자 등 우리 민족 혈통 속에 깊게 새겨진 역사적 배경을 부인할 수 없다. 중국의 유교, 인도의 불교, 그리고 일제 강점기… ' 과연' 저들 문화적 역사 속에서 우리의 독립된 개체의 존재성은 '과연' 있었던가…? '한민족, 한국인은 '과연' 누구인가?' 새삼 내 청년기에 몰입했던 기억들이 떠오른 것은 바로 엊그제

겪었던 그 일 때문이다.

ENT(이비인후과) 닥터들에게 언제부터인가 신뢰성을 잃었다. 그들 대부분은 '성형외과' 를 겸하고 있다.

아주 오래전 일이다. 말 그대로 이, 비, 인후가 불편해 의사를 찾았다. 몇 명의 환자가 있었다. 그중 성형 환자가 있었는데 그를 대하는 직원이나 간호사 의사, 모두의 친절함이 지나칠 정도였다. 그런데 나 같은 '이비인후' 환자에게는 싸늘한 태도에 진료도 데면데면 건성이었다. 유명세를 타는 ENT 의사들은 거의 '성형 분야' 를 주로 다뤘고 ENT는 '들러리' 라는 말은 괜한 말이 아닌 듯했다. 그 후부터 이비인후과 방문은 거의 하지 않았고, 필요할 때는 주치의에게 진료를 부탁하곤 했었다.

나는 항상 왼쪽 만성 편도선염을 가지고 있었다. 찬 바람이 불자 편도선이 심하게 아프기 시작했다. 괴로운 건 목과 연결된 왼쪽 귀와 눈, 코 벽까지 줄줄이 아파 오는 것이 문제였다. '올겨울 나기가 무서워요…' 주치의 J에게 호소했다. 이번에는 닥터 J의 권유가 단호했고, 필히 전문 닥터까지 소개해 주어, 그렇게 엊그제 새로운 C. ENT를 방문하게 된 것이다.

C. ENT… 이른 예약 시간에 맞춰 갔다. 환자가 꽤 많았다. '굿 닥터일까?' 좀 기대가 됐다. 기다리고, 기다리고, 기다려서… 거의 탈진되어 가는데 내 이름이 불렸다. 진료실 앞에는 또 다른 대기실이 있

었다. 간호사는 잠시 소파에 앉아 기다리라고 했다. 얼마 있다가 나온 간호사의 손에는 태블릿 PC가 들려 있었다. 그녀가 태블릿으로 내 얼굴에 초점을 맞추며 "사진을 찍을까요?"라고 했다. "왜요? 왜 사진을…?" 나는 황당했다. 왜 환자 얼굴을 찍어야 하는데? 이런 변은 처음이다. 뭐 "처음 온 환자 얼굴을 익히려고 닥터가 원해서…"란다. 그런데 웃기는 건, 강자인 의사 앞에서 약자인 환자는 그 무엇도 거부할 여력이 전혀 없다는 그 사실이다. 거절해야 하는데 하면서 그냥 찍히고 말았다. 뭔가 찜찜한 기분으로 진찰실로 불려 들어갔다. "안녕하세요…" 인사를 했음에도 C 의사는 내게 눈길 한 번, 대답 한 번 없다. 옆에는 흰 가운을 입은 여자가 책상에 앉아 컴퓨터에 시선을 고정한 채 역시 눈길 한 번이 없다. 방은 작고 밀폐된 듯, 공기가 탁해 금방 호흡 곤란이 왔고 게다가 투명인간 취급이라니… 아무렴 좋다, 조금만 참자, 이 야릇하고 요상한 분위기를 나는 똑바로 직시할 것이다, 그렇게 안간힘을 다했다.

'투명인간'. 세상에, 의사가 환자와 Eye Contact를 안 한다, 못 한다니… 이런 상황은 평생 처음이다. 초지일관 그럴 수는 없었다. 그러기가 더 어렵지 않은가! 특히 이, 비, 인후를 체크해야 하는 이 분야 의사는 환자 얼굴과 가장 가깝게 거리가 좁혀지는 것이 필수적인데… 그럼에도 닥터 C의 눈은 허공에 떠 있다. 원, 투, 쓰리… 건성건성 체크를 끝낸 의사의 결론이다. "편도선 문제가 아닌 듯하고 목이 부어있어요. 더 자세한 검사를 한 번 더 받아야 하겠어요." 그게 다였다. 특별

검사 처방전(잉글우드 검사실)과 항생제 처방전을 건네주고, 2주 후에 예약을 잡고 다시 오라고. 방을 나오기 전 나는 닥터 C 앞으로 바짝 다가가 일부러 똑바로 그의 눈을 뚫어지게 쳐다봤다. 몇 초 동안을. 그는 여전했다. 참, 밝혀둘 것은 의사 C는 이곳에서 교육받고 성장한 1.5세 젊은 사람이다. 그런데도 그랬다.

Eye Contact, 소통의 창. 미국 문화의 예의범절 1번지라고 다시 한 번 강조해도 모자람이 없다. 학교에서 교사와 학생이 체벌 받는 순간에도 교사와 학생 사이의 Eye Contact는 필수적일 정도다. 하물며 의사와 환자 사이의 Eye Contact를 무시한 C. ENT, 완전한 아웃이다. 아니 모든 의학까지 그렇게 하기로 하자. 영원한 친구 '아픔' 아, 우리 그렇게 함께 그냥 가자꾸나. 끝까지…

무서운 복병(伏兵)은…

Kidney, '신장병' 이다. '복병' 이란 낱말을 피하려고 몇 날을 끙끙 댔으나 대처할 단어를 찾지 못해 그냥 가기로 한다. 신장(콩팥)병은 정말 무서운 병이다. 질병들은 아무리 어려워도 치료법은 존재하고, 그게 의학이다. 그런데 신장병은 의료적 투약이나 치료 방법 자체가 전무하다. 아예 없다. 아니 있긴 있다. 혈액 투석과 신장 이식이다. 그러나 엄밀히 말하면 그것은 치료 범주의 밖이라는 게 환자 입장에서의 생각이다. 신장의 기능은 체내의 혈액을 여과하는 것이다. 피에서 노폐물을 걸러내고 미네랄을 흡수하고 몸의 산성도를 낮춰 주는 중요한 기관이다. 신장병의 특징은 기능의 90%까지 다 망가져도 뚜렷한 자각 증상이 없다는 것이다. 신장은 20%만 남아도 제 역할을 하므로 오랫동안 서서히 망가져도 모르고 있다가 결국 돌이킬 수 없는 지경에 이르게 되는 것, 그 또한 문제의 복병이다.

H는 건강했다. 아빠를 닮았단다. 아빠는 평생 감기조차 모르는, 타고난 건강맨. 자기는 아빠의 고것만 닮았노라고. 그랬던 그녀는 결혼을 하고 첫 임신을 했다. 모든 면에서의 첫 경험은 흥분과 긴장이 넘치는 법. 하물며 첫 임신의 경우야 오죽했을까. 병원 가기를 유난히 싫어

했던 그는 착하게도 정기 검진을 잘 받았다. 그런데 임신성 '당뇨'라는 판정을 받았다. 일반 당뇨와는 달리 대부분 해산 후에는 원상복구가 된다니 그나마 안심이었다. 의사가 지시한 식이 요법과 운동 요법을 철저하게 지켰다. H의 양가에서 첫아기 탄생이다. 관심과 축복 속에서 건강한 우량아가 무사히 태어났다. 첫 딸이다. 신기하게도 산모의 임신성 당뇨는 깨끗이 원상으로 돌아갔다. 그렇게 그녀의 당뇨는 잊혔다. 어느덧 터울이 되어 H는 둘째를 임신했다. 이번에도 역시 임신성 당뇨 판정이었다. 하지만 그는 개의치 않았다. 임신도 당뇨도 경험자로서의 노하우를 양손에 쥐고 있었으니까 잘 버텼고, 잘 견뎠다. 무사하게, 그것도 이번에는 아주 금쪽같은 아들을 아주 잘 낳아서 온 집안의 축제가 되었다. 그러나 때로 경험은, 체험은 오만을 부르고 착오를 일으킬 수 있다는 것 역시 '복병'이다. 그녀 자신은 임신성 당뇨로부터 벗어난 정상인이고, 건강한 사람이라고 자신만만했으니까…

그랬다. H의 두 번째 임신성 당뇨는 출산 후에 원상복구를 못 한 채 일반적 당뇨로 진행되고 말았다. 그녀의 경우는 이상하게 자각 증상이 전혀 나타나지 않는다는 것이 문제였다. 당뇨가 무서운 건, 다는 아니라도 거의 혈압을 동반한다는 사실이다. 그녀의 첫 입원은 위험 수치의 혈압 상승이 원인이었다. 그는 이미 당뇨와 혈압 중증 환자로 진전되었고, 그 당뇨와 혈압은 소리 없이 무작위로 신장을 망가뜨리고 있었다. 뿐일까, 망가진 신장은 호흡기와 소화기는 물론 순환기까지 모든 장기를 강타하고 있었다. 다른 건 몰라도 '신장 손상'은 본인은 물론 온 가족에게 크나큰 충격이었다. "신장을 나누자!" 가족들은 암묵적으로 그런 각오를 하고, 마음을 함께 모았다.

한 보따리씩 되는 어마무시한 처방약을 시작으로 H의 투병은 장기전으로 들어갔다. 미칠 일은 투약이다. 종일, 그것도 밤 12시까지의 투약 처방은 도대체 어쩌라는 건지… 음식 제한도 심한데 밤톨만 한 약들을 빈속에 밀어 넣어야 하는 고통은 사약이 따로 없다. 그럼에도 H는 일상을 씻은 듯 살아내며 겉으로는 아픈 티 하나 없이 외롭고 고독한 그 길을 담담하게 잘 헤쳐나갔다.

드디어 신장 이식 프로세스에 합류했다. 때로 혈압이, 당 수치가, 포타시움이… 각종 미네랄, 칼륨, 요소가 널뛰듯 오르내렸다. 그것을 조절하는 절차도, 이식 수술을 받기 전에 밟아야 할 수많은 특수 검사까지 점점 많아져 병원 행차는 무시로 잦아졌다. 온몸에 피멍울은 꽃무늬처럼 퍼져 나가는데, 곧 대장 내시경도 받아야 하고… 실은 대장 검사 중 죽을 수도 있다고 했다. 너무 힘들다. 두렵다. 이제 그만 이식 수술을 포기하고만 싶다고 했다. H는 그랬다. 왜 아닐까… 누구라도 그랬을 것이기에. 그렇게 우주의 한 점! 한순간에! 그는 쓰러지고 말았다. 사망진단서엔 '뇌경색' 이라고…

"아니 어떻게 그리 갑자기?" "무슨 병이라도…?" 많은 분들은 차마 물어보기조차 어려웠노라 했다. 짐작대로 H는 내 둘째, 큰딸이다. 느닷없이 갑자기, 한순간에 쓰러져 딸은 사랑하는 우리 곁을 훌훌 떠나고 말았다. 창조주가 하셨다 했다. 이제는 이렇게라도 풀어놓아야 할 때가 아닌가 싶었다. 참담함에서 벗어나기 위해서라도.

한국 언론계의 대부 L 선생님은 딸을 먼저 보낸 뒤 주님을 영접하고 회심을 했다는데, 그런데… 그런데 나는 그분을 등지고만 싶다. 돌아서는 일… 그 또한 무서운 '복병'은 그곳에도 있었다.

'울음병' 그리고 '눈물병'

울음을, 눈물을, 병(?)이라고 생각해 본 적은 한 번도 없다. 그랬는데 최근에 읽은 칼럼 한편에서 '눈물병'(Tears bottle)이란 단어를 신선하게 마주하게 됐다. 그것도 의대 교수라는 분이 쓴 글이니 신빙성에 무게를 두자 했다. '눈물병' 이름은 그분이… 그러면 난 '울음병'이란 다른 이름을 붙여 보자 했다. 어쩐지 눈물과 울음이란 단어는 분명코 다른 어원일 것 같아서다. 그 다름의 낯선 주변을 기웃기웃, 더듬어 보기로 한다.

원래 태생적으로 울보였다. 말 안 듣는 떼쟁이 울보가 아니라, 누구에게 들킬세라 눈물을 감추는 혼자만의 눈물쟁이였다. 뜰 앞 꽃밭에는 빨강, 파랑, 보라, 노랑의 작고 작은 꽃잎들이 피어난다. 그 짙은 색의 꽃잎 앞에서 시간을 잊은 채 넋을 놓고 쳐다보다가 끝내는 눈물방울을 동글동글 떨어뜨린다. 꽃밭은, 꽃들은, 그렇게 내 어린 눈물과 함께한 정서적 성장통이었다. 소년기는, 아니 청년기의 눈물은 '울음'이 되었다. 파란 하늘이, 뭉게구름이, 바람 속 흔들리는 나무들이 내 울음의 시작이었다. 책 읽을 때 티슈와 손수건은 필수였고, 기뻐도 즐거워도 행복해도 울고, 무섭고 놀라고 화나고 억울해도 울고, 좋은 음악, 영화나 드라마는 물론, 좋은 그림 앞에서, 군중 속에서도 울고, 혼자 노래 부를 때는 울음바다를 이루고… 제일 난감한 일은 남의 결혼식에 참석할 때 터져 나오는 울음이었다. 신부의 엄마나 친척이라면 모를까, 이건 전혀 아니다. 그 기쁘고 축하할 좋고 좋은 자리에서 울음이라니…

그랬었다. 그런데 조물주의 솜씨는 묘하게 공평했다. 갱년기에 들면서 반갑게도 서서히 눈물이, 울음이 감소되기 시작했다. 남자는 여성화, 여자는 남성화한다는 상식적인 이야기를 '눈물병' 칼럼을 쓴 교수는 자세하게 풀어 놓았지만, 나는 이미 그 반가운(?) 갱년기를 거뜬히 잘 지나고 있었다. 그랬는데… 그럼에도, 그만 울음병, 아니, 그것도 '통곡'의 병에 걸리고 말았다. 다 늦게 말이 안 되는 일이다.

눈병이 났다. 눈병 날 이유가 없는데 그랬다. 왼쪽 눈 아래 안쪽으로 붉은 반점이 점점 커져 고름까지 잡혔다. 아파서 눈을 뜰 수도, 사물을 볼 수도 없다. 견디지 못해 안과 예약을 했다. 삼십년지기 S 안과의 그에게 나는 구박덩이다. 이유는 정기 검진을 안 해서다. '구박은 사양합니다…' 아예 그렇게 선수 치듯 인사하며 진료대에 오른다. 그러면 S의 구박이 가벼워지는 걸 아니까. "눈물을 흘리면 눈에 좋은 것 아닌가요? 많이 울어서 눈병이 생기기도 하나요?" 내 질문이다. 왜 많이 울었냐고, 많이 우는 건 당연히 눈에 해롭다는 S 의사의 영양가 없는 설명과 함께 치료는 짧게 끝냈다. 고름을 짜내고 2주일 치 처방 약과 찜질 방법을 일러주었고… 열심히 의사의 말에 따랐다. 그러나 눈병은, 차도는 고사하고 점점 심해져 갔다. 또 안과를 가고, 또 갔고 나중엔 독한 항생제까지 처방해줘 힘들게 먹었는데… 이건 아니다. S 의사의 한계는 거기까지였다. 생각해보니 3~4개월 안과 치료를 받았고, 3~4개월 통곡 울음을 함께한 셈이다. 울어서, 그것도 통곡 울음이 원인이 아닐까, 자가 진단을 할 수밖에는 없었다.

마침 오늘은 메인 닥터 J를 방문하는 날이다. '의학 공부는 총괄적으로 한다' 고 들었기에, 우선 내 눈을 좀 봐 달라고, '세컨드 오피니언이 듣고 싶다' 면서 눈을 보였다. 그는 눈의 반점은 칼로 제거해야 할 정도고, 발병 때부터 자세한 설명을 듣자고 했다. 쭈뼛쭈뼛 망설이다가 결국 처음으로 J 의사 앞에 털어놓았다. 5개월째 매일매일 울고 있노라고… 주치의 J는 완전히 딴 사람처럼 바뀌며 단호하게 말했다. 왜 이제야 말하느냐고! 주치의는 왜 있느냐고! 자기에게는 곧장 알려야 했다며, 큰일을 자초했노라며, 그런 울음은 죽음이라고, 이변 없이 예까지 온 것만도 신이 도왔노라고. 그는 심각했고, 난 그의 그런 모습이 처음이라 좀 당황스러웠다. 울음을 그치게 하는 약이란다. 처방전과 우선 샘플 약을 당장 먹으라고 손에 쥐여 주었다. 다음 날, 여지없이 또 울음이 터지고 말아 그 약 한 알을 먹었다. 그런데 복통에 구토에 설사에… 그 약은 나에게 독약이나 마찬가지였다. 결국 한 알로 그마저 포기해야만 했다.

'Citalopram' , 약 이름을 공개하기로 한다. '공황장애' , '우울증' , '조울증' , '정신박약' , '중독' 환자들에게 처방되는 약이다. 약을 시작하면 젊은이들은 물론 중, 장년 그리고 노년층까지 평생을 복용해야 한단다. 내 경우는 혈압, 당뇨, 갑상샘 등의 약과 함께 복용하는 건 절대 안 된다는 것이 친한 약사의 설명이었다. 자, 그럼 어쩐담…? 어떻게 해야만 하는가. 눈병은 차후 문제다. 까짓것, 눈 하나 실명된다고 대수이랴. 울음병이 문제다. 하루하루를, 한 달 두 달을, 이제는 6개월째인데, 제발… 그 여섯 달에 소망을 품어보기로 한다. 이 땅에서, 아니면 저 하늘나라에서라도…

전자파, 병?

아픈 이야기는 정말 싫다. 그럼에도 꼭 해야겠다는 그 마음은, 한 해의 끝, 시간의 부름 같아서다. 젊어서는 신체 하반부를, 이후 10여 년 전까지는 신체 상반부를 의학에 의해 갈기갈기 찢기었다. 8개의 중요 장기들은 주로 왼편으로 제거해 몸의 왼편은 텅 비어 있는 셈이다. 막판 수술실에서는 심장 안에 2개의 플라스틱 링을 박은 채 겨우 죽음에서 탈출할 수 있었다. 그런데, 그 플라스틱 이물질이 문제였다. 처음 회복 기간 1년 동안은 컴퓨터 앞에 앉지를 못했다. 물론 핸드폰을 쓸 수도 없었다. 집 안, 집 밖의 흉흉한 전자파가 가슴을 강타했고, 호흡 곤란을 일으키고, 넘어트리고 쓰러지게 했다. 몸이 회복된 후엔 겨우 컴퓨터는 몇 시간씩 사용할 수 있었으나 휴대폰 사용은 여전히 불가능했다. 어디 그뿐이랴. 메이시스(Macy' s) 백화점 혹은 대형 쇼핑몰은 물론 새 건물 안에는 들어가지 못한다. 무심코 들어갔다 치면, 딱 몇 초 만에 졸도해 버리고 만다. 전자파와 화학 성분의 괴물이 주범들이라고 했다. 폐 의사도, 심장 의사도, 수술 집도의들까지, 모두가 내 심장 속의 이물질 링과는 무관하다고 했다. 의학은 그랬다. 그럼 나는? 그래서 자칭 '전자파 병자'(?), 그럴 수밖에 없었던 것이다.

창조주, 조물주는 당신의 형상대로 인간을 만드셨다. 인간들아, 자유의지대로 맘껏 창작해 보라고, 고로, 인간은 더 좋은 편리한 세상을 만든다고 이익과 경쟁으로 바벨탑 하늘을 찌르듯 그렇게 세상을 변질시키고 말았다. 그 광범위한 전자 세계의 변절된 요소는 여기서 생략하기로 하고, 한 가지만 집중한다면, 우리는 24시간 껌딱지처럼 휴대폰과 태블릿 PC를 몸에 달고 다닌다는 것이다. 신생아들까지 아예 휴대폰을 입에 물고 태어난다고 하지 않는가. 어쩔 수 없다. 그런데 아이들로부터 어른까지 그 누구도 전자기기 사용 시 주의사항에 무관심하다. 새 아이템을 출시하는 회사들 역시 환상적 새 상품 홍보에만 열을 올린다. 부작용 안내는 겨우 페이퍼에 깨알 같은 글자로 언급하지만, 읽는 사람은 거의 없을 것이다. 눈 깜빡증, 눈 건조증, 기억 깜빡증, 피부 건조증, 탈모증, 손 떨림증, 청각장애 등등, 자기 자신도 감지할 수 없는 수많은 전자파 후유증이 소리 없이 증폭되고 있는 것이 현실이다. 그럼에도 아이들, 청소년들은 휴대폰을 얼굴에 부비부비 문지르며 몸에 부착시켜서 떨어트리지 않는다는 무서운 사실이다.

병원 행차를 무조건 기피하려 드는 나다. 검사기 자체도 모두 전자기기다. 검사 후유증으로 오랫동안 고통스러워서다. 한번은 무슨 병원 검사를 한바탕 받고는 정신을 잃었다. 나중에 의사가 따로 불러 심각하게 대화를 하자고 했다. 자기와 친한 의사가 의학적 전자파 연구를 한단다. 나를 그에게 소개해주고 싶다고, 나를 집중적으로 연구해 새로운 전자파 의학을 발표하게 하고 싶다고… 연구 기간에 내게 금전적 지원도 된다고 의사는 진지하게 제안했다. 처음엔 솔깃했다. 나도 의학에 공헌할 수 있어 좋고 나 자신도 전자파에서 벗어날 수 있다면 더, 더 좋고. 그러나 생각해보니 어불성설이다. 내가 실험 도구가 되다니… 아마 10년만 젊었어도 시도해봤을 터인데… 그랬었다. 사후에 내 시신을 의학에 기증하기로 사인한 사람이니 그때 연구해 보시라고 하며 헛헛한 그 의사와의 대화를 끝낸 적이 있다.

어제도 오늘도 내일도 휴대폰이 울린다. "예, 집 전화 00 번호로 다시 걸어 주시겠어요?" 아는 친지들은 알고 있지만, 그렇지 않은 분들에겐 그런 민폐가 없다. 다행히 나에겐 오는 전화만 받을 수 있는 '라이프 라인' 집 전화가 있어 전화 수다방은 언제나 가능한 편이다. 실은 그것조차 30분이 넘으면 심장 신호가 시작되긴 하지만, 그래도 그게 어딘가. 나는 사회 부적응자가 된 지 이미 오래다. 쇼핑을 모른다. 그 장소에 갈 수 없는, 소비성 없는, 나 같은 사람은 사회적 이단아다. 그래도 갈 곳은, 소비할 곳은, 그럼에도 있다. 환기 시설(Ventilator)이 필수인 식료품 마켓이다. 그래서 먹거리 시장 보기는 내게 유일한 소비성 즐거움이다. 크게 감사할 일이다.

빠르게 집 전화기는 사라지고 있다. 온 가족이 따로국밥, 따로 전화기다. 대화 단절에 소통불가 세대는 물밀 듯 밀려온다. 상상을 불허할 전자기는 물밀듯 생산되고 있다. 전자파로 벌들은 사라지고 도처에 인명도 자연 생명도 소멸되고 있다. 전자파는 적그리스도의 모체가 될 것이다. 유일한 그 모형체가 여기 이곳, '전자파 병자'(?)는 아직은 호흡을 고르고 있다는 사실이다. 우리의 앞에는, 후손들 앞에는, 어떤 삶이 펼쳐질까… 진정, 상상 불가다.

갑상샘(Thyroid)

갑상샘 저하증 약을 지긋지긋하게도 20년 넘게 먹고 있었다. 주치의에게 매번 그 약 좀 끊어 달라고 여러 번 하소연했으나, 의사의 대답은 냉정하게 '노, 노'(No, No)였다. 그랬는데 두어 달 전부터 갑상샘이 요동치며 반란을 일으키기 시작했다. 침대에서 일어날 수조차 없이 몸은 천근만근에 한 발자국 걸음을 옮겨 딛기도 어려웠다. 제일 무서운 건 숨을 쉴 수 없는 호흡 곤란이었다. 산소통도, 흡입기 뿌리기도 아무 도움을 주지 못했다. 심장 박동은 널뛰는 듯하고 부정맥과 혈압이 최고치를 치닫고 있었다. 수전증 걸린 듯한 손 떨림과 시간적 공간적 인지도까지 다 떨어지고 말아 그냥 산송장만 같았다. 게다가 혈변을 펑펑 두 시간 간격으로 며칠을 쏟아내기 시작했다. 세상에, 몸속의 '피'라는 피는 다 쏟아내는 듯 쏟고 또 쏟았다. 그때만 해도 몰랐다. 왜 갑자기 이렇게 죽을 지경으로, 하루아침에 이런 상황으로 변한 것인지 당연히 알지 못했다. 병원에 실려 가서야 알았다. 갑상샘의 '발광'이었던 것을… 갑상샘 기능 저하증에서 기능 항진증으로 바뀌는 현상이 그토록 극심한 증상을 일으켰던 것이라고 했다. 더욱더 무섭게 일어났던 극한 상황은 내 몸 안의 중요 장기가 워낙 많이 비어있는 탓이었단다. 이유 같지 않은 이유 같았지만 의학은 내 위기상황에 열심을 다해 주었다.

갑상샘이란 과연 무엇일까? 이참에 '그 위대하신 분'(?)을, 다는 아니라도 조금은 파헤쳐 보고 가자. 갑상샘을 인체의 '보일러' 혹은 '등대지기'라고 표현한다고 한다. 맞는 말 같다. 갑상샘은 목 줄기 앞부분에 위치한 내분비 기관이다. 뇌에 있는 뇌하수체에서 분비되는 갑상샘 자극 호르몬의 신호를 받아, 호르몬을 만들어 몸의 호르몬 균형을 컨트롤하는 중요 기관이다. 여성에게는 난소에서 분비되는 여성 호르몬과 갑상샘 호르몬의 균형이 건강의 가장 중요한 구심점이 된다. 그래서 갑상샘 질환은 남성보다 여성에게 더 많은 편이다. 나 같은 경우는 양쪽 난소를 제거한 터에 갑상샘 환자로 살아가는 경우라 정말 힘들고 어렵기만 하다. 갑상샘 질환은 두 가지로 나뉜다. 그 하나는 갑상샘 '항진증(high)', 또 하나는 갑상샘 '저하증(low)'이다. 일반적으로 항진증보다 저하증이 더 위험하다고들 말한다. 그럼에도 이번에 항진증으로 변하고 나서는 저하증이 그리울 지경이었으니 말해 뭐할까…

갑상샘 항진증은… 지나치게 호르몬을 많이 만들어내는 증상으로, 몸을 가누기도 힘들고 손이 떨리고 땀이 많아지고 더위를 타게 되고, 먹어도 먹어도 살이 죽죽 빠진다. 여성은 생리불순, 불임 가능성에, 조금만 움직여도 심장 박동과 심박 수가 상승한다. 두근거림, 어지러움, 안구 돌출, 목에 혹이 생기고, 볼일을 자주 보고, 신경 예민, 머리카락 빠짐 등의 증상이 나타난다.

갑상샘 저하증은… 반대로 호르몬이 생성되지 않아 호르몬이 결핍된 상태로, 몸이 붓고 둔해지고 체중이 증가하며 피부가 거칠어지

고, 극도로 피곤함을 느끼고, 추위를 많이 타고, 얼굴이 푸석해지고, 피부색이 노랗게 변하며, 머리칼이 가늘어지고 빠진다. 목소리가 허스키하게 변하고, 의식이 흐려져 정상적인 생체 활동이 불가능하고, 심혈관 위험이 증가하는 등 정말 고약한 질병이다.

항진증이나 저하증 모두 일상을 살아내기가 너무나 힘들다. 지금은 물론 투약으로 몸의 균형을 잡아간다고 해도, 항진증이나 저하증 양쪽 모두 '절대 피곤함'을 달고 살아야 하므로 삶의 질은 바닥을 치는 상황으로 되어버린다.

근데 왜 저하에서 항진으로 변질되고 바뀌는 것인가? 정말 미칠 일이다. 아무도, 아니 어떤 의학도 내 상황을 설명해주는 사람은 없다. 사람에 따라, 병의 상황에 따라 저하증에서 항진증으로 변한다는데, 그냥 이해가 어려울 뿐이다. 초음파, MRI, 사람들 역시 항진증으로 갈 때의 고통을 설명하며 어찌 참아냈느냐, 그 인사뿐이다.

침묵의 살인자

'침묵의 살인자들' 그들은 바로 '당뇨(diabetes)' 그리고 '혈압(blood pressure)'. 그 흔하고 보편적인 이름들이다. 그럼에도 저들을 '살인자' 라 부르는 이유는 무엇일까? 3대 성인병 중 1, 2등 자리를 다투는 당뇨와 혈압 이야기를 좀 해야겠다. 당뇨와 혈압은 형제와 같은 맥락이기 때문이다.

우선 '당뇨병' 이다. 흔히들 설탕 종류를 많이 먹으면 당뇨에 걸린다, 그렇게 알고 있다. 아니다. 물론 이미 당뇨에 걸린 후엔 당분을 절대 피해야 하지만, 저혈당인 경우는 당분을 섭취해야 하는 것도 필수다. 내 경우다. 40대 후반, 삶의 한가운데서 들고 뛸 때였다. 갈증에 시달려야 했고, 오후가 되면 쓰러질 듯 몸을 가누기가 어렵고 힘들었다. 뭘 짜게 먹었나? 육류를 먹어 줘야 하나? 그러고는 무심했다. 내 출석 교회 교인 중에는 의사 부부와 간호사 출신이 꽤 있었다. 그분들 중심으로 당시에 뉴욕의 탈북자와 연변 사람들 교회로 의료 봉사를 하러 갔었다. 봉사 중에 끝없이 물을 마시는 나에게 의료진 집사님 한 분이 나를 불렀다. 간단하게 당뇨 검사를 해 보자고. 그랬는데, "아니, 완전한 당뇨 환자네요. 몰랐어요!" 오히려 검사한 분이 놀라워했다. 그

날, 나는 그렇게 당뇨를 발견했다. 그것도 나는 이미 당뇨 1단계를 넘어 2단계로 깊숙하게 들어와 있었다. 그렇게 침묵으로 잠적해 들어온 당뇨는 30년을 넘도록 온몸을 휘젓고 다니며 분탕질을 해대고 있었다.

'당뇨' 역시 합병증이 무섭다. 합병증은 사람마다 몸의 취약점인 곳으로 파고든다. 누구는 신장으로, 췌장으로, 혹은 망막으로, 혈관으로, 뇌로… 약한 쪽으로부터다. 나는 몸 전체, 그리고 집중적으로는 뼈와 심혈관, 그리고 발목 쪽이었다. 수없이 뼈를 부러뜨려 몇 달씩 깁스를 해야 했고, 발목과 발 전체의 말초신경은 검게 죽어가고 있다. 발가락을, 아니 발목을 잘라야 한다고 의학은 난리지만 난 그냥 버티고 있다. 그 끝을 전혀 알 수 없지만… 당뇨의 세계를 다 언급하기엔 너무 광활하다. 한두 가지로 마무리를 짓자. 당뇨는 전천후로 세대를 다 섭렵한다. 소아 당뇨로부터 청소년, 장년, 노년까지. 그런데 성장기 어린이나 상노인들은 당분을 필요로 한다는 것이다. 아이러니한 일이다.

다음은 '혈압'이다. 내게 혈압은 당뇨 이전부터였다. 40대 초반, 출근길에 차 속에서 팽하니 쓰러졌다. 그 와중에 차를 세웠으니 죽음을 면한 셈이다. '파라머스' 윈터스 에비뉴(Winters Ave.) 선상에서였다. 빠르게 경찰들의 도움으로 응급실로 실려 갔고, 짧게 뇌졸중을 일으켰다고 했다. 원인은 고혈압이었다. 그때 혈압을 발견했으나, 그 역시 이미 중증 고혈압 환자로 입문한 뒤에야 발견한 셈이다. 그로부터 지금까지 혈압약 두세 가지를 복용 중이다. 약 중에 독약은 혈압약이다. 그 독약을 평생 복용해야 하니 몸 안에 독을 쌓아 가고 있음과 같다. 약 부작용을 감당하기란 죽기 아니면 살기다. 맞다, 고혈압은 죽기 아니면 그냥 죽기 그 자체다. 혈압이란 뇌로부터 이, 목, 구, 비, 가슴과 골반과 발끝까지, 혈압의 진두지휘를 받지 않는 곳은 그 어디에도 없다. 24시간, 밤과 낮, 사계절을 막론하고 살인적인 혈압이 치고 들면, 그쪽은 죽고 만다. 중풍, 뇌졸중, 뇌경색, 상반신 및 하반신 마비, 전신 마비 등등이 혈압으로 파생되는 상황들이다. 요즘은 안타깝게도 젊은이들이 혈압으로 무너지는 소식이 많다. 무심함이 원인이다.

고혈압은 싱겁게 먹고 저혈압은 짜게 먹어야 한다는 말은 맞다. 그러나 당뇨와 혈압에 '좋다, 나쁘다' 하는 수많은 규칙과 처방과 정보들은 무분별하게 난무한다. 예를 들어 무조건 '야채에 현미밥' 그리고 '운동' 이라는 식으로 말이다. 그렇게 의학은 무책임하게 환자들에게 부르짖는다. 내 말을 믿으라고… 정말 그것들은 '살인자' 들을 물리칠 진정한 무기인가? 아니다. 각자에게 맞는 맞춤형이 절대적으로 필요하다. 그 맞춤형 안에는 반드시 '영적 무기' 가 있어야 한다. 이것이, 그것이, 저것이, 다른 것이, 더 좋다, 나쁘다 하는 여러 가지 다른 말들에 대한 흔들림이 없어야 한다. '생명의 주인' 만이 맞춤형 영적 무기일 것이다.

'당뇨가, 혈압이 보드라인이라 했던가요? 첫째도 둘째도 염려, 근심, 두려움을 빨리 떨치시고 영적 무기로 당당하셔야 합니다. 그리하셔야만 저 '침묵의 살인자들' 을 물리칠 수가 있답니다. 그분, 생명의 손길 만으로요.'

코 '피'

지난번 주치의 방문 때 처음으로 '코피' 이야기를 했다. 아니, 온몸의 비정상 출혈에 대한 것, 눈에서 쏟아졌던 피 이야기까지… 의사는 자기 의학 평생에 '눈 출혈' 은 처음 듣는다며 신기해했다. 생각해보니 ENT 의사 외에 코피 이야기를 그 어느 누구에게도 한 적이 없다. 그래, 기왕에 그 별나고 불편한 '피' 이야기를 한 번은 꺼내 보기로 해야겠다는 마음이다.

누구나 흔하게 코피 경험은 있을 것이다. 아니면, 누구나 코피 경험과는 무관할 수도 있을 것이다. 우선, 과연 코피의 정체는 무엇일까? 코피는 '전방 비 출혈' 과 '후방 비 출혈' 등 두 가지 경우로 나뉜다 했다. '후방 비 출혈' 은 특수 의학의 손이 필수라는데, 그 특수 의학 분야는 한인 의사가 거의 없노라고, 왜냐면 그쪽 환자가 많지 않아서일 거라는(?) 어떤 의사의 말이 문득 떠오른다. 그 많지 않은 쪽 '후방 비 출혈' 은 바로 내 경우였다.

툭하면, 픽 하면, 코피를 쏟았다. 그렇게 자주 코피를 쏟는 것도 흔한 일은 아닌데, 그 사이로 난리 치는 코피가 문제였다. 예배 중이었다. 그것도 흰 성가대 가운을 입은 채였다. 마침 다행히 예배 끝 시간,

축도 시간이었다. 주르륵, 코피가 하얀 가운 위로 빗방울 떨어지듯 했다. 가방을 열어 티슈로 코를 막았다. 워낙 코피 상습범이라 가방 안에는 비상용 티슈가 늘 필수품이다. 코피는 멎을 줄 몰랐다. 점점 더 많은 양으로 콸콸 쏟아지고 뭉글뭉글 피멍울 덩이들은 목구멍 속으로 삼켜지고 있었다. 교회 멤버 중에 의사 한 분이 계셨다. 그분의 도움을 받았다. 코피 날 때 고개를 뒤로 젖히면 안 되고, 머리는 앞으로 가슴보다 높게 해야 하는 것도 그분을 통해 알았다. 그분의 조처에도 코피는 멈출 줄 몰랐다. 병원 ER을 호출한단다. 나는 병원 응급실은 싫다고 얼전트 케어(Urgent Care)로 가겠다고 했으나, 혈액은 '얼전트' 쪽은 아니고 'ER' 쪽이라고 했다. 그것도 그때 알았다. 결국 병원 응급실로 실려 가야만 했다. 그때는 그래도 밤을 새우지 않고 한밤중에 귀가할 수 있었다.

또 다른 최악의 경우는 이랬다. 평일 집에서였다. 후드득, 코피다. 그것도 시작부터 검붉게 엄청난 양으로 쏟아졌다. 아무리 고개를 젖히지 말라고 해도 습관적으로 머리는 뒤로 돌아갔다. 입으로, 코로, 목구멍으로, 분수처럼 솟아올라 거의 숨을 쉴 수조차 없다. 바닥이 금세 핏물로 흥건할 정도였다. 내 몸도 피 바닥도, 감당할 수조차 없었다. 수건으로 코 주위를 막고 그릇으로 피를 받아내며 겨우 119에 SOS를 쳤고 가까운 St. Joseph 병원 응급실로 옮겨졌다. 빠르게 응급조치를 했음에도 지혈은 되지 않았다. 결국 입원 조치가 떨어지고, 밤이 다 되어서야 겨우 가족들에게 연락할 수 있었다. 담당 의사에게, 나는 왜 이런 유별난 코피를 쏟아야 하는가, 물었다. '당신은 코피 터진 것을 다행으로 여기라, 코피가 너를 살려낸 셈이니까…' 담당 의사의 애매모호한 대답이었다. 그는 순발력 있게 콧속 깊은 곳까지 두툼한 심지를 박아 후두까지 연결했다. 내 얼굴은 금방 퉁퉁 부어올랐다. 숨쉬기도 말하기도 어렵게 만들어 놓았다. 그리고는 클리프턴(Clifton)에 있는 자기 개인 사무실에 3일 후 방문해서 치료를 받으라며 예약 안내 증서를 남겼다. 잠을 잘 수도 없는 고통으로 병원 밤을 지새워야 했던 그 코피의 기억은 정말 최악이었다.

코피의 원인을 조금 검토해 본다. 어디에 부딪히거나, 코를 후벼 파는 습성이나, 코딱지를 뜯거나, 코를 세게 풀거나 하는 습관은 원인이 된다. 그리고 환경적으로 공기가 건조해서, 습도가 부족해서, 알레르기로 인해서 등의 요인이 있겠다. 복용 중인 아스피린이나 와파린, 코마딘 같은 혈전 예방약이나 소염제 같은 투약도 원인이 된다. 또 고혈압 환자나 각종 종양이 있거나, 특히 노인 환자나 흡연자와 습관적 음주자에게도 빈발할 수 있다. 그러고 보니 나는 이 원인들에 다 해당하고 있다 해도 과언이 아니다. 그저 내 탓이로다, 할 말을 잊는다. 코피의 '팁' 이다. 일상의 습도를 알맞게 조절한다. 잠자기 전에 바셀린이나 코 전용 젤(nasal gel)을 코점막이나 코 벽에 발라준다. 코점막의 건조를 위해 코 스프레이 뿌리기 등이다.

다른 종류의 '피' 이야기다. 툭 하면 퍽 하면 코피를 흘리듯, '툭,

퍽' 하면 혈변을 쏟는다. 최근에 갑상샘 상하로 오르내릴 때 쏟은 '피x' 그 역시 상상을 초월한, 의학조차 두 손을 들고만, 최악이었다. 글로 표현하기 저어해서 여기서 그만두기로 한다. 더했던 것, 바로 눈동자로부터 쏟아낸 '피' 가 또 있었다. 주치의도 처음 듣는다는, 눈으로부터의 '피' …

코피를, 또 다른 피를 흘릴 때마다 '피' 의 공포감과 무서움을 이겨내기가 힘들고 어렵다. 오직 길은 한 가지, 골고다의 십자가, 그 길이다. 의학이 감당 못 하는 그 '피' 를 통해, 그분의 피 흘림의 속죄함 안으로 조금씩, 그저 작은 걸음으로 나아갈 뿐이다.

제약사들의 '악의 약'

좋아하는 채널 ABC – E News는 단독으로 팡 터트렸다. 마약성 진통제 '오피오이드(Opioid)' 오남용 중독으로 한 해 사망자가 70만 명에 이르고, 하루 평균 사망자는 200명 가까운 숫자라는 뉴스였다. 그렇게 동부 지역 전체와 뉴욕은 특종 뉴스의 바람을 타고 후끈후끈 이슈화되고 있었다. 특히 뉴욕 A, C 주지사는 뉴욕시를 비롯해 롱 아일랜드, 낫소(Nassau), 서폭(Suffok) 카운티 등 9개의 카운티 공동으로, 19개의 대형 제약 회사와 의약품 유통업체를 상대로 거액의 손해 배상(피해액 20억 달러) 소송을 제기했다. 그 어마어마한 제약 회사들이다. 새클러, 앨러간, 애티비스, 애도핼스, 앤도, 그리고 세팔론(Cephalon), 퍼듀(Purdue), 테바(Twva), 얀센(Janssen), 존슨앤드존슨(Johnson & Johnson) 등 열아홉 개다. 그럼에도 저들 제약사들은 일제히 근거 없다며 자기들의 합법적인 대응책을 법정에서 적극 방어하겠다고 큰소리를 쳤다. 저들의 마약성 진통제 처방 남용으로 뉴욕과 뉴저지, 아니 미 전역, 아니 세계에, 한국도 예외 없이, 남녀노소 모두에게 유통된다는 것은 어제오늘의 문제가 아니다. 그러나 과연 저들 막강한 제약사들을 이길 힘 있는 자들은 지구상에 존재해 있을까? 개인적인 소견으로는 전혀 아니라고 본다.

저들 이슈에 왜 나는 유별하게 부르르 분노하는 것일까. 돌이켜 떠올리기도 끔찍했던 ' 마약 중독' , 그 경험 때문이다. 왼쪽 폐를 제거하는 큰 수술을 했었다. 후유증은 죽음 같았다. 밤낮없는 고통에 처방받은 약 이름은 '옥시코돈(Oxycodone)' 325mg이었다. 이게 마약 진통제인 줄도 모른 채 하루 4시간마다 복용을 해야 겨우 숨을 쉴 수 있었다. '오피오이드' 는 '아편(Opium)' 과 '오이드(Oid)' 의 합성어로, 아편 성분의 합성 진통 마취제를 뜻한다. 옥시코돈, 옥시콘틴, 펜타닐, 메타돈 등은 미국에서의 대표적인 '오피오이드' 제품들이고 쉽게 구할 수 있으며, 이것들을 다량 섭취 때는 마약처럼 환각 작용을 일으키면서 중독자로 변질된다. 나는 반년을 훨씬 넘게 먹은 후에야 이미 마약 중독자가 된 것을 겨우 알았다. 기가 막혔다. 중독자답게 거의 1년 가까운 시간 앞에서 몸부림쳐야 했지만 불가항력이었다. 그럼에도 내게 '해독제' 는 오직 주님의 소관임을 알고 있었고, 그 믿음은 확고했다. 절실하게 믿음은 있다 해도, 그분과의 관계성은 '때' 와 '시간' 을 그분께서 허락해 주셔야 한다는 사실이다. 이전 글 '폐 수술' 에 그분과의 '해독' 내용이 기록되어 있기에, 여기서는 생략하기로 한다.

미국 의사나 한국 의사 방문 때, 나는 가끔 엉뚱한 질문을 한다. "언제나 하늘을 봐요. 왜냐면요, 의학은 어떤 종류의 '균' 들을 하늘에 뿌리는가, 해서요. 명쾌한 대답 좀 주시겠어요?" 의사들은 그냥 한결같이 빙긋 웃음을 띨 뿐이다. 긍정도 부정도 없이… 그랬다. 가을 하늘은 청명하게 맑고 드높은데, 하얀 인조 구름 띠는 열심히 그림을 그리며 흩어지고 있기 때문이다.

올겨울은 아마도 더 센 독감 균을 뿌려야 할 의학적 비하인드, 검은 손이 제약사 창고 안에 가득한 독감 주사를 소비해야 할 미션이 떨어졌나 보다 싶다. 벌써 옛날이야기가 돼 버린 실화 같지 않은 사실들… 무지막지한 마피아 세력들이 공중화장실마다 소변 주머니를 설치하고 아이들에게 '앵벌이' 를 시켜 그것을 수거한 뒤 건강식 비타민을 만들어 부자가 되자, 당당하게 제약회사로 등장하고 마약 제품으로 큰손이 되었다는 이야기들. 그때쯤 일본 역시 '소, 대변' 의 건강식 유통이 대단한 인기를 휩쓸었으니 말해 뭐할까. 인류를 병들게 만드는 현대 의학 기술은 지금은 또 얼마나 발달해 있을까. 상상을 불허하는 일이라고 말한다면 유언비어라고 할 것인가. 그럼에도 나는 부르짖는다. 세상을, 인간을 병들게 하는 의학은 '악의 세력' 이요, '허가받은 살인자들' 이라고…

우리의 '비타민(Vitamin)' 의존도는 너무 높다. 그렇게 너무 많은 정제된 비타민 섭취는 오히려 해롭다. 야채와 과일의 비타민 성분의 취약성을 도와주는 정도의 정제 비타민이면 족하겠다. 소위 보약이라는 이름 아래 만들어진 의약품이란 것 역시 독이 되고 장기를 해치는 원인이 될 수 있음도 유의할 일이다. 무수한 유혹의 살인적인 의약품들은 우리들의 무방비함 곁으로 난무하고 있다는 현실 역시 오늘의 관건이다. 어디 그뿐일까, 알코올 중독, 전자 담배로 인한 폐 질환자 사망 숫자 역시 무섭게 팽창되고 있다. '오피오이드' 마약 진통제의 법정

투쟁은 그런 의미에서, 이미 패배는 소비자의 몫으로밖에 보이지 않는다. 그렇다 해도, 그런데도 모든 중독성의 해독제는 그분으로 향한 '신앙심' 만이 치료제임은 우리 안에, 곁에, 희망으로, 소망으로, 영원함이로다….

석대골 집 일가(一家)

‘띵길릴리~ 띵길릴리~’ 그 시작은…

텍사스주 휴스턴에 사랑하는 후배 L이 있었다. L은 10여 년 넘게 그곳에 살다가 얼마 전 뉴저지주 ‘오라델’ 본가로 귀향했다. 내 집과는 좀 거리가 있어 자주는 못 만난다 해도 전화 수다 방은 언제나 열려 있어 무시로 통과다. 지난주 그녀와의 통화에서 가슴이 ‘쿵’ 하는 낱말을 들었다. 아주 까맣게 잊었고, 오랫동안 사용치 않았던 그 말, 그 낱말은 바로 ‘만석꾼’ 이라는 단어였다. 전라북도가 고향인 L의 외갓집은 ‘3만석꾼’ 집이었고, 친가는 ‘1만석꾼’ 집이라고 했다. 그 순간, “어, 우리 집도 ‘만석꾼’ 집이라 했고, 어어, 그리고 우리 집을 ‘석대골 집’ 이라 불렀다는데… 가만, 설명 좀 해봐요, 정확하게 ‘만석꾼’ 의 의미가 뭐죠?” 나는 다급하게 물었고 L의 대답은 여유로웠다. ‘만석꾼’ 이란 한 고을 전체의 땅을 소유한 자를 일컬었고, 부자가 그랬듯 벼슬도 한자리한다고 했다. L 부부는 일찍 도미한 유학파 올드타이머들이라 자녀들은 한국어를 잘 못 하는 편이다. 그럼에도 그들은 틈만 나면 ‘엄마 이야기’ 를 쓰라고 한단다. 그랬다. 우리는 의기투합해, 우리 이야기를 시작해보자고 했다. L은 “선배부터 써요, 그럼 나도 따라 해볼래요”라고 했다. 진작에 당신 이야기 좀 써 보라는 권유도 꽤 있던 터였지만 언제나 언감생심이라는 생각이었다. 그랬는데, ’ 만석꾼’ 하나로 이렇게 마음이 바뀌었다. 신기하게도…

문득, 아득한 여중 시절을 돌이킨다. 그 소년기는 글자 중독, 읽기 중독에 푹 빠져 있던 때였다. 그때 내게 팡 하고 뇌리를 후려친 두 편의 장편소설이 있었다. 그 하나는 '도스토옙스키' 의 장편 〈카라마조프의 형제〉, 다른 하나는 '마거릿 미첼' 작 〈바람과 함께 사라지다(Gone With the Wind)〉였다. 그래, '미첼' 여사와 같이 나도 평생 딱 한 편의 장편을 쓰리라 결심했었고, 내용은 〈카라마조프의 형제〉처럼 내 본향 우리 집 '석대골 집 일가' 를 쓰겠다고 했던 것이다. 결심도 꿈도 참 야무지게 말이다. 뚝딱뚝딱 나만의 책 만들기 제본(?)을 두툼하게 끝냈다. 하나는 '시집' , 표지 타이틀은 "혜성(彗星)", 그리고 또 하나는 '장편소설' , 제목은 바로 "석대골 집 일가(一家)" 였다.

띵길릴리~ 띵길릴리~ 띵길리… 고개를 넘어간다~ 훤칠하게 잘생긴 청년은 묵직한 '류크샤크' (백팩)를 등에 메고 '띵길릴리…' 노래를 흥얼거리며 띵길리 고개를 넘어가고 있었다.

내 '석대골 집…' 소설의 시작은 그랬다. 기억은 딱 거기서 멈추고 말았다. 진도는 꽤 나갔음에도 기억은 완전히 소멸이다. 얼핏 아마도 '띵길리…' 노래의 주인공은 내 '아빠' 를 모델로 했던 게 아니었을까 싶다. 그러면 시집 '혜성' 은?

하늘을, 밤하늘을 본다

뭐 그 한 줄은 어느 페이지에도 있었을 듯한 기억이 전부이다. 그 두 권의 책을 덮어버리고 뒤돌아서야 했던 순간을 잠깐 언급하고 가야겠다. 어느 날이다. 4교시가 끝나고 담임선생이 살벌하게 들어왔다. 담임은 국어 선생님이다. 가방 속 전체와 소지품 전부를 책상 위에 올려놓고 모두 다 복도에 나가 서 있으라고 명했다. 아마도 짐작은 금전 분실이 아니었나 했다. 그런데 나중에야 알았다. 늘 분신처럼 가방 속에 넣고 다니던 나만의 두 책이 없어졌다. 나만의 비밀을 들킨 것 같아 창피해 담임 앞에 갈 수도 없었다. 다음날 국어 시간, 어느새 그 비밀스러운 책은 내 책상 속으로 이미 돌아와 있질 않은가. 그것까진 좋았다. 그런데 수업 중 담임의 딴소리에 나는 기함을 했다. "작문 공부도 전혀 없이 시를 쓰고 소설을 쓴답시고 남의 글을 흉내나 내는 것, 가장 치기 어린 행동이다. 그뿐 아니다, 자기가 가지 않은 곳을 가 본 듯, 체험치 않은 것을 그런 듯 쓰는 것도 속이는 거다." 담임의 딴소리는 대충 그런 내용이었다. 거품을 물듯 사투리 억양으로 열을 올리던 그 모습은 지금도 선연하다. 수업 내내 모닥불을 뒤엎은 듯했고, 사춘기 여린 내 감수성은 무참하게 밟히고 말았다. 당연히 시집과 장편은 더 이상 한 발자국도 내딛지 못하고 책장 깊은 곳에 가두어 문을 닫아걸고 말았다.

그 닫힌 문을 이제는, 삶의 끝 모서리 앞에서 '만석꾼' 이란 열쇠가

철커덕하고 열어주고 있다. 소년기 그 순수하고 해맑은 영혼으로 겸허히 그 문안으로 들어가 보기로 한다.

내 고향

'새밝의 예나라 정든 내 고장 / 아침 해 먼저 받은 우리 강원도 / 눈부신 금강 설악 관동의 팔경 / 신비한 대자연을 여기 와 보라 / 바다엔 산호 진주 수없는 어족 / 산마다 언덕마다 보배의 곳간 / 창해 역사 새 이율곡만 헤일까 보냐 / 새 시대 새 일꾼들 여기 와 보라 / 광명과 희망은 용솟음친다 / 동해의 푸른 물결 부딪는 곳에…' (이은상, 임원식 〈강원도 노래〉)

그랬다. 저 〈강원도 노래〉 아니더라도, 짙푸른 동해의 출렁임과 해면 위로 붉게 타오르는 눈 부신 태양을 상상만 해도 숨 막히게 흥분되는 그림이다. 내 고향은, 강원도다. 누가 뭐래도 내 고향 강원도는 완전한 자랑이고 전폭적인 내 사랑이다.

"강원도 통천군 송전면 구읍리 321-1", 순전한 강원산, 내 친가의 원적이다. 실은 본적과 원적은 다르다. 원적은 '통천' 이고 본적은 '강릉 중앙감리교회' . 그렇게 출력의 시작은 '통천' 으로부터 동해의 'Exodus' 였다. 본적은 주거지로 바뀔 수 있으니 그 바뀜을 따라가 보기로 한다.

강릉에서 삼척군 천곡으로, 다시 북평으로, 그리고 송정으로… 1·4 후퇴 전쟁 때 피난까지 동해 줄기의 평해로, 그렇게 돌고 돌아서 서울은 끝, 종착역이었다. 그토록 마르고 닳도록 동해의 해안선을 따라, 동해의 파고를 따라 우리 가족 '디아스포라'의 대서사시는 이어지고 있었다. 동해의 물결은 우리 가족의 유전인자다.

김씨 성, 한국인에게 가장 많은 대표적인 성이다. 우리 집 역시 김씨다. 그럼에도 아주 희귀한(?) '본(本)'인 '충주 김씨'다. 그 평범한 이름의 충주 김씨를 평생 만난 적이 없기 때문에 희귀 성씨라고 할 수밖에 없겠다. 충주 김씨는 충주에 많이 살고 있을까? 전혀 알 수 없는 일… 막연하게 그랬다. 다 커서는 가끔, "왜 우리 김씨는 충주에서 안 살고 강원도 북쪽에 살았을까?" 궁금증이 생겼다.

우리 가문은 머리가 좋다. 아니, 자타가 인정할 정도로 아주 뛰어난 편이다. 두뇌 좋은 사람들이 그렇듯, 고지식하고 외골수에 사회성이 부족하다. 딱 우리 가문이 그랬다. 그래서 혹시 우리 선조들은 융통성 없이 벼슬을 하다가 강원북도로 유배를 가지 않았을까 하는, 그런 상상까지 했었다. 선생질(?)을 할 때다. 한 번은 여학교, 또 한 번은 남학교, 그 숫자가 얼마인가? 출석부로 찾았고, 담임선생에게도 부탁해 충주 김씨를 찾았다. 그런데 한 명도 못 찾았다. 덕분에 강릉 김씨, 삼척 김씨, 강릉 최씨 등등 희한한 '본'을 만난 것도 그때였다.

통천과 강릉은 관동팔경의 군 소재지와 '시', 도시형이다. 내 친가는 대농 지주였음에도 논밭의 기억은 물론 농사의 풍경조차 기억에 없다. 당연히 엄마, 아빠의 모습에서도 농사짓는 농가의 모습은 전혀 없었다. 동해의 줄기로 아빠의 파송 지역으로 이사했을 때, 우리는 서구의 이방인으로 취급받기 일쑤였다. 그래서 언제나 현지에 적응 기간이 꽤 오래 걸렸다. 내게는 특히 속상한 별명이 늘 따라다녔다. '튀기', '아이노꾸', '양키' 등 아이들은 나를 졸졸 따라다니며 놀려대기까지 했다. 그게 싫어서 집 밖으로 잘 나가지 않았다.

여중 때였나, 음악 선생님께 지목되어 지휘 특별지도를 받고 합창단 지휘를 했었다. 그 후에는 한동안 '슈베르트 손녀' 라는 고상한 별명으로 불린 적도 있다.

왜? 왜일까? 우리 가족에게 나타나는 서구적 인상은? 나중에 했던 추측이다. '조부님으로부터 받아들인 서구 기독교적 영향 때문일까' 하는… 그랬었다. 당시 사람들에게 '예수쟁이들' 은 우리의 이방인. 이단아처럼 배척당하곤 했던 것이었다. 이제 천천히 그 배척의 시대로 돌아가 보자. "석대골 집", 내 유아기에 뛰놀던 집, 그곳으로. 그 기억은 비록 4~5살 때였음에도 너무나 '또렷또렷' 한 나만의 기억의 나비가 될 터다. 날자. 기억의 저편 동해의 날개를…

12칸짜리 기와집이었다. 큰길에서 집으로 들어가는 길은 따로 나 있었다. 그 길은 마차가 왕복할 수 있을 정도의 넓이였고, 대문까지는 꽤 멀었다. 첫 대문을 양옆으로 곳간과 창고, 그리고 집안일을 돌보는 이들의 살림집이 있었다. 본채는 마당보다 훨씬 높았다. 본채 너비의 돌층계를 어린 나이에 헉헉거리며 올라가야 했다. 가운데 양옆으로 나전 칠이 된 기둥이 세워져 있고 넓은 마루가 중심을 잡고 있었다. 오른편엔 할머니, 할아버지 거실이, 왼쪽엔 여러 개의 방에 삼촌들과 고모 한 분이 계셨다. 그런데 아빠, 엄마, 언니, 오빠들, 우리 가족이 그 큰 집 어디에 있었는지는 기억에 없다. 아빠는 '석대골 집' 장남, 장손이었는데 말이다. 집 크기의 상상을 도울 한마디가 있다. 크고 큰 그 집은 예전에 원님이 살았고, 정치적 체벌 현장의 장소였다는 사실이다. 그 집을 조부께서 매입하셔서 우리 집으로 만드셨단다. 그렇게 "석대골 집"으로…

고등어, 그리고 털게까지

"강원도 통천군에는 기름진 평야가 많다. 통천읍 평야, 고저면 평야, 송전면 평야, 학일면 평야, 흡곡 평야 등 많은 비옥한 평야가 있어, 쌀이 풍부하게 생산되고 외지로 다량 나갈 정도였다. 또한 통천 바다는 한류와 난류가 교차하는 바다라 각종 어패류와 해산물이 아주 풍부하다. 봄철에 대량으로 잡히는 고등어를 삶아서 논에 비료로 쓴다. 아마도 전국에서 고등어를 거름으로 쓰는 곳은 내 고향뿐일 것이다. 노랑우럭, 노랑가자미, 참치, 청어, 임연수어, 털게까지 다른 곳보다 맛이 특별하게 뛰어나, 옛날부터 알섬 미역국 이밥(쌀밥)에다 장작불에 생선 구워 먹는 고장으로 유명하다."

윗글의 고향 자랑은 "송죽(松竹)"이라는 아호를 쓰시는 내 아버지의 자전적 글 안에 있는 내용이다. 아빠의 글을 다시 읽고는 번개처럼 내 유아일 적 기억 하나가 화살같이 떠올랐다. 우선 그 기억부터다.

다섯 살배기였던 나는 막내다. 바로 위에 언니 하나, 그리고 오빠 세 명, 그렇게 다섯 형제 중, 그때까지는 막둥이였다. 모두들 학교 간 후엔 언제나 혼자 놀아야 했다. 고모 한 분이 계셨다. 고모님은 나와 가끔 놀아주셨다. '오리가미'(종이접기) 놀이로 나를 까르르 웃겨주시곤 했다. 종이를 몇 겹 접어 가위로 몇 군데 자른 뒤 좍 펴면 크고 작은 나무 모양, 꽃 모양이 줄을 이으며 펼쳐지는 종이접기 놀이를 나는 무척 좋아했다. 때로 쫙 편 종이는 탈바꿈해, 고모가 그것을 얼굴에 쓰고 손을 흔들며 '어바부바~~' 무서운 소리를 낼 때면, 나는 까무러치게 놀라는 몸짓을 하며 놀았다. 아빠 형제 중 유일한 고명 따님이셨고, 한 인물 하셨던 분인데, 결혼 적령기를 넘겼음에도 왜 그때 집에 있었는지 모르겠다. 당시에 흔치 않게 우리 '석대골 집'엔 '축음기'가 있었다. 축음기에서 흐르는 음악과 노래들은 고모의 모습과 너무나 잘 어울렸던, 고모에 관한 추억 같은 기억이다.

그날은 그 많던 식구들 모두 없는 듯, 유난히 집안이 휑했다. 그런데 대문 밖이 수선스러웠다. 뭐야? 뭐지? 호기심 덩이였던 내가 가만히 있을 수 없었다. 멀고 먼(?) 대문 밖으로 한달음에 달려갔다. 밖에는 대형 구루마(수레) 두 대가 있었다. 막 잡아 올린 싱싱한 생선들을 논밭 비료로 만든다는 말은 얼핏 흘려들은 듯했는데, 와! 이제 막 나는 두 눈으로 선명하게 그 장면을 보게 되었다. 구루마 하나에는 퍼들퍼들 살아있는 고등어와 정어리가 가득했고, 다른 하나에는 꾸물꾸물한 털게가 가득가득 있었다. 일꾼 아저씨들이 내게 가까이 오지 말라고 했지만, 나는 바짝 다가가 생선들의 마지막 아픈 눈동자들과 마주했다. 털게들의 눈동자는 나를 똑바로 바라본 채 거품을 입술로 뿜어내며 고통을 말하는 듯했다. 생선은 사람이 먹는 것으로만 알았는데 땅덩어리가 먹는다는 사실에 나는 엄청나게 충격을 받았다. 그 수백, 아니 수천 마리의 생선 무더기의 중압감 때문에 그 어린 시절 각인된 특별한 기억 중 하나다.

지난 글에서 이야기했듯이 큰 도로에서 집으로 들어오는 길은 마차가 왕복할 수 있는 넓이에, 첫 대문까지 길이도 꽤 길었다. 양옆으로 광활하게 넓은 공터가 있어 '석대골 집' 위상의 폭을 더 크게 하는 풍경이다. 그 공터에 이미 몇 군데 깊은 웅덩이가 패 있었다. 웅덩이에 생선들을 쏟고, 그 위에 잿더미를 쏟고 다시 그 위에 짚단을 펴 얹고 끝으로 흙을 덮어 마무리했다. 일꾼 아저씨들은 일사불란한 솜씨로 그 일을 금방 해치웠다. 그 기막힌 생선 비료를 만든다는 사실을 누구라고 알았으랴… 우리 고향은 그랬었다.

그래서다. 우리 집은 동해 사람답게 생선 반찬이 식탁을 주도하는 편이었다. 엄마는 가족들에게는 생선의 좋은 부위를 다 나누고 자신은 늘 생선 머리만을 고수하셨다. "엄마는 왜 맨날 생선 대가리만 잡수시나요?" 하고 물으면 엄마는 이렇게 노래로 대답하신다. "임연수어 대가리가~ 맛이 있어요~ 할머니~ 할아버지~ 드셔보세요~" 그러셨다. 그런데 진짜 노래가 아니더라도 '임연수어' 대갈님은 기름지고 달콤하고 특별한 맛을 지녔다. 하얀 밥에 임연수어 한쪽이면 밥 한 그릇 뚝딱이다. 꽁치를, 명태를, 가자미를 꾸덕꾸덕 말려서 튀겨내는 엄마의 생선 요리 솜씨는 일품이시다. 그 솜씨를 따를 재간은 없고, 지금은 그저 그립기만 하다.

아버지 글에도 표현했듯이 정말 젖과 꿀이 흐르는 비옥하고 풍요롭고 멋지고 아름다운 고향 통천의 정경이 아닐 수 없다. 그랬는데, 그랬었는데… 하루아침에 '석대골 집' 은 물론 만석꾼 땅까지 모두 다 몰수당하고 말았다. 어떻게? 누구에게?? 바로 공산권의 '공산(共産)' 이란 단어가 그렇게 몽땅 삼켜 버리고 말았던 것이다. 그럼에도 아버지, 어머니께서는 '송죽' 과 같이 꼿꼿하게 하나님의 꿈, '디아스포라' 의 길을 꿈꾸기 시작하셨던 것이다. 광야의 '모세' 와도 같이…

그 예능 '끼' … (1)

조부님과의 접촉 기억은 별로 없다. 할아버님은 인품과 인물이 준수하셨고, 부지런하고 근면하셨다고 했다. 증조부께서 골패 마작으로 재산을 많이 잃으셨는데, 그 잃은 것을 다 회복하셨음은 물론 땅과 재산을 크게 확장하신 분이었다. 할머님의 기억은 또렷하다. 하나뿐인 고모가 나와 놀아줄 때, 할머니는 주변을 기웃거리시며 미소를 머금고 같이 웃어주셨다. 늘 언제나 단정하고 우아하셨다. 당연하게 조부님 세대로부터의 예능적인 요소가 분명코 있었을 터인데, 기억에는 전무하다. 그래서 내 기억으로 충만한 친가의 예능 유전자 이야기는 아버지 세대로부터다.

'송죽'(松竹) 아버지부터. 난 아빠 이름이 참 좋다. 밝을 희(熙) 자 돌림에 하늘 천(天)… 설명이 필요치 않게 좋아할 성함이 아닌가. 아빠는 만능 '엔터테이너' 이시다. 우선 만들기(Craft)의 대가셨다. 그분 손에 닿았다 하면 모두 다 작품(?)이 되어 나왔다. 뚝딱뚝딱 목공 일은 그 중 최고 솜씨였다. 신기하게 바느질도 일품, 요리 솜씨까지 일품이셨다. 그리고 못하는 운동이 없는 운동가이시기도 했다. 젊어서는 테니스를 얼마나 열심히 치셨는지 한쪽 팔이 길어질 정도셨다. 중년기부터는 그 솜씨로 평생 배드민턴을 손에서 놓지 않으셨다. 제일 뛰어나신 것은 성악이었다. 나는 감히 노래 솜씨라고 말하고 싶지 않다. 아빠는 완전한 테너 목소리에 그 어떤 노래를 부르시든 음정 · 박자가 정확했고, 이상한 바이브레이션도 전혀 없어 성악 수준이셨다. 예전에 TV에 출연하셔서 〈상록수〉, 〈성불사의 밤〉을 부르셨는데, 가수 김정구보다 더 잘 불렀다는 칭찬이 오랫동안 자자하게 남았었다. 또 하나, 아빠의 문학적 소양 역시 뛰어나셨고, 강단에서의 말씀은 명설교자로, 지금도 친구들은 아버지 설교의 기억들을 나와 나누고 있을 정도다. 끝이 없다. 아빠의 단점은, 경제 관념이 무디고 그것과 무관한 분이셨다는 것이다.

첫째 작은아버지 '문'(文) 삼촌… 내 여성성이 눈 뜨일 때 최고의 이상형이었고, 최상의 롤 모델 남성상이었던 분이 바로 '문' 삼촌이셨다. '문' 삼촌은 미남 중의 미남이셨다. 당시 유명 남자 배우 중 삼촌만 한 인물은 없었다. 아니 평생을 동, 서양을 통해 삼촌만 한 미남을 만난 적이 없을 정도다. 그런데 삼촌의 반전매력은 다른 데 있다. 바로 악기 연주다. 피아노를, 바이올린을, 아코디언을, 아마도 모든 악기를 다 연주할 수 있었던 분으로 기억한다. 은행의 고위급 VP 임원이셨는데, 음악과는 무관했을 분임에도 그랬었다. 후리후리한 큰 키에 멋진 아코디언을 어깨에 메고 〈보리수〉, 〈아베마리아〉 등 향수 어린 곡을 조카인 나를 위해 연주할 때, 그 매혹적인 모습을 어찌 잊을 수 있으랴! 음악 레슨도 없던 시절 독학으로, 그것도 환상적으로 악기를 연주하던 '문' 삼촌은 백 퍼센트 예능쟁이셨다.

둘째 작은아버지 '태'(台) 삼촌… 침묵자셨다. 조용하고 전혀 말이 없으시다. 옆에서 말을 시키지 않으면 종일 입을 다물고 있을 분이시다. '태' 삼촌은 신학교 학생이셨다. 아무리 신학 전공자라고 다 말이 없을까. 아마도 신학자들은 더 말을 많이 해야 했을 것이다. 삼촌은 태생적으로 말 없는 사람. 그렇게 말 없는 삼촌이 나는 정말 좋았다. 그 무언의 언어 소통이 좋았고 '복○ 왔니?' 짧게 던진 그 인사법은 백 마디 말보다 좋았기 때문이다. '태' 삼촌은 목회자가 되어 원효로 교회로 파송을 받았다. 난 학창 시절이었고 주일마다 원효로 교회로 출석하기를 좋아했다. 무언의 삼촌 역시 강단에서의 말씀은 명설교였다. 그렇게 설교를 통해, 잦은 만남을 통해 삼촌의 문학적, 신학적, 철학적 사상을 알아가는 즐거움이 그렇게도 좋았다. 문학이 깃들고 철학이 있는 신학자 '태' 삼촌 역시 또 다른 '쟁이'셨다.

셋째 작은아버지 '윤'(倫) 삼촌… 막내 삼촌인 셈이다. 갑자기 가슴이 뭉클뭉클해져 온다. 삼촌이 보고파서, 그리워서다. '윤' 삼촌은 우리 친가에서는 이단아셨다. 그는 친가에서 가장 강한 '딴따라', 예능 '끼'의 소유자셨다. 그 파격적인 '끼'는 친척은 물론 형제들까지도 받아들이기가 어려웠을 것이다. 삼촌은 그 시절, 그 옛날, '음악전문학교' 학생이었다. 그런데 그가 대학을 졸업했던가는 잘 모르겠다. 음악 전공자였음에도 삼촌의 악기 연주를 보고 들은 것은 풍금을 둥당거린 기억이 다였다. 왜냐면 그분은 방랑자였기 때문이다. 그의 방랑 '끼'는 삼촌을 사회 부적응자로, 가족에게는 불편한 손님으로 전락시켰다. 김삿갓은 방랑 시인이라 했던가, '윤' 삼촌은 김삿갓에 버금가는 방랑 딴따라였다. 그는 연락도 없이 어쩌다 한 번씩 바람같이 우리에게 찾아든다. 그 반갑지 않은 삼촌을 제일 반기는 사람은 나였다. 내 어린 감성은 미지의 세계를 섭렵한 삼촌의 탐험기를 즐겼고 방랑 무용담 듣기를 제일 좋아했다. 그럴 때 삼촌은 나의 히어로였으며, 동화책 같았고, 소설 같았고, 공상과학영화 같았다. 나는 삼촌에게 푹 빠져들 수밖에는 도리가 없었다. 그 김삿갓 '윤' 삼촌이 3년 전 아빠 형제 중 끝으로 하늘나라에 가셨다는 비보를 들었다. 그렇게 예능 '끼'의 한 세대는 기억의 흔적을 남기고 사라져 갔던 것이다.

PS: 막내 '윤' 삼촌은 나중에 해군 군목실에서 '오르간 반주'와 바이올린 연주를 하시면서 편안하게 사셨다고 한다. 역시 예능으로 방랑을 잠재우시고 그 예능을 평화롭게 누리다 가셨구나… 왠지 눈가에 잔물결이 이는 듯 그리움이 이는 듯하다.

그 예능 '끼' … (2)

이를 어쩐다? 내 형제들의 '끼'를 풀어내야 할 터인데, 마냥 장편으로 갈 것 같아 끙끙거리고만 있는 중이다. '희'(熙) 자의 아빠 형제는 7남매, 두 명의 삼촌은 아예 기억에 없다. 유아 시절의 고모 기억을 한 것은 그게 다였고, 그러니 아빠 형제의 '끼' 이야기는 절반인 셈이다. 그런데 내 형제는 6남매다. 그 누구 하나도 가볍게 다룰 사람이 없다. 그럼에도 가야 할 수밖에. '규'(奎) 자의 내 형제들 이야기를 시작해 본다.

'윤'(允)은 제일 큰 오빠다. 형제 중 장남으로 태어난 그의 삶은, 자신에게는 희생이었겠지만, 우리 형제에게는 은혜였고 큰 축복이었다. 오빠는 한마디로 공작(工作), 만들기의 일인자였다. 그의 손에 닿았다 하면 모두 멋진 작품으로 태어났다. 어린 시절 당시는 장난감이 귀할 때였다. 오빠는 틈만 나면 어린 동생들에게 나무 인형이나 장난감 마차를 뚝딱뚝딱 만들어 주었다. 두세 시간 만에 엄지 장갑을 예쁘게 짜서 내 손에 끼워 주었고, 양말에 목도리까지 떠주었던 것들은 기억 속에 각인된 오빠의 작품들이다. 아, 찐빵이 있다. 오빠가 만든 빵은 유명 빵 가게의 찐빵은 저리가라였다. 그 오빠가 만든 따끈한 팥찐빵 맛을 평생 잊어 본 적이 없다. 그뿐인가, 엄마가 출타 중일 때 특별한 밥상을 차려주었고, 엄마와는 또 다른 오빠의 손맛은 그 또한 완전한 작품이었다. 오빠는 모델 같은 스타일에 연예인이 무색할 정도의 미남이었다. 깔끔하고 부지런하고 민첩하고 순발력이 뛰어난 기질로 어느 곳, 어디에서도 그 솜씨를 발휘했던 분… 그러나 험난한 격동기를 살아내야 했던 오빠는 그 타고난 만들기 재주의 '끼'를 다 발휘하지 못한 채 부름을 받아 우리 곁을 떠나야만 했다. 아! 여기서 그만, 멈추자…

'상'(相)은 둘째 오빠다. 어쩌나, '상' 오빠 역시 장편 감인데, 가능한 한 짧게 포인트만 써 보자. 6·25와 1·4 후퇴까지, 종전 후의 한국은 허물어져 있었다. 그 무너짐 속에서 '상' 오빠는 무슨 쓰레기 하나를 주워들고 왔다. 부서진 바이올린이었다. 그때 오빠는 중고생 나이였을까, 아무튼 부서진 바이올린을 밤낮으로 쓸고 닦고, 끊어진 줄을 전선 등으로 대체하고, 그리고는 밤낮으로 '찡 깽 찡 깡' 거리기 시작했다. 와, 그 지독한 소음은 온 집안의 평안을 다 깨트렸고, 솜으로 귀를 막고 있어도 괴로울 지경이었다. 그랬는데, 얼마를, 아니 몇 달을 지났을까, 어느 날 바이올린 소리가 달라지고 있었다. '나비야~ 나비야~' 엉망이지만 '찡 깡' 소리가 이렇게 변해가고 있었다. 악보도 없이 혼자서 바이올린 음을 만들어내는 둘째 오빠 역시 예능 '끼'의 원형 그 자체였다. 대학에 진학한 후에는(정치외교학과 전공) 아르바이트를 열심히 해서 악보 읽기와 바이올린 레슨을 조금 제대로 받았다. 그때부터는 클래식 곡을 멋지게 연주하는 것이 아닌가! 놀라웠다. 전공과 다르게, 그는 어느 날 불같은 성령 앞에서 목사로 변화했고, 그의 '끼'는 그를 세계를 누비며 외치는 부흥 강사로 변모시켰다. 당시에 한국의 '빌리 그레이엄'이라는 칭호를 받으면서… 그의 강단은 그 자체가 예술이었다.

'택'(澤)은 셋째 오빠다. 오빠는 형제 중 나의 정신적 '롤 모델'이었다. 내 형제들은 모두 공부 머리가 뛰어나다. 하지만 그중 '택' 오빠의 우수성은 으뜸이었고 탁월했다. 그의 기억 중 한두 가지다. '강릉국민학교' 시절, 나는 1학년이었고 오빠는 6학년, 오빠의 졸업식이었다. 대강당 안에 빼곡한 청중들 틈새를 겨우 뚫고 졸업식을 참관했다. 마침 졸업생 시상식이 진행되고 있었다. '택' 오빠는 우등상은 물론 전교 우등상과 강릉시장상, 강원도지사상까지 혼자 상을 다 휩쓸고 있었다. 그런데 오빠는 눈물을 한없이 주룩주룩 흘리고 있었다. 어린 내 가슴은 숨이 멎을 듯 콩콩 뛰었고, 나도 눈물범벅이 되어 엉엉 소리 내어 울었던 기억이다. 그 자랑스럽고 감격스러웠던 기억은, 평생 그의 전유물 같은 내 기억이다. 오빠는 평생, 교육의 현장에서 일등을 벗어난 적이 없다. 한마디로 천재형이다. 그는 또 품성이 온유하고 착하고 의로운 인격체다. 부모님은 일찍이 오빠를 주님의 사람으로 택하셨고 오빠는 그 길을 순종으로 받아들였다. 내가 중학생이었을 때는 오빠 책상 훔쳐보기를 즐겼다. 한번은 오빠가 잉크병을 그려 놓았는데, 그 잉크병 묘사가 환상이었다. 나도 따라서 잉크병을 매일 한 장씩 그려낸 적이 있다. 그리고 오빠는 신학자이자 문학가다. 문학의 고수이시다.

내가 좋아할 수밖에…

'은'(恩) 언니… 하나뿐인 내 언니다. 우리는 교회 안에서 자랐다. 언니는 어릴 때부터 교회 안 풍금 위에서 놀았다. 풍금의 건반은 언니의 놀이터 같았다. 아무 배움도 없이 둥당거리기만 했는데도, 언니는 이미 국민학교 3~4학년 때부터는 찬송가를 4부로 연주하기 시작했다. 그 길을 갈 수밖에 없었던 언니는, 피아노 전공자다. 언니는 손끝이 다 해지도록 피아노를 쳤다. 늙도록 지금까지도 하루에 몇 시간씩 꼭 피아노를 친다는 언니… 그는 진정한 예능 '끼'의 음악인이다.

'선'(善)은 하나뿐인 남동생이다. 엄마의 노산으로 늦둥이였음에도 그 또한 천재형이다. 어디 한번 막둥이만큼은 이과 계통 공부를 시켜보자는 '택' 오빠의 강권으로 그는 공학도가 되었다. 그의 천재성은 S 다코타 유타 대학교에서 28살에 최연소 공학 박사학위를 따내게 했다. 그의 공학계 업적은 가히 세계가 인정했을 정도다. 그럼에도 그는 이렇게 말했다. "나 역시 문과 쪽 사람인데, 타고난 문과의 길로 갔어야 했는데… 그런 생각을 가끔 하게 되네요." 동생의 회한에 잠긴 전화 목소리다. 그렇게 또 다른 예능 '끼'의 한 세대는 가고 있다.

'Exodus', 그 탈출기는…

"하나님이 떨기나무 가운데서 그를 불러 이르시되, 모세야, 모세야, 하시매 그가 가로되, 내가 여기 있나이다, 그렇게 하나님께서는 모세를 부르시고 이스라엘 백성을 출애굽 시키기 위함을 설명하셨다. 이제 내가 너를 '바로' 에게서 내 백성 이스라엘 자손을 '애굽' 에서 인도하게 하리라." (출 3:1)

무섭게 폭풍우가 쏟아졌다. 금세 온 마을은 물바다가 되었고 집들은 한순간에 물속으로 빠져들었다. 그 폭풍을 뚫고 광음 같은 하나님의 음성이 들려왔다. '가라! 저 불비 속으로 어서 들어가라!' 눈을 들어 소리 방향으로 고개를 돌렸다. 그랬는데, 그쪽은 빨갛게 불비가 하늘로부터 환하게 쏟아지고 있었다. 달려갔다. 타버릴 것 같은 불덩이 빗속으로 달려갔다. 아! 불비 속은 폭풍도 소나기도 하나 없는 평화로운 안전 지역이었다. '오 하나님!' 소리쳐 눈을 떴다.

꿈이었다. 환영 같은, 생생한 내 아버지의 꿈이었다. '모세' 에게 출애굽을 명하신 하나님께서는, 아빠에게도 탈출의 메시지를 보내주셨다. 아빠, 엄마는 함께 가차 없이 '불비의 꿈' 을 몸소 실행하기로 하셨다. 순종뿐이었다. 열두 칸짜리 대궐 같은 석대골 집과 수만 석의 농토를 모두 공산당에 빼앗기고 몰수당한 우리 집이었다. 그래도 아버지는 인지도가 높으셔서 읍, 면 서기로, 또 '통천중학교' 에서도 근무하셨는데 가는 곳마다 '예수쟁이' 로 발각되어 직장을 잃으셔야만 했다. 중학교 관사를 나와 '벽산리' 로 이사를 했다. 주인집은 순 '빨갱이' 였는데, 아마도 우리 집의 감시자였을 것이다. 집에서 구역 예배나 가족 예배를 볼 때는 문마다 검은 휘장을 둘렀고, 찬송가는 입술을 머금고 옹알이처럼 불러야 했다. 그러던 어느 날 산불이 광풍에 휩싸이며 '벽산리' 마을을 덮쳐, 마을 전체를 불태우고 말았다. 또 다른 마을도, 심지어는 태백산맥까지 불태운 역사적인 화마였다. 우리는 빈 몸이 되었다. 그 모든 사건들은 그분께서 우리를 '불비' 의 꿈으로 몰아가는 채찍이었노라고, 훗날 우리 가족들의 신앙 고백이 되었다.

아버지는 장거리 외출이 잦으셨고, 오랜만에 귀가하실 때도 있었다. 아빠는 왜 자주 어디를 가시느냐고 엄마께 물으면, 아빠가 출장을 가신다고 했고, 쉬쉬하면서 내게 입조심을 시키셨다. 내 나이 겨우 다섯 살 막둥이 철부지라 입단속이 필수였는데, 나는 그 나이에 세상 이치를 다 아는 듯 행동했다. 아빠의 출장은 바로 '불비' 의 탐색과 탐방이셨다. 오랜 기간 치밀했던 아빠의 탐색으로 드디어 탈출의 그 날을 맞았다. 1948년 5월이었다. 엄마, 아빠, 그리고 3명의 오빠들과 언니와 나, 총 일곱 명이다. 육지로 통과해야 할 노선은 아슬아슬했다. 그냥 서민들의 일상처럼 시장을 가듯이 꾸며야 했고 기차 타고 이웃을 여행하듯 짧게 몇 번을 갈아타기도 했다. 그렇게 007작전 하듯 38선을 넘어가는 바닷길로 들어섰던 것이다. 5월의 흰 새벽은 어둠으로 잠들고 있었다. 발걸음도 숨죽이듯 짙은 바다 내음 속으로 스며들었다.

큰 바위 밑으로 작은 목선이 기다리고 있었다. 선주 아저씨는 서둘러 우리를 태웠고 그 작은 똑딱배는 남쪽 바다를 향해 서둘러 떠났다. 얼마나 작은 배였는지, 바닷물에 내 고사리손을 넣어 물장난을 칠 정도였다. 하지만 광활한 바다로 들어갈 때는 두렵고 무서움이 엄습해왔다. 작은 파도에도 배는 금방 뒤집힐 듯했다. 엄마, 아빠는 우리 손을 잡고 오직 주님께로만 향하셨다. 등대지기 높은 곳으로부터 바다를 탐색하는 서치라이트가 바다 너비만큼 돌아가고 있었다. 선주 아저씨는 그 불빛을 피해 가는 기술이 있는 듯했으나, 그 불빛 또한 크고 큰 공포였다. 그랬는데, 작은 배는 씽씽 속도를 내고 있었다. 바람이 신기하게도 남풍으로 바뀌어 작은 배를 밀어가고 있다는 것이다. 선주 아저씨는 '예수 믿는 사람들' 은 역시 다르다면서 기적 같은 상황이라고 했다. 어느덧 여명이 수평선으로부터 일렁이고 있었다.

작은 배는 금세 육지에 도착했고, 우리는 서둘러 배에서 내렸다. "오! 여기가 대한민국 남쪽 땅이다!" 아빠는 두 손을 높이 들고 소리쳐 선포하셨다. 그리고는 태극기에 성경책을 싸서 넣은 것을 풀어 모래톱에 고이 펼치시고 엎드려 입을 맞추셨다. 누구라 먼저가 아니고 우리는 함께 감격의 울음을 울면서 가족 찬송을 불렀다. '나의 갈 길 다 가도록, 예수 인도하시니…' 그랬다, 주님의 인도하심이었다. 남쪽 고성 바다 물에 무사하게 착륙했다는 그 놀라운 사실은 진정 꿈만 같았다. 내 어린 심중에도 남과 북이 이렇게 가까운 것에 그저 놀랍기만 했다. 얼마를 지나 몇 명의 사람들이 술렁이며 다가왔다. 아버지와 연결된, 남한으로 인도해 줄 사람들이라고 했다. 남한에서의 모든 절차는 그분들을 통해 무난하게 밟았다. 믿음의 사람들의 손길이었다. 월남의 탈출 여정은 험난하고 죽음을 불사하는 사건임에도, 우리는 마치 이사하듯 그렇게 순조로웠다. 하나님의 'Exodus' 대탈출이었다.

기억의 조각들은… (1)

'이사와 같은 탈출기' 라고 표현했던 그 다섯 살 기억에 대한, 아쉬움의 응어리가 남아 있었다. 그랬다. 제일 작은 꼬마는 보호 측면에서의 체험이었기에 '이사' 와 같았을 것이다. 대궐 같은 '석대골 집' 과 만석 땅을 하루아침, 한순간에 빼앗긴 삶, 어디 물질적인 것뿐이겠는가. 하나님의 백성으로 살아야 하는 그 삶에 대한 핍박은 가장 핵심적인 고난의 현장이었다. 그 고난의 현장은 하나님의 '사랑의 채찍' 이라는 역동적인 손길로 개입되었기에 우리는 그분의 손을 꼭 잡고 탈출할 수 있었던 것이다. 나의 아버지는 항상 말씀하셨다. 우리들의 '탈출기' 는 우리 가문의 출애굽 '유월절' 이요, 청교도의 '메이플라워' (May Flower)호와 같았노라고… 그 기억의 조각들을 한 번 더 모아 보기로 한다.

그 하나는 '불이야 불!' 이었다. '빼앗긴 들에도 봄은 오는가…' 그 빼앗긴 들에 봄의 집으로 이사를 한 곳은 '벽산리' 라는 마을이었다. 5살배기 나와 3살배기 남동생이 있었다. 언니, 오빠들은 모두 학교에 갔고, 엄마, 아빠도 집을 비우셨다. 집에는 언제나 나와 동생뿐이었다. 그날은 거센 폭풍이 불었다. 밖에 나갈 엄두도 못 내고, 집안에서 동생과 놀았다. 놀다 지칠 때는 엄마가 차려놓은 점심을 동생과 먹는다. 그러고 나면 졸음이 밀려온다. 자장자장 노래를 부르며 얼마를 잠들었을까. 수선거림과 매캐함 때문에, 난 잠에서 깼다. 아니, 이럴 수가! 온 집 안엔 연기가 자욱했고 열기가 후끈거렸다. 방문을 열었는데 불길이 춤을 추는 듯했고, 멀리서, 가까이서, '불이야~ 불!' 외치는 소리가 들렸다. 무서웠다. 동생을 깨워 붙안고 떨고만 있었다. 그때 마침 문을 활짝 열고 큰오빠, 셋째 오빠, 언니가 뛰어들었다. 큰오빠의 진두지휘 아래 땅을 판 뒤 귀중품들을 묻었고, 필요한 옷가지를 챙겨 들고 우리는 이미 불에 타고 있는 우리 집으로부터, 말 그대로 '탈출' 했던 것이다. 산불의 시작은 회오리바람을 타고 300호가 넘는 벽산리 마을을 하루아침에 다 태우고만, 무서운 화마였다. 아빠는 다 늦게 도착하셔서 나와 동생이 불에 타 죽은 줄만 알고 불 속으로 뛰어들다가 큰 화상을 입으셨다.

그 두 번째는 '용감하고 당당한 주님의 백성' 이다. 아빠는 학문이 깊고 똑똑한 분으로 지명도가 높으셔서 읍, 면 서기로 발탁되셨다. 그런 어느 날, 통천군에서 면 서기 심사를 나온다고 비상이 걸렸다. 아빠, 엄마는 도란도란 의논을 하셨다. 면장님은 "내일 직원들 심사에서 분명코 종교가 무엇이냐는 질문이 나올 테니 '무교' 라고 대답하라고 신신당부를 했는데 어쩌면 좋으냐"고… 엄마는 단호하셨다. 그러실 수는 없다고. 비록 우리 가족 생계가 달린 문제임에도 엄마, 아빠는 손을 꼭 잡고 의기투합해, '종교는 기독교' 라고 당당하게 답변하기로 했다. 그 당당함은 동료들로부터 야유를 받았고, 아빠는 당연히 직장을 잃고 말았다. 그랬음에도 아빠는 다시 통천중학교 직원으로 취업이 되셨고, 우리는 학교 관사로 이사했다. 이전보다 더 좋은 환경으로 변화했고, 그렇게 더 좋은 날들이 한 달을 넘어가고 있었다. 당시 우리는 통천감리교회 교인이었고, 마침 구역 예배 차례가 되었다. 집안의 불빛을 차단키 위해 창문마다 검은 휘장을 두르고, 찬송가 소리도 숨죽여 부르는 은밀한 예배는 더욱더 은혜로웠다. 그런데 다음 날 교장은 아빠를 불렀다. 교장은 자신도 일본 불교대학 출신이라서 공산당으로부터 주목받고 있는 터인데 김 선생까지 집에서 찬송가 소리를 내면 되겠냐며, 예수를 믿으려면 당장 사표를 쓰라고 했다는 것이다. 아빠와 엄마는 다시 한번 용감하고 당당하게, 주님의 백성답게 결단하셔야만 했다. 다음 날 아빠는 간단없이 학교에 사표를 제출하셨다. 신앙을 지키기 위한 자유 나라의 꿈은, 그리고 가깝고도 험난한 38선을 넘어 자유 대한민국으로 향한 열망은 그렇게 시작되었다. "저 높은 곳을 향하여, 날마다 나아갑니다"였다.

그 세 번째는 '슬픔의 이유와 의미'였다. 건강하던 세 살배기 단짝 동생이 아프다. 발열 상태가 심각하다. 그래도 보채는 일 하나 없는 내 동생은 머리 좋고 예쁘고 착하고 순둥이였는데, 홍역이라고 했다. 몇 밤 동안 열꽃을 피우던 동생은 아픔을 이기지 못하고 스러졌다. 깊은 밤, 동생은 환하고 예쁜 미소를 가득 머금고 천사 중 제일 예쁜 천사가 되어 멀리 떠나갔다. 엄마는 하얀 솜으로 천사의 턱을 고여 주었고, 아빠와 함께 천사를 위한 예배를 드렸다. 크고 큰 슬픔을 주신 그분의 의미는 '이유'가 분명하셨음에도, 나는 그때는 몰랐다. 아주 나중에, 나중에야 조금 알 듯했다.

그렇게 다시 막둥이가 되고 만 나는, 막둥이의 특권(?)으로 엄마, 아빠 곁에서 잠을 잘 수 있었다. 그렇게 부모님의 대화, 주님께로 향한 두 분의 대화로 형제 중 나는 제일 많은 기억의 조각들을 채우게 되었던 것이다.

기억의 조각들은… (2)

"기록과 다른 기억, 진실은 그곳에 있고, 박제된 기록보다 살아있는 기억이 더 진실에 다가설 수 있다" Aliessandro Portelli(포르텔리: 구술사가) 교수의 그 한마디가 기억 조각들 속에 갇혀있던 내게는 섬광이었다. 그 섬광 같은 기억으로 어서 힘을 다해 달려가야겠다. 그랬다, 대탈출의 여정은 '죽음이 아니면 자유를…' 그것은 치열하고 숨 가쁜 그 이분법의 현장이었다. 국경을 넘다가 붙들려 중국으로, 북한으로 송환되고 교수형, 혹은 '아오지탄전' 행의 행방불명 위험은 사방에 도사리고 있었다. 우리는 이웃 마을에 장 보러 가듯 위장해야 했고, 뿔뿔이 흩어져 곳곳을 삼엄하게 지키는 소련군, 인민군의 처소를 007작전으로 통과해야만 했다. 그리고 또 기차를 타야 했고…

나는 6살, 아니 정확하게 5살 끝이었고, 그때도 기차는 달리고 있었다. 이름하여 '증기기관차' 였다. 어느 역이었는지 정거장 이름은 가물가물하다. 둘째 오빠는 15살, 셋째 오빠는 12살, 한창 호기심 충천할 때였다. 두 오빠는 기차 밖으로 뛰어내려, 증기의 힘을 받아 움직이는 기차 바퀴의 원리에 대해 '내 말이 옳다, 네 말이 옳다' 며 서로 투덕거리고 있었다. 그랬는데, 기차가 '치~익 포~옥 푸~웅' 움직여 떠나기 시작하는 것이 아닌가, 그런데 오빠들은 기차 바퀴의 움직임에만 초집중이다. "어서 올라왓! 어서!" 아빠의 다급한 목소리와 함께 기차의 속력은 가해졌고, 아빠 역시 결국 기차 밖으로 뛰어내리셔야만 했다. 그리고 아빠는 엄마에게 비장한 음성으로 작게 소리치셨다. "양 집사님 집에서 기다려요! 내가 갈 때까지."

우리는 그렇게 그만 이산가족이 되고 말았다. 두 오빠는 나이에 비해 키가 크고 훤칠했고, 아빠는 젊고 건장한 청년 같았으니 잡혀가기에는 안성맞춤(?)인 체구들이었다. 어린 나도 아빠와 두 오빠를 영원히 볼 수 없을지도 모른다는 공포감에 숨을 쉴 수조차 없었다. 엄마 역시 사색이 된 채 내 손을 꼭 잡고, '오 주님…' 입술만 달막이실 뿐이었다. 한참 건너 건너 의자에는 서로 눈빛만 주고받을 수밖에 없는 언니와 큰오빠 역시 얼굴이 하얗게 변해가고 있었다. 그럼에도 기차는 칙칙폭폭 잘도 달리고 있었다. 그리고… 그런 48시간 후에 기어이, 기어코 하나님의 기적은, '양 집사님 골방' 에서 우리 가족의 만남을 한순간에 이루어내고 있었다. 지금도 생생한 그 감격의 눈물바다의 그 순간을 표현하기란 무한대의 역부족일 뿐이다.

주님이 인도하신 가나안의 새 땅, 새 삶의 본적지가 된 곳은 '강릉중앙감리교회' 였다. 나와 셋째 오빠는 강릉국민학교 학생이 되었고, 언니랑은 또 다른 학교로… 아무튼 강릉에서의 기억은 한 폭의 수채화 같은 맑고 투명한 아름다운 기억들뿐이다.

하지만 그 기억들을 건너뛰고, 기왕에 오빠들의 기억들로 계속 가보기로 하자. 강릉에서의 2년째쯤인가 아빠는 '천곡교회' 로 파송을 받으셨고, 우리는 천곡으로 이사하게 되어 천곡국민학교로 전학을 했다. 그리고 얼마 안 있어 담임의 호출을 받았고, 영문도 모른 채 교감실에서 따로 시험을 치렀다. 그리고 나는 훌쩍 '월반' 을 했다. 공부가 뛰어나다고 인정받아 한 학년을 점프한 셈이다. 그리고 얼마 안 있어 6 · 25전쟁이 터졌다(1950년). 전쟁 후반쯤인가, '해상방위대' 라는 급조한 특별방위대가 있었다. 큰오빠(20)와 둘째 오빠(18)는 용기백배 용감무쌍하게 그곳에 지원했다. 아마도 그 동해안 해상방위대는, 북쪽 원산만이 요지가 될 것이라는 은밀한 정보 때문에 오빠들이 지원하지 않았나 싶었다. 아직 북에 남아 계신 할머니와 막내 삼촌, 남겨진 가족들의 제2차 탈출 방편을 모색하기 위함이 아니었을까. 맞았다. 어느 날 정말로 오빠들의 방위대는 큰 군함을 이끌고 원산 항구를 돌아 통천 고저 해안에서 월남 희망자를 태우기 시작했고, 멋진 오빠들은 셋째 삼촌(희태 목사), 넷째 삼촌(희윤 음악가), 그리고 5촌 당숙(희방 목사), 형제 분(희승 아저씨)들과 많은 친인척을 군함에 태워 대탈출의 주인공 역할을 해냈던 것이다. 그럼에도 어떻게 하다가 우리 할머니와 막내 희빈 삼촌과 조카들은 그 기회를 또 한 번 놓쳤는지, 그 통한의 의문은 풀리지 않은 회한으로 우리에게 남게 되었다. 1 · 4 후퇴 피난길에서 둘째 오빠는 소식이 닿아 '죽변' 항에서 돌아왔고, 큰오빠는 곧바로 입대 후 참전하여 파란만장한 전투의 용사가 되었다. 총탄을 몸으로 받아내고도, 사경의 고지에서도, 주님은 큰오빠를 외면치 않으셨다. 어디 그뿐일까, '6 · 25동이' 내 막내 자리를 차고 들어온 전쟁의 선물까지 그분은 주셨으니, 어찌 말로 다 할까. 그분만의 비밀한 손길을…

"기록과 다른 '기억'들의 진실은 그곳에 있다" 했는가. '그곳'은 그저 아득한 미로와 같다. 그곳으로 더 가까이 다가설 수 있는 한 걸음을 옮겨볼 뿐이다.

아아 잊으랴 어찌 우리 이날을 (1)

"'… 어찌 우리 이날을~' 혹시 이 노래를 알아요?"

"음… 알 것 같아요. 아, 6 · 25 노래 아닌가요? 가사는 잘 생각 안 나는데, 멜로디는 생생하게 기억나요."

아침 문안 통화 중 막내에게는 뜬금없는 주제가 되었을 만한 대화 내용이었다. 신통방통했다. 중학교 때 도미한 막내가 그 노래를 기억하다니, 응원을 받은 듯하여, 콱 막혔던 글이 왠지 술술 풀릴 것 같아 기분이 좋았다. 그랬다. 자전적 글 속에서 절대 비껴갈 수 없는, 비록 내게는 가물가물한 어릴 적 그 기억들이다. 아니, 한국 역사에서 한 세기의 획을 그었던 엄청난 사건이었다. 1950년 6월 25일 새벽, 이름하여 '6 · 25 전쟁', 아직도 하얗게 살아있는 그 이야기다.

강릉국민학교 1학년을 마친 나는 만 6살, 키도 크고 공부도 아주 잘하던 어린아이였다. 친한 친구 미자, 화숙이, 은자랑 2학년 때는 한 반이 되자고 새끼손가락을 걸었는데, 나는 그만 강릉을 떠나야만 했다. '천곡감리교회' 에서 목회자로 아빠를 초청했기 때문이다. 커다란 이름표를 손수건에 달고 크고 넓은 강릉국민학교를 입학하던 떨림의 순간들, 교정에서 뛰어놀던 기억들, 남대천에서 철벙거리며 헤엄치던 기억들… 강릉 중앙감리교회 사택은 우리 집이었고, 그렇게 '강릉'은 우리 고향이었다. 친구들과 헤어지고 고향을 떠나는 일은 슬펐지만, 미지의 새로운 곳을 향한 호기심과 기대는 또 그만큼 컸다. 뚜껑이 없는 트럭에 짐을 싣고, 짐 사이로 바람을 피하며 100리길, 장거리 주행을 해야 했다. 덕분에 나는 '백일해'라는 기침병에 걸리고 말았다.

'천곡'은 시골이었다. 그럼에도 뭔가 하얗고 청아하고 양반 같은 느낌의 시골이었다. 우리가 이사한 교회와 사택은 깔끔하고 현대적이었다. 교인은 겨우 열 명이 웃도는 개척교회였음에도 그랬다. 나는 천곡국민학교 2학년에 편입하고 얼마 안 돼 성적이 뛰어나다며, 학교 교무 선생님은 나를 3학년으로 월반시켰다. 그렇게 3학년, 8살에 전쟁을 만난다, 그 6 · 25전쟁을…

쿵, 쾅, 탕… 평온한 사방에 포성이 쏟아지고 있었다. 6월 25일 새벽 4시, 북한군이 38선 전역을 포격하며 수백 대의 탱크를 앞세워 남한을 침략했다는 라디오 방송을 들을 때는 이미 피난길을 놓쳤고, 늦었다. 금세 비포장 신작로에 뽀얗게 흙먼지를 일으키며 지나가는 탱크들이 줄을 이었다. 늦은 저녁에는 20명 남짓한 인민군들이 교회로 몰려들었다. 아마도 부대원들은 학교로 간 것 같고 인민군 대장들이 우리 교회로 온 것 같았다. 나는 인민군들은 뿔 달린 괴물인 줄 알았다. 그런데 그들은 내 오빠나 삼촌 같은 모습이었고, 우리말을 쓰는, 우리들과 같은 사람들이었다. 신기하기 짝이 없었다. 아마도 교회 측에서는 저들에게 숙식을 제공했을 것이다. 나는 휴식을 취하는 그들을 한 번이라도 더 보려고 교회 안을 기웃거렸는데, 엄마는 방에서 가만히 있어야 한다고 나를 꼼짝도 못 하게 했다. 그래도 수시로 발동하는 내 호기심은 걷잡을 수 없었다. 교회 밖에서 두런두런 말소리가 들렸다. 나는 살금살금 몰래 그들을 관찰하려고 했다.

"어이 너 이리 와봐." 들켰다. 군인 하나가 나를 오란다. 어맛! 나는 가슴을 쿵쾅거리며 집안으로 쌩하니 숨어들었다. 그때 그들 곁으로 가서 '인민군' 과의 대화를 해야 했는데, 하는 아쉬움은 오랫동안 남았었다. 그들은 우리를 침략한 원수들이다. 예수님은 '원수를 사랑하라' 고 하셨는데, 그 '원수를 사랑함' 이라는 의미를 그 어릴 때는 많이 혼란스러워했던 기억도 떠오른다.

남한은, 특히 서울은 초토화됐다. 이승만 대통령은 '안심하고 서울을 지키라, 적은 물러갔고 정부도 여러분과 함께 있다' 라고 했으나, 한강 다리를 폭파하고 이미 서울을 떠나 버린 대통령의 앵무새 같은 라디오 방송은 인명 피해를 일으키고 서울을 무너뜨리는 주요인이기도 했다. 그 와중에 미 연합군 상륙으로 북한군은 후퇴했다. 종전이 될 것인가 했는데 중공군의 북한 지원으로 다시 남한은 밀리기 시작했다. 여름은 가고 겨울이 다가왔다. 12월부터 이듬해인 1월 초에 중국 공산당은 북한을 지원, 총공세를 펼쳐 우리의 미 국제연합군의 주력이 서울에서 밀려나고 공산군이 서울을 재점령하게 됐다. 당시의 한국 전쟁은 남북한의 것만은 아니었다. 올리고 밀리기를 마치 세계적인 '시소게임' 같이 반복했으니까…

이제는 진짜 피난을 가야 했다. 그랬는데 우리 집은 비상이 걸리고 말았다. 그 와중에 6 · 25동이 내 동생이 태어났던 것이다. 나는 8년 만에 막내 자리를 우리 6 · 25 동이에게 내줘야 했다. 그 갓난아기와 함께 겨울 피난길로 들어서야 했던 그 험한 여정… 그분의 손을 온전히 잡아야만, 그래야만 했다.

아아 잊으랴 어찌 우리 이날을 (2)

그랬다. 1·4 후퇴의 기억은 피난길이었다. 가물가물한 기억의 소환을, 언니, 오빠들에게 도움 청하고픈 간절함을 참는다. 비록 정확도는 떨어진다 해도 내 8살 기억의 '생생' 쳇바퀴를 그냥저냥 돌려 보기로 한다. 피난길은 '초비상 사태' 라고 했던가, 백일도 안 된 갓난아기 동생과 함께해야 하는 피난길은, 그랬음에도 피난길 선상에서 해산하지 않은 것에 감사해야 했다. 산모인 엄마의 손길은 쉴 틈도 없이 바쁘게 움직이셨고, 아빠는 더하셨다. 그때 겨울은 유난히 추웠다. 엄마는 내게 방한모, 방한복, 방한 양말까지 특별하게 신경 써서 만들어 주셨다. 예를 들어 방한모 만들기는, 적당한 너비의 사각형 주머니에 솜을 두둑 넣고 앞트임을 한 뒤 묶을 끈만 달아주면, 그 어떤 추위도 막아낼 수 있는 에스키모식 모자가 된다. 우리 가족 모두는 완전한 '에스키모' 차림의 준비를 마쳤고, 서둘러 떠나야 했다. 그 떠남은 비록 피난길이었음에도, 신나고 흥분되기만 했다. 내게는…

걷는다. 끝이 없는 길을 걷기 시작이다. 신나게 떠났는데, 어느새 난 집이, 아니 '냥이' 가 보고파서 눈물을 찔끔거리고 있다. 길고양이 한 마리를 키웠다. 아무래도 막내인 나와 고양이는 제일 친할 수밖에 없었다. 떠나기 전날 아빠는 고양이를 데리고 피난길을 갈 수 없다며 멀리 보내야 한다고 하셨다. 고양이는 머리가 좋아 집을 못 찾아오게 하려면 눈을 가려야 한다며, 수건으로 냥이 눈을 덮고 자전거를 타고 나가셨다. 고양이와의 완전한 이별이었다. 다음 날 아침, 우리 가족은 집을 막 떠나고 있었는데, 어디선가 '냐~옹' 소리가 들렸다. 우리 '냥이' 가 아닌가! 고양이가 집을 찾아온 것이다. 가장 놀란 분은 아빠셨다. 난 고양이를 데려가겠다고 떼를 썼으나, 아빠는 늦게 떠나는 교회 집사님께 아예 '냥이' 를 맡길 정도로 완강하셨다. 그.리.고. 우리는 걷는다. '냥이' 없는 그 뽀얀 피난길을 걷고, 또 걷고… 동해안 남쪽을 향해 걷는다. 동해의 사람들답게.

아빠는 쌀 포대와 먹거리를, 엄마는 취사도구와 가족들의 일용품을, 셋째 오빠 역시 담요 같은 생필품을, 나는 고작 큰 양은 솥 하나를 등에 멘 것이 다였다. 그중에 제일은 언니였다. 나보다 3살 위의 언니는 우리 새 아가를 솜 포대기에 싸서 등에 업었다. 아기를 업고 온종일 걷는 일은 결코 쉬운 일이 아니다. 해가 저물어 다행히 피난 간 마을을 만나면, 빈집을 찾아 들어가 여독을 달래는 휴식이 최고의 순간이다. 아기는 순하고 착해서 울음소리 한번 내 본 일 없고, 언니 역시 힘든 표정 한 번도 내 본 일이 없다. 아기는 기저귀를 갈지 못해 사타구니, 허벅지까지 퉁퉁 부어올랐어도 울지 않았다. 제시간에 젖도 제대로 못 먹었음에도 그랬다. 따뜻한 저녁을 먹고 어김없이 아빠는 가족 예배를 드렸다. '나의 갈 길 다 가도록~ 예수 인도하시니' 우리의 18번, 우리

가족 찬송을 부를 때는 뭉클, 크고 큰 감사함의 은혜가 예배 순간마다 가득했다. 내일도 모레도, 아니 우리나라 전쟁도 그분이 인도하심을 굳게 믿었던 내 어린 믿음까지도 확고했을 때였다. 그럼에도 1·4 후퇴의 피난길은 하얀 눈길의 기억뿐이다. 내 허리까지 푹푹 쏟아진 눈길을 피난민 행렬로 닦아낸 셈이었으니까. 하얀 눈 속에 쓰러져 파묻힌 아저씨… 저분은 얼마나 피곤해서 눈 속에서 잠이 드셨을까, 그랬었다. 천지가 눈으로 덮인 무채색인데 길고 긴 피난민들의 행군만 유채색이었던 것은 정말 오래고 길게 남아있던 기억의 편린이다.

울진 & 평해, 그리고 죽변… '피난지' 하면 그 이름들이 떠오른다. 울진군 평해읍까지 피난을 갔었다. 지금은 경상북도가 되었다는데, 그때만 해도 강원도가 아니었을까 싶다. 그렇게 동해의 끝자락까지 갔었다. 우리의 정착지는 평해읍에서 좀 더 지나서 '사동리' 옆 '주담마을' "원이"네 집 방 한 칸이었다. 그곳에서 종전 소식을 기다리며 겨울을 지냈다. 아빠는 당연하게 셋방에서 가정 예배로부터, 이웃들과 함께한 예배 시간을 인도해 나가셨다. 점점 예배자들이 늘어나 따로 장소를 구해 예배를 드렸던 기억이 또렷하다. 엄마는 워낙 은사가 많으셔서 아빠와 함께하는 예배 사역에서의 영향력이 지대했다. 아빠는 또 생계를 위해 '죽변'에서 석유를 받아와 주변에 석유를 파는 일도 서슴없이 하셨다. 이듬해 봄은 지나고 종전 소식과 함께 우리는 집으로 돌아올 수 있었다.

내 어린 눈으로 보았고 기억 속에 숨어든 그 영상들이다. 6살에는 소련 군인을 옆에서 만났고, 7살에는 미국 군인과 연합군을 앞에서 만났다. 8살엔 교회 안에서 인민군을, 그것도 많이 만났다. 그런데 딱 만나지 못한 것은 1·4 후퇴의 주범인 '중공군'이다. 어째서일까, 내가 그 안에 있었는데…

그때는… (1)

그때는 찬란했다. 나에게는 무지갯빛 황금기였다. 넓고 넓은 운동장은 광활했으며 하늘을 찌를 듯 늘씬늘씬한 미루나무들은 운동장 전체를 아우르고 있었다. 그때의 등교 시간은 나만의 콩콩 설렘의 순간이 있었다. 날이면 날마다 교문 밖까지 울려 퍼지던 노래가 있다. '확성기' 라는 전자 매체를 타고 노래는 크게, 작게, 때로는 거칠게 퍼져 나갔다. 학교 일과의 시작은 그랬었다. 그 노래를 부른 학생은 바로 나였다. 그럼에도 그 사실을 아는 사람은 소수에 불과했다. 나도 꾹 함구했으니까…

"대동강~ 흘러 흘러~ 변함없건만~" 노래의 시작이다. 그런데 가사를 여기서부터 딱 잊어버리고 말았다. 작사 · 작곡가는 물론 제목까지 깡그리 망각이다. 그 노래는 그때 중등 음악 교과서에 실렸던 가곡풍의 곡이었다. 가끔씩, 아니 자주 노래의 흔적을 찾아 헤맸다. 인터넷은 물론 한국의 유명 음악가에게 문의까지 했으나 그 어디에도 한 점 그림자도 없었다. 최근에 어찌어찌 중고 동창 대화방에 참여하게 됐다. 조심스레 광고를 했다. '그 노래' 기억하는 친구 있냐고… 역시 아무도 없다. 그러려니 했다. 그랬는데, 와! 떴다. 그것도 성탄 이브 날,

대화방에 선물같이 떴다.

"대동강~ 흘러 흘러~ 변함없건만~ 금수강산 네 모습은~ 어이 없구나~ 자랑하던 너의 모습 어디로 갔소~ 폐허에 쓰라림은 한이 없구나~"

당시 합창단 멤버였던 친구 H의 기억이다. "찾으라, 그러면 열릴 것이다." 그 말은 진리였다. 반세기만의 기억 소환은 내게 너무나 특별했다. 이제야 숙제 같은 의문이 풀리는 것 같았다. 만일 가사가 "한강은 흘러 흘러 변함없건만~"이었다면 그 노래는 절대 사라지지 않았을 것이다. "대동강"은 사라져야 한다는 뜻이었을 테니까… 그런데 G 선생님은 왜 그 곡만 확성기로 내보냈을까? 의문이 들었다. 열악한 녹음기 때문이었을 것이다. 그때는 그랬으니까. 문득 가사를 바꿔서 곡을 부활시켜 볼까나? 반짝 그런 생각이 떠올랐다.

G 음악 선생님, K 미술 선생님, C 가사 선생님, 그때 그분들은 소위 SKY 출신 교사들이었다. '와세다 대학교'를 나오신 분도 계셨고. 그때는 정말 뛰어나신 선생님들이 많았다. 물론 일류 학교를 졸업한 분이 우수한 교사라고 생각한 적은 그 어릴 때도 전혀 없었다. 그때는 자연스럽게 처음부터 G, K, C 선생님들께 내가 발탁된 셈이었다.

G 음악 선생님은 예술인 그 자체였다. 모습도, 표정도, 몸짓도, 걸

음걸이까지, 그냥 예술가셨다. 학교 뒤편 사택에서 어린 아기와 예쁜 사모님과 사셨다. G 선생님은 점심시간이나 방과 후, 그리고 틈만 나면 수시로 나에게 성악의 기초 발성법과 음정 고르기 등을 가르치셨다. 학년이 올라가자 오디션을 거쳐 여학생 합창단을 만들었다. 나에게 지휘법을 따로 열심히 가르쳐 주셨고, 나는 합창단 지휘자가 되었다. "아, 목동들의 피리 소리…"(Danny Boy), "성문 앞 우물가에…"(보리수)와 〈들장미〉(슈베르트), "해는 져서 어두운데…"(고향 생각), 〈아베마리아〉(슈베르트) 그리고 "대동강 흘러 흘러…"까지, 나는, 그리고 우리는 수많은 한국 가곡과 이탈리아 가곡, 독일 가곡들을 그 당시 모두 섭렵할 수 있었다. G 음악 선생님 덕분에…

K 미술 선생님, 그분은 총각 선생님이라 당연히 여학생들에게 인기 만점이었다. K 선생님 수업 역시 특별했다. 과일을 탁상에 올려놓고 직접 그리게 했고, 그의 '미술사' 수업은 넘치도록 특별했다. 고대 미술사부터 고전주의, 낭만주의, 자연주의, 사실주의, 인상파의 두 갈래와 모더니즘, 다다이즘까지… 그 어린 시절 수업은 어마어마했다. 난 노트를 꼼꼼하게 한 터라 공책이 마치 책자와 같을 정도였다. 훗날 미술대학의 미술사 강의를 쉽게 접수하는 데 한몫한, 바로 그때의 노트가 거의 대학 수준이었음을 발견하고 많이 놀랐다.

그리고 C 가사 선생님, 동양자수와 십자수 놓기 수업은 흥미진진했다. 까만 유동천에 샛노란 한 가지 색으로만 장미를 수놓았을 때는 C

선생님이 감탄하며 특이함의 본이라고 칭찬해 주셨다.

가을은 학교 축제의 절기다. 학교 전체가 체육대회를 비롯해 음악회와 전시회까지 열었다. 합창과 독창을 맡아 열심히 해야 했고, 전시장도 그림, 만들기, 자수 작품까지 내가 망라해야 했다. 축제에서 내가 참여 못 한 분야는 오직 체육대회였다. 도지사, 시의원, 교육청 감사원님들이 각처 공직 부서에서 방문했고, 그들은 학교 행사 찬양과 함께 아낌없는 박수를 보냈다. 그때도 나의 "대동강 흘러 흘러~", 그 노래의 확성기는 '끼끽' 잡음을 내며 미루나무 사이로 바람처럼 넘나들었다. 그때가 바로 중학교 3년의 찬란했던 중학생 시절이었다. 'P 중학교', 강원도 내의 3대 최우수 학교로 선정되었던 그때의 그 학교였다.

그때는… (2)

그때는, 그때는 여전히 찬란함이 계속되고 있었다. 그런데 그것은 나만의 울타리 안의 것들이었다.

– 셰익스피어, 찰스 디킨스, 바이런, 윌리엄 워즈워스, 제인 오스틴, 존 번연, 존 밀턴, 샬롯 브론테, 에밀리 브론테, 버지니아 울프, T. S. 엘리엇, 아가사 크리스티 등 영국 작가들

– 어니스트 헤밍웨이, 에드거 앨런 포, 마가렛 미첼, 펄 벅, 존 스타인벡, 오 헨리, 마크 트웨인, 나다니엘 호손, 포그너 등 미국 작가들

– 도스토옙스키, 톨스토이, 안톤 체호프, 푸시킨, 투르게네프, 고리키, 파스테르나크 등 러시아 작가들

– 헤르만 헤세, 볼프강 괴테, 하이네, 안네 프랑크, 실러, 마르크스, 그림 형제, 임마누엘 칸트, 마르틴 루터 등 독일 작가들

– 앙드레 지드. 빅토르 위고, 플로베르, 볼테르, 앙드레 말로, A.

카뮈, J. 사르트르 등 프랑스 작가들

– 그리고 한국이다. 윤동주, 심 훈, 김유정, 현진건, 한용운, 이육사, 김동인, 이상화, 김동리, 이광수, 신채호, 김소월, 주요섭 그리고 김내성, 정비석까지…

그랬다. 울타리 속의 찬란함은 바로 '독서'였다. 여기까지 주르륵 써 내린 저 문학가들을 모두 그때의 기억 창고에서 술술 풀어냈다. 뿐인가, 어찌 저 세계 문학을, 아니 더 많았을 수도 있는 그 책들을 읽어냈을까, 그때…. 그 황금기의 기억은 말 그대로 상상을 불허할 황금 그 자체였다. 책 속의 주인공들과 문장까지 어제 읽은 듯 떠오른다. 도스토옙스키의 〈죄와 벌〉의 주인공 '라스코니니코프', 〈카라마조프의 형제들〉의 '조시마 신부' 등등… 그리고 "톡톡 창문을 두드린다 / 창문을 연다 / 어둠 속은 까맣기만 한데…"의 〈검은 까마귀〉, "오래고 오랜 그 옛날 바닷가 / 무덤 안에 소녀 애너벨 리의 / 눈동자가 있었다…"의 〈애너벨 리〉 같은 포(Poe)의 시편들은 내 황금기를 마구 흔들었다. 내 입술은 밤낮없이 노래하듯 외우기에 빠졌으니까.

그때는 한 번에 키가 훌쩍 다 자랐다. 한 반에 거의 70~80명이 넘었는데 맨 뒷자리가 내 자리였다. 책가방은 언제나 짐짝 같았다. 공부책보다 읽을 책들이 더 많았으니까. 난 수학을 지지리도 못했다. 아니, 아예 수학적 두뇌가 없다고 해도 과언이 아니다. 그놈의(?) 수학 때문에 반 1등 자리에서 언제나 밀려나기만 했으니까, 당연히 수학 시간은 나만의 '울타리 시간' 이다. 자세를 똑바로 하고 선생님의 움직임에 맞춰, 강약 리듬을 맞춰, 읽기에 푹 빠져 있음의 묘미를 누가 알까. 실존주의 작가들, '카뮈' 와 '사르트르' 의 〈이방인〉, 〈페스트〉, 〈닫힌 방〉 같은 철학적 문학을 그 시간대에 소화했다는 것은 '독서광' 만이 누릴 수 있는 '울타리 속 특권' 이기도 했다. 때로는 들킨다. 내가 수업 시간에 딴짓하는 것을… 그럼에도 유야무야 넘어가곤 했다. 아마도 선생님들은 다 알고 있지 않았을까, 나중에는 그렇게 짐작했었다.

자 그럼 그때는, 그 사춘기 어린 시절에 걸맞게(?) 나를 독서광으로 몰아넣은 그 문학책들 공급은 어디로부터였을까? 첫 번째는 가족으로부터다. 유아 때부터 「새벗」, 「학원」 등 잡지는 물론, 이솝 우화, 안데르센 동화집 같은 읽을거리들을 내 곁에 두셨고, 때로는 무릎에 앉혀 놓고 직접 책을 읽어주셨던 분은 바로 아버님, 내 아빠이셨다. 그리고 오빠들 역시 책벌레들이었다. 오빠들이 떨구어 놓은 책들을 훔쳐보는 재미도 아주 쏠쏠했으니까. 두 번째는 P 중학교, 내 학교였다. 우수 학교답게 우리 학교에는 도서실이 있었다. 책이 많지는 않았지만, 문학책 공급은 충분했다. 그런데 우리 학교 도서실 책을 대여하는 학생은 별로 없지 않았나, 그 기억은 확실치 않다.

P 중학교 등굣길은 걸어서 40~50분 걸렸던가. P읍의 우리 반 친구들은 삼삼오오 짝을 지어 등교했다. 어느 날부터 나는 읽은 책들 이야

기를 친구들에게 펼치기 시작했다. 시작은 '김내성' 작 〈마인(魔人)〉 이었다. 제목답게 나쁜 놈들의 폭력과 범죄 행각을 다룬 스릴러 소설이다. 나는 성대모사를 하는 것처럼 주인공부터 조연들까지 목소리를 바꿔가며 이야기를 펼쳤다. 삼삼오오 친구들 등굣길은 무리를 이뤘고, 학교 가는 길은 '슬로 퀵퀵' 이 되고 만다. 교문 앞에서 일부러 아슬아슬한 장면에서 딱 '이상 끝, 내일 다시' 하고 말면, 모두 아쉬워한다. 간혹 자율 학습 시간 휴강일 때가 있다. 그러면 친구들은 나를 불러낸다. 이야기를 풀어내라고. 워낙 말수가 적은 나였는데, 이야기를 풀기 시작하면 아예 무슨 성우가 되고, 라디오 디제이가 되고, 마당극 변사로 변한다고 했을 정도다. 그렇게 김동인의 〈배따라기〉를 비롯해 정비석의 〈자유부인〉까지 다 섭렵했으니, 그 옛날 그때는…

그때의 세계 문학사는 어떻게 번역이 됐을까? 왜냐면 유명 한국 작가들 이름으로 번역된 책들이 대부분이었으니까. 나중에 커서야 그 의문이 풀렸다. 모두 일본 책들을 번역했다는 것을… 그래서인가, 당시의 번역물들은 요즘의 번역 책들과 표현방법에서 다른 점을 많이 보게 된다. 뭐 대수이랴, 그때 그 찬란한 황금기가 존재했다는 것이 관건인 것을…

젊음은…

젊음은 열정이다. 그 열정은 '미침' 과 일맥상통한다. 그 미치는 일은 생생한 현장감의 젊음이었다. 첫사랑 같았다. 회화(Fin Art)의 세계는, 아니 유화(Oil Paint) 작업은 내 젊음의 열정과 '미침' 의 무한대의 판타지 같았다. 영혼과 육체를 아낌없이 불태웠던 젊음의 시간으로 돌아간다, 지금!

연필(2B, 4B 등), 목탄, 초크, 수채 물감 등, 간편하고 손쉬운 재료들만 사용하다가 처음 유화 물감을 만났다. 표현키 어려운 '다름' 의 재질에 흥분했다. 프랑스 유학을 마치고 돌아온 B 교수님의 유화론은 설득력 강했고 멋졌다. 백 가지, 아니 천 가지 색감을, 아니 온 우주에 존재하는 자연 색깔 모두를 다 만들 수 있는 물감이 바로 'Oil Paint' 라고. 그리고 색깔 만들기 강의는 지루할 정도로 길게 이어졌다. 그럼에도 그 시간들은 나에게 탄탄한 색감의 무한 경지를 열어주고 있었다. 당시 국산 유화 물감은 생산되지 않았다. 아예 없었다. 일제 홀베인, 쿠사카베, 미츠다 등, 혹은 영국산 물감을 써야 했다. 어디 물감뿐일까. 린시드, 데레핀, 소위 건성, 유성의 오일들과 다양한 크기의 붓과 캔버스까지, 심지어 붓 빨기 통까지 전부 일제를 사용해야만 했다.

저렴한 가격을 찾아 종로통 낙원동 화방으로 발이 다 부르트도록 쏘다녀야 했다. 그림 그리기를 기본만 한다고 해도 필요한 액수가 엄청난데, 그런데 미쳐서 그린다? 그건 금전적으로 사막 지대일 수밖에 없었다. 가족들에게도 설명 부재일 수밖에 없는 상황이다. 입을 것, 신을 것 모두 남대문시장 싸구려 보세품과 비닐 구두에, 중고품 가방에, 버스와 전철까지 아껴도 밑 빠진 독에 물 붓기였다. 큰 그림 그리기를 좋아했다. 작아도 20호, 평균 30~40호짜리를 그렸다. 나는 만들기, 공작에도 한가락 하던 터라 캔버스도 나 스스로 만들었다. 퇴계로 천막 가게에서 천막 천을 두루마리로 구입하고, 제재소에서 캔버스 나무틀을 준비해 뚝딱 만드는 화방돌이 노릇은 나만의 비밀한 작업이기도 했다. 그런데 반갑게도 응원의 손길이 날아왔다. 해군 장교로 복무 중인 셋째 오빠가 그림 재료에 보태라며 금일봉을 보내기 시작했다. 오빠는 기억도 못 하는데 내 가슴에 평생 새겨져 있다.

그때는 반 고흐, 고갱, 폴 세잔 등 전후 인상파와 입체파까지 아방가르드한 화가들에게 미쳐 있었다. K, Y, P 교수님들은 사실주의셨고, B, G, C, S 교수님들은 '포스트모더니즘' 쪽이셨다. 당연히 후반 쪽 교수님들과 각별했고, 그분들의 지도는 흡인력이 강했다. G 교수의 '사물의 황금분할론', "나는 잉크병 하나도 똑같이 못 그린다"는 C 교수님, "이놈들아 나가서 정신 세탁 좀 하고 와!" 하고 소리치던 S 교수님의 사랑 채찍은, 내 미친 젊음에 불을 댕겨주던 분들이셨다. G 은사님을 이곳에서 신기하게 해후한 일이 있다. 교수님은 업스테이트 뉴욕에 사셨다. 나는 2시간 가까이 거리를 마다치 않고 달려가 은사님 댁을 방문했다. 그분과의 만남은 '백 투 더 퓨처', 학창 시절이 소환된 시간이었다. 여전히 정정하셨고 작품 작업 역시 대가의 연륜이 고스란히 풍겨왔다. 이 땅에서 은사님의 작업실 현장을 참관하는 제자는 무슨 복인가 싶었다. 그렇게 가고 오기를 계절을 바꿔가며 했었다. 핸드폰이 없던 때라 손편지를 주고받기도 했다. "우리는 마치 연인 같지 않은가?" 때로 그런 내용을 농담처럼 쓰시곤 하셨다. 귀국 초대전을 여신다고 하셨다. 그리고는 연락이 끊어졌다. 최근 한국으로부터의 소식이다. 100세를 넘기신 은사님의 작품 소개와 함께 근황을… 부디 만수무강하시기를.

'마네', '모네'의 연못 풍경을 그리자고 경복궁 연못으로, '피사로'의 자연을 찾아 덕소로, '고흐'의 용트림 같은 갯벌을 찾아 강화도 갯벌로, 그렇게 이젤과 물감 박스를 둘러메고 미친 듯이 찾아다녔다. 그런 날은 손님같이 찾아오는 열병을 감수해야 하는 체력임에도, 젊음은 그 일을 감수해 냈다. 밤이면 서울역 근처 '간드레 불'을 켜놓은 리어카에 군밤, 호떡, 엿장수들의 진풍경으로 찾아간다. '반 고흐' 작품 같은 현장이다. 스케치북에 크로키 작업과 스케치로 흔들리는 불빛들을 빠르게 그려낸다. '세잔'의 정물화를, '모딜리아니'와 '고갱'의 인물화 기법을 선호하는 편이지만, '고흐'의 단순한 해바라기 묘사에 꿈틀대는 붓 터치가 내게는 롤 모델 화법이다. 그의 '미침'까지 내게 전부였을 정도로.

4총사가 있었다. 멤버 중 A는 '미켈란젤로' 와 같이 양손으로 그림을 그리는 천재형이다. M은 단벌 숙녀로 일관하는 H대 학생이고, E는 '이렇게 예쁜 내 손에 물감을 묻힐 수 없다는' 공주과 S대 학생이었다. 철학 시간 같은 땡땡이 시간을 용케도 우리 4총사는 잘도 맞춰 미대를 휩쓸고 다녔다. 학기가 끝날 즈음에는 우리가 휘젓고 다녔던 그 학교 학생인 줄 착각할 정도였다. 그렇게 우리의 젊음은, 첫사랑 같은 나의 미친 열정은 그랬었다. 아, 젊.음.아…

첫 개인전 그리고 신기한 초대전

'덕수궁 돌담길' 은 젊은 날의 추억과 낭만이 깃든, 만남의 장소였다. 그 길 오른편에 '중앙공보관' 이 있었다. 그곳은 서울시에 속한 문화원이었던가, 그랬다. 그곳을 문화인답게(?) 자주 드나드는 편이었다. 졸업을 하고 소공동 뒷골목 무슨 인쇄소에서 비정규직(part time)으로 일했었다. 그래서 노선이 가까운 그곳, '중앙공보관' 을 더 자주 가게 되었다. 자연스럽게 직원들과 익숙한 사이가 되었고, 어느 날 그곳 책임자 한 사람과 전시회에 관한 짧은 대화를 주고받은 것이 다였는데, 일이 터지고 말았다. 공보관 개인전 스케줄에 화가 한 분이 취소한 빈 자리가 있다며, 그 자리를 완전히 애송이였던 나에게 주겠다는 것이었다. 지금 생각해도 어찌 그런 뜬금없는 일이 벌어졌을까… 그저 아련할 뿐이다. 그렇게 첫 '개인전' 일정이 급물살을 타게 되었다.

준비할 시간은 별로 없었다. 다니던 인쇄소에 사표를 던지고는 사방팔방 헐떡거리며 뛰어다녀야 했다. 친하게 지내던 액자 전문 화방 아저씨를 잊지 못한다. 그분은 자기 일처럼 나를 도와주었다. 액자 비용이 만만치 않았는데 일단 전시회 끝나고 보자며 개의치 않으셨다. 그림은 20호부터 60호까지 20여 점이 준비되었고, 화방 아저씨가 자신의 트럭으로 그림 전부를 전시실까지 옮겨 주어 일단락을 지었다. 그렇게 첫 개인전이 열렸다. 개인전 기간의 기억은 그저 까마득할 뿐이다. 그럼에도 그 첫 개인전의 성과는, 내게 '환쟁이' 등용문을 확실하게 열어주었다는 것이다. 전시회가 끝날 무렵, 다시, 더 큰 드라마틱한 일이 전개되고 있었다. 그때의 그 일이 진행되었던 과정은 기억에서 까마득하기만 하다.

용산 삼각지 미 8군 부대 안에 한미은행이 있었다. 각별한 여고 친구 한 명이 그곳 은행원이었다. 친구 덕분에 출입증을 발급받았고, 가끔 친구의 은행을 방문해 브런치를 하곤 했다. 그때의 인연이었는지, 아니면 영어권의 S 단체 원장과의 인연이었는지, 기억이 정확하지 않은데, 그렇게 '초대전' 이 진행되고 있었다. 그것도 상상도 할 수 없는 특별한 지역으로…

평택 오산에 미군 공군 기지가 있었다. 영어로는 'Air Base' 라고 불렀던 것 같다. 나의 특별하고 신기했던 '초대전' 은 바로 그 공군 부대로부터였다. 부대 안에는 격이 다른 '장교 클럽' 이 있었다. 넓고 멋진 그 장교 클럽에서 40일간의 긴 전시회를 열게 되었다. 그들은 미군 트럭으로 그림을 실어 가고, 클럽 안에는 갤러리 솜씨로 크고 작은 그림들을 매칭해 걸었다. 최고의 전시장이 되었다. 다음 날 신문사에서 취재차 사진을 찍겠다며 장교 기자 두세 명이 전시실을 찾았다. 한 명은 나의 포즈를 연출하고 카메라를 둘러맨 두 사람은 양쪽에서 카메라

줌을 조절하며 수없이 셔터를 눌렀다. 신문은 '뉴욕 타임스'의 배나 되는 분량이다. 그 영자 신문 전면 절반 이상의 지면에 내 사진과 그림이 실렸다. "The Beautiful Young Girl Artist" 타이틀 역시 대서특필이었다. 그렇게 초대전은 시작되었고 한 달 넘게 나는 전시장으로 출퇴근했다. 그 일은 마치 매일 본토 미국으로 출근하는 느낌이었다. 버스를 타고 평택의 오산을 오고 가는 시간만 해도 하루의 절반이 다 가는 듯했다 그럼에도 덜컹거리는 차창 밖으로 비치는 햇빛과 평택의 농촌 풍경은 한 폭의 그림과 같아, 나는 매번 그 풍경 속으로 빠져드는 것 같았다. 6월의 무한한 아름다움 그 자체였다.

그림이 팔렸다는 파란색 스티커가 3개나 붙었다. 그때만 해도 내 작품과의 이별을 전혀 원치 않았지만, 화방 아저씨의 지불금을 생각하면 눈물을 머금고 이별해야 했다. 그림 구매자 두 명은 영급 장교로 기혼자였는데 기억은 잘 안 난다. 중위 계급의 또 한 명은 생생하게 기억나는 사람이다. 기억할 수밖에 없었던 해프닝이 있었기 때문이다. 이름은 '윌리엄'(William G. Gent), 미혼자다. 그는 내게 접근하기 위해 그림을 샀던 것이다. 장교 부처에 한국인 목수 한 사람이 있었다. 어느 날 그가 나에게 조심스레 말을 꺼냈다. '윌리엄'이 자기에게 찾아와 나와 그('윌리') 사이에 '중매'를 서달라고 했다는 것이다. '윌리'는 한국식 남녀 관계에 '중매자'가 있어야 한다는 풍습을 배웠기에 부탁을 한다고… 물론 나는 단호하게 '노(No)' 했다. '윌리'는 오하이오 주립대학에서 공학을 전공한 반듯한 청년임에도, 문제는 그에게 끌리는 매력이 없다는 점이었다. 몇 차례 전시장에서 그와의 커피 타임을 가졌음에도 그랬다. 한번은 주말에 서울에서 그룹 미팅을 했다. '윌리'의 장교들 2명과 내 친구 3명과 함께였다. 그 안에 내 눈을 반짝 뜨이게 만든 매력남 한 명이 있었다. 그런데 그는 영어가 짧은 독일 사람, 아쉽게도 진전은 불가했다.

초대전이 끝나갈 즈음 주최 측에서 나를 불렀다. 내가 미국 유학을 떠난다면 주립대학은 전액을, 사립대학은 2/3를 지원하는 장학증서를 주겠노라고. 큰 서류 봉투 선물을 받았다. 만일 그때 떠났다면… 내 인생의 반전은 어땠을까? 그렇게 신기하고 특별한 개인전과 초대전으로 나의 처녀 시절은 문을 닫아걸고 말았다.

바람을 타고

1판 1쇄 발행 2021년 6월 30일

지은이 주 앙
펴낸이 김재선

내지 디자인 신하경
펴낸곳 예솔
주소 서울시 마포구 양화로 6길 9-24 동우빌딩 4층
전화 02-3142-1663(영업), 335-1662(편집) **팩스** 02-335-1643
출판등록 제2002-000080호(2002.3.21)
홈페이지 www.yesolpress.com **E-mail** yesolpress@naver.com

ISBN 978-89-5916-893-4 03810
* 책값은 뒤표지에 표시되어 있습니다.